D1670900

Zu diesem Buch

Es gibt *Pflegekinder*, die weiter zu ihren Eltern gehören: Tages-, Wochen-, Kurzzeit- oder Langzeitpflegekinder für eine bestimmte Zeit. Und es gibt Pflegekinder, die nicht mehr zu ihren Eltern zurückkehren können. Sie sind eine Eltern-Kind-Beziehung mit neuen, ihnen zunächst fremden Menschen eingegangen. Diese Realität und der damit verbundene Schmerz prägt diese Kinder lebenslang. Beide Familien des Pflegekindes leben in einer Ausnahmesituation. Ob sie einander respektieren oder sich ablehnen, beeinflußt das seelische Gedeihen der Kinder.

Dieses Buch gibt Orientierung für alle, die erst planen oder sich wünschen, ein Pflegekind aufzunehmen. Es gibt Impulse, Anregungen und Hilfen für jene Menschen, die mit Pflegekindern leben oder arbeiten: Betroffene und Fachleute. Nur wenn Pflegeeltern, Herkunftseltern, Jugendämter und Vormundschaftsgerichte im Interesse der Kinder zusammenarbeiten, können Pflegekinder zufrieden aufwachsen. Deshalb ist die Weichenstellung und die Perspektivenklärung für das spätere Gelingen von Pflegeverhältnissen von entscheidender Bedeutung.

IRMELA WIEMANN, Jahrgang 1942, Diplom-Psychologin und Familientherapeutin, arbeitet in einer Kinder-Jugend-Eltern-Beratung der Stadt Frankfurt am Main. Darüber hinaus hat sie langjährige Praxiserfahrung in der psychologischen Beratung und Begleitung von Pflege-, Adoptiv- und Herkunftsfamilien. Im Auftrag von Jugendämtern, öffentlichen Trägern, Verbänden und Selbsthilfe-Initiativen hält sie Fortbildungsveranstaltungen für Pflege- und Adoptiveltern und für Mitarbeiterinnen und Mitarbeiter der Jugendämter (Seminare, Institutionsberatung, Supervision). Von Irmela Wiemann sind im Rowohlt Taschenbuch Verlag bereits erschienen: «Pflege- und Adoptivkinder, Familienbeispiele, Informationen, Konfliktlösungen» (rororo 8851) sowie «Ratgeber Adoptivkinder. Erfahrungen, Hilfen, Perspektiven» (rororo 9569).

Irmela Wiemann

Ratgeber Pflegekinder

Erfahrungen, Hilfen, Perspektiven

Rowohlt

rororo Mit Kindern leben
Lektorat Bernd Gottwald
Redaktion Katrin Helmstedt

Umschlaggestaltung Peter Wippermann / Jürgen Kaffer
(Foto: Dann Coffey / The Image Bank)

Originalausgabe
Veröffentlicht im Rowohlt Taschenbuch Verlag GmbH,
Reinbek bei Hamburg, Februar 1994
Copyright © 1994 by Rowohlt Taschenbuch Verlag GmbH,
Reinbek bei Hamburg
Satz Times (Linotronic 500)
Gesamtherstellung Clausen & Bosse, Leck
Printed in Germany
1290 ISBN 3 499 19568 2

Inhaltsverzeichnis

Vorwort

Seit dem Erscheinen meines Buches «Pflege- und Adoptivkinder» habe ich auf Seminaren und Pflegeelterntagen zahlreiche Pflege- und Adoptiveltern in der ganzen Bundesrepublik kennengelernt. Viele von ihnen haben mir von ihren Kindern erzählt. Geschichten von Kindern, die seit Geburt in der Pflegefamilie lebten, und solchen, die erst spät vermittelt worden waren: jede für sich verschieden, beeindruckend, manche beunruhigend, bedrückend, beglückend. Es gab Kinder mit Besuchskontakten, nach denen Pflegeeltern und Kind gelitten haben. Andere Kinder setzten sich der leiblichen Mutter beim Besuch auf den Schoß, ohne danach schlecht zu schlafen. Es ging allen Beteiligten – Pflegeeltern, leiblicher Mutter und Kind – gut dabei.

Mir sind viele Pflegeverhältnisse bekannt geworden, die bis ins Erwachsenenalter der Kinder innig und befriedigend blieben. Manchmal aber gingen Pflegeeltern oder Jugendliche im Alter von zwölf, vierzehn oder sechzehn vorzeitig auseinander. Mir ist ein Mädchen vorgestellt worden, das seit seiner Geburt in einer Pflegefamilie gelebt hat und mit neun seine Koffer packte, um zu seiner leiblichen Mutter zu ziehen, die es kaum kannte. Ich habe miterlebt, wie Pflegeeltern in schweren Lebenskrisen – Scheidung oder schwerer Krankheit – sich von heute auf morgen vom Pflegekind trennten. Die leiblichen Kinder durften bleiben. Dies zeigt die Ausnahmesituation, in der Pflegekinder leben. Jugendliche und junge Erwachsene, die selbst früher Pflegekinder waren, haben aus ihrem Leben berichtet. Manche hatten und haben feste zufriedene Bindungen an ihre Pflegeeltern. Andere hatten sich ein Leben lang als Außenseiterinnen und Außenseiter in ihren Pflegefamilien gefühlt. Manche hatten Kontakte zu ihren leiblichen Eltern und sich als Jugendliche ganz von diesen losgemacht. Anders eine junge Frau, die mit zwanzig Jahren ihre Mutter wiedertraf. Sie warf der Mutter bitterlich vor: «Warum bist du nicht mehr gekommen?» Die Mutter hatte auf Raten der Pflegekinderbetreuerin ihre Kontakte eingestellt, als die Tochter zehn war. Damals wurde ihr gesagt, das Kind würde durch die Besuche durcheinandergeraten, und sie gab nach.

Auf zahlreichen Arbeitstagungen, durch Supervision und Institutionsberatung habe ich die Arbeitsweise weiterer Jugendämter und Pflegekinderdienste kennengelernt. Viele bieten den Pflegekindern umfassende Vorbereitung, Schulung und Begleitung in Pflegeeltern-gruppen an. Andere sind personell und mit Haushaltsmitteln so knapp ausgestattet, daß sie gerade ein Sommerfest oder eine Niko-lausfeier davon organisieren können. Für Fortbildung und Grup-penarbeit von Pflegeeltern oder Praxisberatung von Mitarbeiterinnen und Mitarbeitern der Pflegekinderabteilungen gibt es keine Mittel. Für gründliche Beratung der Pflegeeltern ist die Personaldecke zu dünn. Die Pflegefamilien bleiben mit ihren Sorgen allein.

Einige Pflegeeltern sagten: «Man hat uns nie gesagt, wie schwer es ist.» Andere erzählten, wie sie mit den Problemen ihrer Kinder reif-ten, wuchsen. Die einen ließen sich von kleinen Kindern verletzen und kränken, die anderen reagierten phantastisch gelassen, liebevoll und konsequent auf harte Herausforderungen. Die einen söhnten sich mit den Herkunftseltern aus, rauften sich mit ihnen zurecht, die ande-ren haßten sie. Wieder andere lieferten sich den Herkunftseltern aus, gaben ihnen zu viel Macht und trauten sich nicht, sich an ihre Pflege-kinder zu binden. Doch Kinder brauchen Zugehörigkeit und Gebor-genheit.

Auch die Verfahrensweise der politisch Verantwortlichen erlebte ich hautnah. Anläßlich des Pflegeelternnachmittags einmal im Jahr danken manche den Pflegeeltern für deren Leistung und lassen sich für die örtliche Presse fotografieren. Pflegeeltern, die ihrer Sozial-dezernentin den Stellenabbau im Pflegekinderdienst vorhielten, be-kamen die Antwort: «Wozu benötigen Sie Hilfe? Sind Sie als Eltern etwa nicht kompetent genug?»

Die Antwort beinhaltet, daß Pflegeelternsein identisch sei mit El-ternsein, und leugnet, daß Pflegefamilien einen Auftrag der Jugend-hilfe erfüllen. Im Kinder- und Jugendhilferecht ist ihr Anspruch auf Beratung und Unterstützung festgeschrieben. Doch viele Pflegeel-tern glauben den politisch Verantwortlichen. Sie fühlen sich alleinzu-ständig und alleinverantwortlich, vielleicht auch noch geehrt und wa-gen nicht, ihnen zustehende Hilfe und Solidarität einzufordern.

Ich erhielt Bestärkung bei der Klärung der spannenden Frage, un-ter welchen Voraussetzungen Pflegekinder zufrieden aufwachsen können. Immer wieder stieß ich auf ähnliche Gesetzmäßigkeiten und Regeln. Diese werden in diesem Ratgeber herausgearbeitet.

Pflegekinder haben beide Elternteile, häufig auch Großeltern und andere Bezugspersonen in ihrem Leben verloren, und sie mußten eine Eltern-Kind-Beziehung mit neuen, ihnen zunächst fremden Menschen eingehen. Diese Realität und der damit verbundene Schmerz prägt diese Kinder lebenslang. Beide Familien des Pflegekindes leben in einer Ausnahmesituation. Die abgebenden Eltern müssen ihr Kind früher loslassen, als dies den natürlichen Aufwachsphasen entspricht. Die Pflegefamilie übernimmt die Elternrolle für ein Kind, das nicht ihr «eigenes» ist. Beide Familien müssen ganz Ungewöhnliches leisten.

Auch abgebende Eltern haben sich an mich gewandt. Mit den einen habe ich daran gearbeitet, daß sie lernten, ihr Kind loszulassen. Sie billigten ihm zu, in der Pflegefamilie zu Hause zu sein. Andere habe ich unterstützt, wenn ihr Kind wieder zu ihnen zurückgeführt wurde. Sie wollten nach einer Phase der getrennten Wege das Zusammenleben wieder lernen.

Einfache oder schmerzfreie Lösungen gibt es nicht, sosehr sich alle, die mit Pflegekindern arbeiten oder leben, danach sehnen. Wir werden den Kindern am ehesten gerecht, wenn wir anerkennen, daß Pflegekinder Kinder zweier Familien sind. Für jedes Kind müssen nämlich gemäß den Jahren, die es in jeder der beiden Familien gelebt hat, seiner Lebensgeschichte, seiner Position, seinen Bindungen in beiden Familien angemessene Wege gefunden werden, seine Zukunft zu gestalten. Doch davon ist die Praxis noch weit entfernt.

Die Pflegefamilie, ihr pädagogisches Verhalten, ihre Prägungen aus der eigenen Kindheit, ihre Familien- und Paarsituation und ihre Beweggründe, ein Kind anderer Menschen aufzunehmen, ist nur eine Variable im großen Netz. Hinzu kommen politische Rahmenbedingungen, Arbeitsweise der Jugendamtsmitarbeiterinnen und -mitarbeiter, Sorgfalt bei der Planung der Lebensperspektive von Kindern, Zusammen- oder Gegeneinanderwirken von Herkunfts- und Pflegefamilie.

In meinem ersten Buch «Pflege- und Adoptivkinder» habe ich das Gemeinsame der beiden Hilfeformen herausgearbeitet: Pflege- und Adoptivkinder leben mit Menschen zusammen, die nicht ihre leiblichen Eltern sind. Pflege- und Adoptivkinder haben ihre Eltern im Lauf ihres Lebens ganz oder teilweise verloren und fühlen sich neuen Eltern mehr oder weniger stark zugehörig.

Adoptivkinder sind gesetzlich ganz Kinder ihrer neuen Familien. Die Verantwortung für das Kind ruht nach Abschluß der Adoption allein auf den Schultern der Adoptiveltern. Die Verantwortung für das Pflegekind ist auf verschiedene Menschen und Institutionen verteilt: Pflegeeltern, Jugendamt, leibliche Eltern oder Vormund. Deshalb habe ich mich diesmal für zwei Bände entschieden: einen «Ratgeber Pflegekinder» und einen «Ratgeber Adoptivkinder».

Ich danke allen Pflegeeltern, Kindern und Jugendlichen, allen abgebenden Eltern und Mitarbeiterinnen und -mitarbeitern von Jugendämtern für ihre Zusammenarbeit. Aus ihrer aller Erfahrungen konnte ich lernen. Deshalb konnte ich die beiden Ratgeber schreiben.

In allen angeführten Familienbeispielen wurden Namen und persönliche Daten verändert, so daß die Familien nicht wiedererkannt werden können. Ähnlichkeiten mit Ihnen bekannten Familien sind möglich, da es sich um typische Beispiele handelt, die es in vielen Herkunfts-Pflegefamilien-Systemen gibt.

Mitgeholfen, kritisch gelesen, inhaltlich und fachlich unterstützt haben mich: Brigitte Kaetzge, Volker Jablonski, Brigitte Löw, Gerda Stößinger und Otto Salmen. Euch gilt mein besonderer Dank.

Irmela Wiemann

1. Wenn Pflegeverhältnisse gelingen sollen

Kathrin ist vier Jahre alt und lebt seit einem Jahr in einer Pflegefamilie. Die Pflegeeltern haben ein leibliches Kind: Anja, fünf Jahre. Eines Tages sagte Anja zu Kathrin: «Ich will so werden wie die Mutti, und wenn ich groß bin, bekomme ich Kinder.» Kathrin, Pflegekind von «Mutti», antwortet: «Ich will nicht so werden wie die Mutti. Ich werde wie meine Mama. Dann bekomme ich ein Kind und bringe es zur Mutti in Pflege.»

Kathrin versucht Ordnung in ihr Leben zu bringen, indem sie das Ungewöhnliche und Schmerzliche für sich zur Normalität erklärt. Sie hat einen Weg gefunden, beide Mütter zu akzeptieren. Kathrin billigt den Schritt ihrer leiblichen «Mama», sie zu einer anderen Mutti in Pflege gebracht zu haben, und stellt ihn als positiv hin. Dies gelingt ihr, indem sie in Phantasie selbst in die Rolle der leiblichen Mutter schlüpft. Sie will ihr Kind ebenfalls fortgeben. Mit ihrem Vorhaben söhnt sie sich mit ihrer «Mama» und deren ungewöhnlichem Handeln aus. Zugleich gibt sie auch der Pflegemutter Wertschätzung: Dieser will sie «ihr Kind» einmal anvertrauen. Kathrin versucht auf diesem Weg, sich mit ihrem außergewöhnlichen Schicksal, als Pflegekind zu leben, zu arrangieren.

Pflegekinder können nicht ohne weiteres Kind einer neuen Familie werden. Dieser Prozeß kostet sie viel Kraft und hinterläßt Narben in ihrer Seele, je nachdem, was sie erlebt haben. Meist fühlt sich das Pflegekind durch die Weggabe von seinen Eltern entwertet. Pflegekinder brauchen Bezugspersonen mit viel Einfühlungsvermögen. Durch ihre seelischen Verletzungen und ihre Selbstwertprobleme haben sie eine Persönlichkeitsstruktur, die Pflegefamilien oft in Atem hält.

Kinder, die älter in Familien kamen, können oft nicht so viel zurückgeben wie Kinder in langjährig gewachsenen Beziehungen. Zuviel Liebe kann ein Pflegekind dazu bringen, sich besonders zu verweigern. Dies kann geschehen, indem es sich zu allen Menschen – auch fremden – gleich nah und begeistert, sogar distanzlos verhält oder besonders unverbindlich und abweisend. Es ist nicht in der Lage, die Normen so zu verinnerlichen wie Kinder, die von klein an in nur einer Familie gelebt haben.

Menschen, die ein Pflegekind aufnehmen wollen, müssen wissen: Es gibt ganz unterschiedliche Formen der Pflege.

1. Es gibt Kinder, die nur einen Teil ihrer Lebenszeit in der Pflegefamilie verbringen sollen. Diese Kinder bleiben rechtlich, sozial und psychisch ihren leiblichen Eltern zugehörig. Sie bekommen in der Pflegefamilie weitere nahestehende Bezugspersonen. Dies ist so bei folgenden Pflegeformen:

– Tagespflege: Das Kind wird am Morgen von seinen Eltern gebracht und kehrt am Abend zurück.
– Wochenpflege: Das Kind wird am Sonntagabend oder Montag früh gebracht und am Freitagnachmittag wieder abgeholt.
– Kurzzeitpflege: Das Kind braucht Pflegeeltern für einige Wochen, die vorher festgelegt sind.
– Langzeitpflege: Das Kind kommt für einen längeren Zeitraum – oft auch für Jahre – in die Pflegefamilie und wird nach einem festgelegten Zeitraum in seine leibliche Familie zurückkehren.

Tages- und Wochenpflege sind Teilzeitpflegestellen. Kurzzeit- und Langzeitpflege sind Vollzeitpflegen, d. h. das Kind ist tagsüber, nachts und am Wochenende in der Pflegefamilie.

2. Es gibt viele Kinder, bei denen schon früh klar ist: Das Kind soll Teil seiner Pflegefamilie sein. Es wird voraussichtlich nie wieder bei seinen Eltern leben können. Es handelt sich um Vollzeitpflege auf Dauer. Kinder, die jung ihre Herkunftsfamilie verlassen mußten, fühlen sich seelisch und sozial als Kind der Pflegefamilie. Kinder, die schon Jahre in ihrer leiblichen Familie gelebt haben, vergessen ihre Eltern nicht. Pflegeelternsein heißt dann, dem Kind beizustehen, mit seiner Wirklichkeit leben zu lernen, sich zwei Familien zugehörig zu fühlen. Fast alle Dauerpflegekinder sind seelisch verletzte Kinder. Sie haben Trennungen, Verluste hinter sich. Sie sind eine eigene Persönlichkeit geworden mit schönen, aber auch schwer erträglichen Verhal-

tensweisen. Pflegeelternsein heißt auch Zuständigsein für Schmerz und Trauer des Kindes.

3. Oft kann nicht vorhergesagt werden, ob das Kind befristet oder auf Dauer in der Pflegefamilie bleiben wird. Hierzu benötigen wir Pflegeeltern, die sich auf eine ungewisse Perspektive einlassen können. Sie müssen für einen begrenzten Zeitraum bereit sein für beides: für die Rückführung des Kindes zu seinen Eltern oder dafür, daß das Kind auf Dauer bei ihnen bleiben wird. Hat beispielsweise eine Mutter vor, weil ihr das Kind vom Jugendamt fortgenommen wurde, einen Alkoholentzug zu machen, so ist nicht vorherzusehen, ob sie es schafft oder wieder rückfällig wird. Hierfür werden Pflegeeltern benötigt, die eine solch ungewisse Entwicklung für eine bestimmte Zeit dem Kind zuliebe mittragen. Im § 37 KJHG (Kinder- und Jugendhilfegesetz) heißt es: «Ist eine nachhaltige Verbesserung der Erziehungsbedingungen in der Herkunftsfamilie innerhalb dieses Zeitraums nicht erreichbar, so soll mit den beteiligten Personen eine andere, dem Wohl des Kindes oder des Jugendlichen förderliche und auf Dauer angelegte Lebensperspektive erarbeitet werden.»

Schon früh sollten sich Pflegeelternbewerber mit ihren zuständigen Jugendamtsmitarbeiterinnen oder Jugendamtsmitarbeitern klarwerden, welche Form der Pflege sie anbieten wollen: Wollen sie ein Kind für einen befristeten Zeitraum aufnehmen, bei dem Rückführung in seine Familie vorgesehen ist, oder wollen sie ein «sicheres» Kind auf Dauer, ein Beinaheadoptivkind? Oder sind sie bereit, sich für beide Möglichkeiten eine gewisse Zeit offenzuhalten?

Selbst wenn am Beginn der Pflegezeit das Kind in eine der beiden ersten Kategorien fällt, so kann in späteren Jahren überraschend doch noch die Perspektive wechseln. Dies ist für alle Beteiligten eine besonders schwere Situation.

Die Planung von Pflegeverhältnissen

Eine der schwierigsten Aufgaben in der Sozialarbeit ist es einzuschätzen: Können Eltern wieder für ihre Kinder sorgen, können Kinder wieder zurück zu ihren Eltern, oder ist eine Herausnahme aus seiner Familie auf Dauer für das Kind trotz Schmerz und Verlust die bessere Lebensperspektive? Der Anspruch auf ein geborgenes Leben und das Interesse eines jeden Kindes, mit seinen Eltern aufzuwachsen, müssen sorgfältig abgewogen werden. Hier die Weichen für ein ganzes Leben richtig zu stellen ist schwer. Das Lebensalter der Kinder sowie ihr Anspruch, durch dauerhafte Bindung an feste Bezugspersonen zu einer reifen Persönlichkeit zu werden, muß in die Perspektivenplanung miteingehen. Bei Säuglingen und Kleinkindern scheidet die offene Perspektive aus, es sei denn, die leibliche Mutter kann das Kind mehrmals wöchentlich in der Pflegefamilie besuchen.

Schützenswert ist für jedes Kind die Bindung, die es in den ersten Jahren aufgebaut hat, zu Pflegeeltern ebenso wie zu der Herkunftsfamilie. Denn ein totaler Beziehungsverlust in den frühen Jahren prägt jeden Menschen für immer. Deshalb muß mit den betroffenen Eltern intensiv und schon früh im Leben des Kindes um eine klare Perspektive gerungen werden: Wo werden künftig seine primären Bindungen liegen, bei den leiblichen Eltern oder bei den Pflegeeltern?

Viele Pflegekinderdienste haben noch nicht erkannt, welche zentrale Bedeutung eine geklärte Perspektive für ein entspanntes Zusammenleben in der Pflegefamilie, vor allem für das Kind, hat. Wie bei einem Puzzle, in dem viele Teile zusammenpassen müssen, wird ein Pflegekind nur glücklich, wenn das Zusammenspiel mehrerer komplizierter Faktoren gewährleistet ist: Lassen Herkunftseltern ganz los, so brauchen wir Dauerpflegefamilien, die das Kind ganz annehmen. Ist noch ungewiß, ob der Prozeß in Loslassen oder Zurückholen endet, so benötigen wir Pflegeeltern, die diese Ungewißheit über einen festzulegenden Zeitraum mittragen. Wenn der Grad der «Entbindung» bei den leiblichen Eltern und der Wunsch nach Integration des Kindes bei den Pflegeeltern nicht zusammenpassen, gibt es immer wieder Interessenkonflikte. Unter diesen leiden die Kinder am meisten. Gibt es unterschiedliche Bedürfnisse bezüglich Zukunftsperspektive des Kindes oder Häufigkeit und Rahmen der Besuche – so ist dies ein ständiges Konfliktpotential für die beiden Familien und das Kind. Die Persönlichkeit und die Probleme des Kindes, der Problemkreis seiner Eltern, die Aufträge der Eltern an das Kind, seine Zukunftsperspektive, Besuchsregelungen und die Dynamik der Pflegefamilie, ihre Beweggründe, ihre Erwartungen müssen in Einklang gebracht werden. Deshalb paßt nicht jedes Kind in jede Pflegefamilie.

Dies setzt viel Zeit und Gründlichkeit bei der Planung der Pflegeverhältnisse voraus. Bevor nicht deutlich ist, wie die Zukunft des Kindes aussehen kann, kann nicht die passende Familie für das Pflegekind gefunden werden. Spätere Abbrüche von Pflegeverhältnissen werden immer schon in der Planungsphase mitverursacht. Deshalb wird heute bei vielen Jugendämtern mehr Sorgfalt auf die Weichenstellung von Pflegeverhältnissen gelegt als in früheren Jahren.

Besondere Lebensform Pflegefamilie

Ein Dauerpflegekind hat, wenn jung vermittelt, Bindung, Beziehung zu seinen Pflegeeltern, ähnlich wie Adoptivkinder. Ein Adoptivkind ist laut Gesetz nicht mehr mit seinen leiblichen Eltern verwandt. Das Pflegekind bleibt jedoch gesetzlich und – wenn es älter in die Pflegefamilie kommt – auch seelisch sozial Kind seiner Herkunftseltern. Es trägt deren Nachnamen. Diese müssen weiterhin für den Lebensunterhalt aufkommen. Herkunftseltern erleben sich meist als «die richtigen» Eltern, obwohl das Kind nicht mehr bei ihnen wohnt. Viele behalten das Sorgerecht. Doch das Kind lebt wie ein «eigenes Kind» in der Pflegefamilie.

Pflegeeltern müssen die Wirklichkeit ertragen lernen, daß die leiblichen Eltern «ihrer Kinder» das Leben nicht «auf die Reihe» bekamen. Sonst hätten die Kinder dort nicht fortgemußt. Nur wenn Pflegeeltern sich innerlich mit der schlimmen Lage der Kinder in ihrer Herkunftsfamilie auseinandersetzen, können sich die Kinder zufrieden fühlen. Auch Kontakte zur Herkunftsfamilie gehören häufig zum Zusammenleben mit dem Pflegekind dazu. Die Zusammenarbeit mit der Herkunftsfamilie ist auch im Kinder- und Jugendhilferecht § 37 verankert. Es «soll darauf hingewirkt werden, daß die Pflegeperson oder die in der Einrichtung für die Erziehung des Kindes verantwortlichen Personen und die Eltern zum Wohl des Kindes oder des Jugendlichen zusammenarbeiten».

Die Pflegeeltern haben in der Regel keine Vormundschaft, kein Sorgerecht. Dieses liegt entweder bei den leiblichen Eltern, oder das Kind hat einen gesetzlichen Vormund beim Jugendamt oder einem freien Träger wie z. B. Caritasverband oder Diakonisches Werk. Eine Erleichterung für Pflegefamilien ist der § 38 im neuen Kinder- und Jugendhilferecht. Er ermöglicht, daß Pflegeeltern die Personensorgeberechtigten in der Ausübung der elterlichen Sorge vertreten. Pflegeeltern können damit z. B. ärztliche Eingriffe selbst entscheiden oder Zeugnisse unterschreiben.

Die Pflegefamilie wird beauftragt und begleitet vom Jugendamt. Eltern, die ein Dauerpflegekind aufnehmen, sind anders als die Adoptivfamilie also keine Privatfamilie mehr, sondern – zumindest in

Teilbereichen – eine Institution des Jugendamtes. Mit diesem haben sie einen Vertrag.

Schon in früheren Jahrhunderten wurde die Unterbringung in Pflegefamilien als Alternative angesehen für Kinder, die in Waisen- und Findelhäusern aufwachsen mußten. Doch Pflege- und Kostkinder wurden hauptsächlich aus wirtschaftlichen Interessen aufgenommen. Die Kinder wurden schwer ausgebeutet und mußten hart arbeiten.

Nach der Kampagne «Holt die Kinder aus den Heimen» zu Beginn der siebziger Jahre etablierte sich das Pflegekinderwesen – ähnlich wie schon einmal im Waisenhausstreit im 18. Jahrhundert – als pädagogisch wertvollere und zugleich billigere Alternative gegenüber der Heimerziehung. Dies führte zum Ausbau der Spezialdienste für Pflegekinder in vielen Jugendämtern.

Heute ist den fachlich Verantwortlichen klar: Eine Pflegefamilie ist kein Heimplatz. Ein Kind, das früh in eine Familie vermittelt wird, geht Bindungen ein, die denen in leiblichen Familien gleichen. Diese frühen Bindungen müssen geschützt werden. Und mit der Maßnahme Familienunterbringung als Hilfeform ist fachlich, inhaltlich gewollt, daß Kinder sich binden dürfen und sollen. Das Kinder- und Jugendhilferecht bietet die Grundlage im § 33. Die Vollzeitpflege kann entsprechend dem Alter und Entwicklungsstand des Kindes auf Dauer angelegt sein.

Daß eine Pflegefamilie eine besondere Lebensform ist, nämlich eine «Hilfe zur Erziehung» durch das Jugendamt, wird auch in der Bezahlung deutlich. Die Pflegeeltern haben – anders als Adoptiveltern – materiell nicht für das Kind aufzukommen. Sie bekommen Unterhalt für das Kind. Auch darin wird erlebbar, daß das Pflegekind nicht ihr eigenes Kind ist: Für das eigene Kind müssen Eltern selbst aufkommen.

Dazu bekommen sie einen Erziehungsbeitrag bei Vollzeitpflege – in Hessen zur Zeit monatlich DM 300,–. Mit diesem Geld soll die pädagogische Leistung anerkannt werden. Definiert sich die Pflegefamilie als Privatfamilie, die für ein Kind «richtige» Eltern sein will, dann bekommt sie eigentlich viel Geld, wesentlich mehr, als leibliche Eltern in der Regel für ein Kind haben. Verstehen sie sich hingegen als eine Maßnahme der Jugendhilfe, die Pflegeeltern ein hohes Maß an Kompetenz abverlangt und die Zusammenarbeit mit der Herkunftsfamilie des Kindes, dann sind die DM 300,– eine eher geringe Anerkennung für einen schweren Full-time-Job.

Befürworterinnen und Befürworter von professionellen Pflegefamilien haben diesen Konflikt erkannt. Erziehungsstellen, Familienwohngruppen, Kinderdorfeltern oder SOS-Kinderdorfmütter: Sie alle bieten ihren familiären Rahmen für einen beruflichen und öffentlichen Auftrag. Ihre bessere Bezahlung soll Klarheit über Rolle und Selbstbild der Pflegefamilie schaffen. Sie sind zentrale Bezugspersonen für das Kind, sollen dem Kind die leiblichen Eltern bewahren helfen und sie bei ihrer Ablösung oder Rückführung begleiten. Sie übernehmen Elternfunktion, sind sich aber im klaren, daß sie dafür bezahlt werden und daß sie in erster Linie innige pädagogische Begleitpersonen für die Kinder sind. Nicht viel anderes müssen auch die meisten «normalen Pflegeeltern» leisten, wenn sie für die Kinder das Richtige tun wollen. Doch sie bekommen weder das entsprechende Geld noch die Rahmenbedingungen: institutionelle Unterstützung, Fortbildung, Praxisberatung.

So sind im System Dauerpflege allein schon von seiner äußeren Struktur und dem weiten Spektrum an Möglichkeiten, was denn eine Pflegefamilie ist, zahlreiche Konflikte angelegt. Daraus resultieren viele innere Nöte und Sorgen der Kinder und ihrer beiden Familien.

2. Melanie und Dennis: zwei Geschwister in Dauerpflege und die typischen Konflikte

Melanie, heute acht Jahre, lebte mit ihrem jüngeren Bruder Dennis, heute fünf Jahre, fünfeinhalb Jahre bei der leiblichen, alkoholabhängigen Mutter, Frau Maier. Melanie war schon früh auf sich gestellt. Die Eltern hatten sie oft zu Bekannten oder Verwandten gebracht. Als Melanie vier war, kam der Vater ins Gefängnis. Nach dieser Trennung ging es bergab mit der Mutter. Sie konnte sich immer weniger um die Kinder kümmern, nahm diese mit in Kneipen oder ließ sie tagelang allein zu Hause. Die «Große» versorgte mit vier den einjährigen Dennis und versuchte die Mutter zu entlasten. Die Vernachlässigung fiel jedoch in der Nachbarschaft auf. Das Jugendamt wurde eingeschaltet und die Kinder vom Allgemeinen Sozialdienst (ASD) in ein Kinderheim gebracht. Der Mutter wurde das Aufenthaltsbestimmungsrecht entzogen. Daraufhin verschwand sie zunächst ganz. So beauftragte der ASD den Pflegekinderdienst, eine Pflegefamilie zu suchen. Nach einem viermonatigen Heimaufenthalt kamen die Kinder in die Familie Schenk, die schon einen leiblichen Sohn, Andreas, von heute zehn Jahren hat. Frau Schenk durfte aus gesundheitlichen Gründen keine weiteren Kinder bekommen. Schenks hatten sich für ein Adoptivkind beworben. Im Lauf der Zeit öffneten sie sich der Möglichkeit, Pflegeeltern zu werden.

Nach einigen Wochen Sonnenscheinphase wurde es mit Melanie schwierig. Sie war nicht aufrichtig, hielt sich nicht an Regeln. In der Schule war sie unkonzentriert, störte, ärgerte andere Kinder, sie lief fort, verschlampte ihre Schulsachen und suchte auch mit Andreas dauernd Streit.

Als die Kinder sechs Monate in der Pflegefamilie lebten, meldete sich die leibliche Mutter beim ASD und wollte die Kinder sehen. Beim Vormundschaftsgericht bekam sie eine Besuchsregelung. Einmal im Monat holte sie die Kinder an der Haustür der Pflegefamilie ab und ging mit ihnen einen Samstagnachmittag lang zum Spielplatz.

Nach diesen Besuchen war Melanie besonders unerträglich. Sie entzog sich, knallte die Türen, schwänzte heimlich Schule und streunte herum. Dennis schlief schlecht. Er kam nach Besuchen der Mutter nachts ins Bett der Pflegeeltern.

Die Lehrerin beschwerte sich immer wieder bei Schenks. Melanie hatte in der Schule gestohlen. Der leibliche Sohn von Schenks beklagte sich, daß Melanie ihn nervt. Die Nachbarin kam immer mal wieder und fing an: «Wollen Sie wissen, was Melanie wieder gemacht hat?» Frau Schenk fühlte sich als Versagerin. Sie fand keinen Zugang zu Melanie. Ganz anders Dennis. Bei ihm brauchte sie sich nicht als schlechte Mutter zu fühlen. Herr Schenk meinte zu seiner Frau, sie nähme das alles viel zu tragisch. Schuld an allem seien die Kontakte zur Mutter. Dennis hing sehr an seiner Schwester und bat sie immer wieder: «Melanie, hör doch endlich auf, immer schlimme Sachen zu machen!»

Der Vater Herrn Schenks mischte sich ein und fragte: «Warum laßt ihr sie immer wieder zu dem Pack?» Frau Schenks Mutter hielt zu Melanie und warf ihrer Tochter vor: «Ihr verlangt auch zuviel von dem Kind. Mit mehr Verständnis und Liebe wird bestimmt alles gut.» Der Bruder der Pflegemutter meinte: «Melanie kommt eben nach ihrer Mutter.» Die Pflegekindervermittlerin war sehr besorgt und unterstützte die Familie, so gut sie konnte. Besonders ungute Gefühle bekam sie gegenüber ihrer Kollegin vom Allgemeinen Sozialdienst (ASD), die die Mutter betreute. Denn diese hatte der Mutter gegenüber nicht ausgeschlossen, daß, wenn sie sich stabilisierte, sie die Kinder wieder zurückbekommen könnte.

Melanie lebte in der Hoffnung, wieder zu ihrer Mutter zu dürfen. Aber diese zeigte keine Initiative. Ihre Sehnsucht gegenüber ihrer Mutti wagte Melanie nicht auszudrücken. Denn ihr kleiner Bruder, ihr ein und alles, wollte in dieser Familie bleiben. Auch daß der Opa ihre Mutti schlechtmacht, tut ihr weh. Sie fühlt sich als Kind ihrer Mutter. Ist sie vielleicht auch bloß «Pack»?

Die Konfliktursachen

Es gibt mehrere Ursachen für Melanies Probleme: Ursachen in der Vorgeschichte der Kinder, Ursachen bei der leiblichen Mutter, Ursachen im professionellen Bereich und der Perspektivenplanung und nicht zuletzt auch Ursachen in der Dynamik der Pflegefamilie. All diese verschiedenen Momente wirken aufeinander ein und erhöhen die Spannung unter den Betroffenen.

Widersprüche bei der Planung des Pflegeverhältnisses

Zur Zeit der Inpflegegabe gab es noch keine eindeutige Zukunftsperspektive. Die Mutter war verschwunden. Eine Klärung über die Zukunft der Kinder mit der Mutter war nicht möglich. Die Sozialarbeiterin des ASD wollte eine Pflegefamilie auf Zeit. Sie hielt die Rückführung der Kinder nicht für ausgeschlossen. Sie hatte die leibliche Mutter über Jahre begleitet und sah in der Herkunftsfamilie nach wie vor den Lebensmittelpunkt der Kinder. Anders der Pflegekinderdienst. Dort wurde die Situation so eingeschätzt, daß die Mutter sich langfristig wohl nicht «ändern» würde. Deshalb wurden ehemalige Adoptionsbewerber für geeignet gehalten.

Als die Mutter dann nach ihren Kindern fragte, kam es zu einer ersten Veränderung der Perspektive. Die Familie war nicht auf die Zusammenarbeit mit der Mutter vorbereitet.

Ein weiterer Widerspruch bei der Auswahl der Pflegefamilie war, daß diese Familie keine Vorstellung davon hatte, was es heißt, mit einem seelisch verletzten Kind zu leben. Sie wollten beide Kinder zu ihren Kindern machen und waren bitterlich enttäuscht, daß dies bei Melanie nicht gelang. Doch Schenks ist an dieser Stelle kein Vorwurf zu machen. Sie wurden ausgewählt, obwohl Fachleute schon damals hätten absehen können, daß Melanie sich nicht problemlos in eine neue Familie integrieren würde, weil sie ihrer Mutter treu blieb.

Und es gibt noch einen Widerspruch: Von der Sozialarbeiterin des ASD wurde zwar gesagt, die Mutter könne die Kinder wiederhaben, wenn sie sich stabilisiere. Doch es blieb völlig unklar, in welchem

Zeitraum dies zu geschehen hätte, welche Hilfen sie bezüglich Wohnung oder Therapie erhalten würde. Hier gab es eine geheime und eine offizielle Perspektive, die einander widersprachen: Real wurde an einer Rückführung gar nicht gearbeitet, denn klare Bedingungen wurden der Mutter nicht gestellt, konkrete Hilfen nicht angeboten.

Melanie, ein seelisch verletztes, depriviertes Kind

Melanie hat als sehr kleines Kind viele Verluste und Entbehrungen erlitten. Sie lebte in enger Abhängigkeit von ihrer Mutter, die Suchtstruktur hatte. Melanie wußte als kleines Kind nicht, worauf sie sich verlassen konnte. Ihr Leben war geprägt von Abschieden und Ungewißheit einerseits sowie innigster Bedürfnisbefriedigung andererseits – je nach Verfassung der Eltern.

Durch die frühen Verletzungen war Melanie bereits mit sechs Jahren, als sie in die Pflegefamilie kam, ein depriviertes Kind, ein Kind, das sehr autonom war. Um zu überleben, hatte sie ein tiefes Mißtrauen in menschliche Bindungen entwickelt. Der Verlust von Wohnung und Mutter im Alter von fünfeinhalb hat Melanie unter der Oberfläche eines lustigen, aktiven, phantasievollen Kindes so schwer getroffen, daß sie sich ein Stück verweigern mußte und sich auf neue Menschen emotional nicht mehr so dicht einlassen konnte.

Früher Elternersatz – jetzt Kindrolle

Melanies fester Bezugspunkt wurde das Baby, das geboren wurde, als sie drei Jahre alt war. Nachdem der Vater aus Melanies Leben verschwand und die Situation zu Hause instabiler wurde, sorgte sie schon jung für ihr Brüderchen. Dennis orientierte sich eng an Melanie. Die beiden bildeten eine Notgemeinschaft. In der neuen Familie wurde ihr die Rolle genommen, die sie bisher stabilisiert hatte: Mutterersatz für Dennis zu sein. Bei Schenks sollte sie Kind sein. In ihren «erwachsenen» Überlebensfähigkeiten wurde sie nicht gebraucht.

Dennis, ein seelisch nicht so verletztes Kind

Durch die innige Geschwistergemeinschaft von Geburt an hatte Dennis trotz Trennungen und Verletzungen wenigstens einen Menschen, der immer für ihn da war: die ältere Schwester. Zur Zeit der Inpflegegabe jünger und durch die Anwesenheit der älteren Schwester nicht so tief verlassen wie Melanie, war er viel eher bereit, sich an die neuen Menschen in der Familie anzuschließen.

Weil er in Melanie eine feste Gefährtin in das neue Leben mitnehmen konnte und er die Mutter nicht mehr so gut erinnert wie Melanie, hat er sich schon bald an die neue Familie gebunden.

Ungeklärte Perspektive und Auswirkung auf die Bindungen

Melanie und Dennis hatten ihre leibliche Mutter ein ganzes Jahr nicht gesehen, als es zum ersten Besuch kam. Während Dennis inzwischen Bindung auf die Pflegeeltern übertragen hatte, war Melanie ein Stück einsam geblieben. Unter der Oberfläche trauerte sie um die Mutter. Sie fühlte sich mitschuldig an deren Verschwinden. Sie wollte zu ihr zurück. Mit dem Wiederauftauchen der Mutter wurde dieser Wunsch noch stärker. Doch von der Mutter bekam sie unklare Botschaften. Sie sagte weder, daß Melanie jetzt zur Pflegefamilie gehören soll, noch, daß sie zu ihr zurück könne. So war Melanie handlungsunfähig.

Auch Dennis wurde anläßlich der Besuche der Mutter, die die ganze ungeklärte Situation wachriefen, verunsichert. Auch das spürte Melanie. Sie merkte, daß Dennis in der Pflegefamilie zu Hause ist, und fühlte sich mit ihren Gefühlen doppelt allein. Das Wiederauftauchen der Mutter tat Melanie dennoch seelisch gut: Sie merkte, daß die Mutter sie nicht für immer vergessen hatte. Sie fühlte sich nicht mehr ausschließlich als verlassenes Kind.

Die Situation der leiblichen Mutter

Frau Maier traute sich nicht wirklich zu, ihr Leben so in den Griff zu bekommen, daß sie die Kinder gut versorgen könnte. Die Kinder konfrontierten sie mit ihrer neuen Familie, die so viel mehr zu geben hatte. Wenn Frau Maier die Kinder holte, schlich sich bei ihr die Gewißheit ein: Hätte sie selbst jemals in ihrem Leben solche Eltern oder Pflegeeltern bekommen, so wäre sie heute nicht so «fertig» und hilflos. Zugleich fühlte sie sich gekränkt und von dieser «besseren» Familie abgewiesen und abgelehnt. Schließlich durfte sie das Haus nicht betreten.

Die Aussage der Sozialarbeiterin bedeutet für Frau Maier, daß sie die Kinder nicht in der Pflegefamilie lassen darf. Sie fühlt sich von diesem Anspruch überfordert. Zugleich wird sie geplagt von Schuld- und Minderwertigkeitsgefühlen.

Der Loyalitätskonflikt

Ihre Freude über die Besuche der Mutter konnte Melanie nicht zeigen, da sie spürte, daß sie die neuen Eltern damit verletzte und daß die neuen Eltern über das Auftauchen der Mutter unglücklich waren. Nicht nur die Kinder verkrafteten die Besuche der Mutter nicht gut, sondern auch die Pflegeeltern. Sie hatten Angst, die Kinder an die Mutter zu verlieren. Und die Besuche erinnerten die Pflegeeltern schmerzlich an ihre eigene Geschichte, daß sie keine leiblichen Kinder mehr bekommen konnten. Sie wollten die Kinder nicht mit ihrer leiblichen Mutter teilen. Deshalb ließen sie die Mutter auch nicht in ihre Wohnung, sondern schickten die Kinder fertig angezogen herunter.

Für die Kinder bedeutet das gegenwärtige Verhalten der Erwachsenen – Unklarheit von der leiblichen Mutter, Ablehnung der Mutter durch die Pflegefamilie –, daß sie ihre Herkunftswelt und ihre neue Welt innerlich nicht zusammenfügen können und sich zerrissen fühlen.

Der Identitätskonflikt

Die Worte des Großvaters, der vom «Pack» redet, haben sich in das Fühlen der Kinder eingegraben. Sind sie nicht Teil dieser bösen, schlechten Welt? Ist Melanie nicht deshalb so oft «böse», weil sie so ist wie ihre Mutter? Muß sie nicht immer wieder stehlen, um zu beweisen, daß sie ein Kind ihres Vaters ist, der im Gefängnis sitzt?

Das Selbstwertgefühl und die Identität von Pflegekindern wird stark davon bestimmt, was die Pflegefamilie und das soziale Umfeld über die abgebende Familie denken. Solange die Pflegefamilie die leibliche Mutter ablehnt, fühlen sich die Kinder in ihrer Identität als Teil dieser Familie ebenfalls abgelehnt. Die Kinder spüren sehr deutlich, daß sie Eltern haben, die in dieser Gesellschaft «geächtet» werden und versagt haben. Das macht sie hilflos und schafft Spannungen.

Hinzu kommt, daß es in Familie Schenk einen leiblichen Sohn gibt. Die Kinder unterscheiden sehr genau, wessen «richtige» Kinder sie sind. So sehen sie sich zum einen als Teil einer schlechten, wertlosen Familie. In der Pflegefamilie hingegen fühlen sie sich, weil nicht die eigenen Kinder, leicht als Kinder zweiter Klasse.

Ursachen in der Dynamik der Pflegefamilie

Doch nicht nur die Spaltung zwischen neuer und alter Welt beunruhigte die Kinder. Es gibt auch innerhalb der Pflegefamilie, wie in allen anderen Familien, ungelöste Spannungen.

Schenks können keine leiblichen Kinder mehr bekommen. Darüber hat sich das Paar nicht genug ausgetauscht, nicht Trauer, vielleicht Wut zugelassen. Die Bedeutung der künftigen Kinderlosigkeit für ihre Partnerbeziehung wurde von beiden nicht geklärt. Dies kann Mitursache sein für die mangelnde Solidarität zwischen Pflegemutter und Pflegevater.

Auch die Generationengrenze von Großeltern zu Pflegeeltern und von den Pflegeeltern zu ihren Kindern sind nicht klar erkennbar. So wurde der Pflegemutter von ihrer eigenen Mutter die elterliche Kompetenz bezüglich Melanies abgesprochen. Frau Schenk wurde von ihrer Mutter nicht wie eine Erwachsene, sondern noch immer wie ein Kind behandelt. Kinder spüren das und werden aggressiv, wenn sie merken, daß ihre Eltern sich von den eigenen Eltern schwächen lassen. Auch die Grenze zwischen Eltern und Andreas und Dennis ist zu wenig ausgeprägt. Nicht der Ehemann steht der Mutter am nächsten, sondern Sohn und Pflegesohn. Der leibliche Sohn Andreas hat ebenfalls unendlich viel zu leisten. Er war Einzelkind und muß nun teilen. Daß seine Mutter durch Melanie gar keine Kraft mehr übrighat, belastet auch ihn. Alle drei Kinder erleben, daß die Mutter vom Vater abgewertet wird. Das verunsichert sie.

Herr und Frau Schenk können sich all diesen Problemen nicht zuwenden, da sie bereits durch die zahlreichen Konflikte mit Melanie in Atem gehalten werden. Hinzu kommt Druck durch die Besuche der leiblichen Mutter, von Schule und Nachbarn.

Auswege aus der Krise

Unterschiedliche Lebensplanung für Dennis und Melanie?

Unser Beispiel enthält einen verschärften Konflikt, da die Perspektiven der beiden Kinder durch ihr Lebensalter und ihre Bindungsbereitschaft unterschiedlich sind. Dennis hat bereits seine neue Familie angenommen. Er hat sich gebunden. Auch unter der Perspektive, daß die Mutter lernen würde, Geborgenheit zu geben, würde eine Rückführung für ihn ein zweiter gravierender Beziehungsabbruch sein.

Melanie hingegen war viel länger bei der Mutter. Für sie wäre eine Rückführung die Fortsetzung der alten Bindung. Es wäre denkbar, nur Melanie zurück zur Mutter zu geben.

Die Kinder haben jedoch eine innige Geschwisterbeziehung, die nicht gelöst werden sollte. Diese war die einzige Kontinuität im Leben, das ansonsten von Verlusten und Neuanfängen geprägt war. Die Geschwisterbindung gehört zu den frühen Bindungen, die geschützt werden sollten. Würde Melanie die Pflegefamilie verlassen, ginge es Dennis fortan schlechter: Der Verlust der Schwester träfe ihn sehr. Jetzt würde er stärker in den Loyalitätskonflikt und den Identitätskonflikt zwischen Pflegefamilie und leiblicher Familie geraten. Sein Selbstwertgefühl würde erschüttert. Auch würde er sich fragen, wann er aus der Familie wieder fortmuß. Er würde wahrscheinlich in der Familie die Negativrolle übernehmen.

Klärung der Perspektive

Was bei der Weichenstellung versäumt wurde, muß nachgeholt werden. Die beiden Sozialarbeiterinnen müssen eine Hilfeplanung vornehmen, die die oben genannten Aspekte berücksichtigt und verbindet. Die Fachleute haben gemeinsam zu entscheiden: Entweder alle Beteiligten arbeiten darauf hin, daß die Kinder wieder bei der Mutter leben. Oder die Kinder bleiben langfristig in der Pflegefamilie.

In unserer Situation stellt sich real nicht die Frage der Rückführung, da Frau Maier selbst spürt, daß sie nicht mit den Kindern leben kann. Ihr fehlt die Billigung und Unterstützung durch die Sozialarbeiterin, die Kinder bei der Familie Schenk zu lassen. Bei einer Hilfeplanbesprechung sollte sie ermutigt werden: Sie handelt verantwortlich, wenn sie die Kinder in ihrer neuen Umgebung läßt und regelmäßig Kontakt zu ihnen hält. Die reale Perspektive, der Verbleib der Kinder in der Pflegefamilie, muß für alle Beteiligten festgelegt werden.

Melanie benötigt die Entbindung von ihrer Mutter

Darüber hinaus kann Melanie erst dann in der Pflegefamilie ihr Zuhause finden, wenn ihr die Mutter die geheime Hoffnung nimmt, sie würde sie wieder zu sich nehmen. Obwohl es für Melanie schmerzlich sein wird, benötigt sie die klare Botschaft der Mutter, daß sie nicht mit ihr leben kann und daß sie einverstanden ist, daß die Kinder auf Dauer in der Pflegefamilie leben. Erst dann kann Melanie sich ein Stück mehr als bisher auf die Familie einlassen. Erst dann wird sie aus dem Loyalitätskonflikt befreit.

Bindung bewahren durch Besuchskontakte

Es ist für beide Kinder wichtig, ihre Mutter weiterhin zu sehen und von ihr besucht zu werden. Beide Kinder waren eng an ihre Mutter gebunden. Diese Bindung für immer abzubrechen wäre für Melanie ein schwerer Verlust, der sie noch tiefer in Mißtrauen gegenüber neuen Menschen stürzen würde. Nur wer alte Bindung bewahren darf, kann auf neue Menschen Bindung übertragen.

Emotionale Aussöhnung zwischen Pflegefamilie und Herkunftsfamilie

Melanie und Dennis können sich in ihrer gegenwärtigen Pflegefamilie dann wohl fühlen, wenn die ursprünglichen Adoptivbewerber sich zur Zusammenarbeit mit der leiblichen Familie entschließen.

Damit Melanie und Dennis kein negatives Selbstbild in ihrer Pflegefamilie entwickeln müssen, dürfen Schenks und die Pflegegroßeltern die Mutter der Kinder nicht mehr als Gegnerin und Rabenmutter sehen, sondern als einen Menschen, der aus einem krisenhaften Leben nicht mehr hat machen können. Melanie und Dennis müssen sich innerlich nicht mehr zerrissen fühlen, wenn Schenks die Mutter beim Abholen kurz ins Haus bitten oder ihr eine Tasse Kaffee anbieten.

Entlastung von der Negatividentität

Von ihren Eltern verlassene Kinder brauchen Erklärungen und Hilfen, weshalb ihre Eltern nicht für sie sorgen konnten. Bleibt es nur bei der atmosphärischen Vermittlung, daß ihre Eltern Rabeneltern, Versager, Störer, Kriminelle, «Pack» sind, dann werden die Kinder sich selbst als Teil dieser Menschen ebenfalls abwerten. Eine wichtige Entlastung für «fremdplazierte Kinder», selbst für mißhandelte Kinder ist, wenn ihnen gesagt wird, daß ihren Eltern selbst als Kind so viel Leid oder Gewalt angetan wurde, daß sie nie gelernt haben, wie man auf Kinder aufpaßt oder ihnen nicht weh tut. Auch kann Kindern gesagt werden, daß sie jetzt eine andere Chance haben und nicht so zu werden brauchen wie ihre Eltern.

Ertragen und Erlernen von Autonomie

Menschen mit leiblichen Kindern können Pflege- und Adoptivkinder nur dann gut annehmen, wenn sie das Kind «fremder» Herkunft nicht mit dem leiblichen Kind vergleichen. Melanie wird nie mehr ganz und gar wie ein eigenes Kind von Schenks werden. Es wird Phasen geben, in denen die Pflegeeltern Zugang finden, und Phasen, in denen sich Melanie wieder ein Stück verweigern muß. Die Wechselbäder ihrer frühen Jahre überträgt sie auf die neuen Beziehungen. Nach einer Phase der Zufriedenheit wird Melanie immer wieder mal Konflikte inszenieren, auch um zu prüfen, ob die neue Familie «trotzdem» zu ihr hält. Diese phasenweise Distanz von Melanie können Schenks nur dann gut verkraften, wenn sie sich selbst ebenfalls Unabhängigkeit und ein Stück Eigenleben erlauben. Auch die enge Beziehung zu Andreas und Dennis gilt es zu lockern, damit es allen Kindern der Familie langfristig gutgeht.

Dieses Loslassen und Aushalten von Autonomie aller Beteiligten gelingt dann, wenn Schenks immer wieder neu ihre Paarebene sowie die Elternebene klären und in lebendiger Auseinandersetzung bleiben. Für die Kinder ist es wichtig, daß sie nicht die alleinige emotionale Energiequelle für die Erwachsenen sind. Herr und Frau Schenk sollten gemeinsam und jeder für sich Weiterentwicklung, Selbstverwirklichung und Wachstum durch andere soziale Energiequellen finden.

Abgrenzung zwischen den Generationen

Ist Autonomie erst erlaubt, können Schenks auch lernen, sich von dem Einfluß ihrer eigenen Eltern ein Stück zu lösen und sich von diesen nicht die elterliche Kompetenz streitig machen zu lassen. Dann wird es ihnen auch gelingen, sich selbstbewußt mit der Kritik aus der Verwandtschaft, Nachbarschaft und Schule auseinanderzusetzen. Dann haben sie die Kraft, bei anderen Solidarität einzufordern und, wo sie diese nicht bekommen, sich abzugrenzen und abzulösen.

Die veränderte Situation

Die hier geschilderten Schritte wurden im Lauf eines Jahres von beiden Familien mit Hilfe der beiden Sozialarbeiterinnen verwirklicht. Melanie und Dennis sind inzwischen seit fünf Jahren bei Schenks. Die Besuchskontakte zwischen Mutter und Kindern finden regelmäßig statt. Auch der Vater, der inzwischen aus dem Gefängnis entlassen wurde, kommt gelegentlich zu Besuch in die Pflegefamilie. Lebensmittelpunkt – auch für Melanie – ist die Pflegefamilie geworden. Die Pflegeeltern haben sich von ihrem ursprünglichen Ziel, Kinder zur Adoption aufzunehmen, verabschiedet. Immer mal wieder muß der alte Kontrakt wieder erneuert werden.

Frau Schenk hat gelernt, die phasenweise Mauer um Melanie zu respektieren. Der Pflegevater hatte seinen Vater ganz klar in die Schranken gewiesen mit den Worten: «Sag das nie wieder von dem

Pack. Wenn du in solche Krisen geraten wärst, wer weiß, was aus dir geworden wäre!» Die Mutter kommt am Besuchstag zu einer Tasse Kaffee ins Haus, bevor sie die Kinder abholt. Melanie sagte eines Abends zu ihren Pflegeeltern: «Zu euch gehöre ich jetzt, und meine Mutti habe ich auch lieb.»

3. Kinder,
die Pflegeeltern brauchen

Die zehnjährige Maren, seit vier Jahren Pflegekind, hat ihre Lieblingspuppen auf dem Bett sitzen. Mit ihnen spielt sie, das seien ihre Kinder. In einer Schrankschublade hat sie jene Puppen, mit denen sie nicht mehr spielt, und sie sagt: «Das sind die Pflegekinder.»

Pflegekinder haben Eltern

Eltern, die ihr Kind auf Dauer in eine Pflegefamilie geben, müssen ihr Kind früher loslassen, als dies den natürlichen Aufwachsphasen entspricht. Kinder in Vollzeitpflege kommen fast alle aus Familien und Teilfamilien, die gleich mehrfach in Not sind: sozial, ökonomisch, seelisch. Kaum eine Herkunftsfamilie ist gut situiert. Für viele Menschen gibt es schon von Kindheit an keine Chance, ein geborgenes, gesichertes Leben zu führen. Viele Menschen, die ihre Kinder «fremdplazieren» müssen, haben den Anschluß in dieser Erfolgs- und Leistungsgesellschaft verpaßt. Viele leben in sogenannten sozialen Brennpunkten oder in Notquartieren. Manche Familien bleiben seit

Generationen «ganz unten», leben am Existenzminimum. Mangelnde Kommunikation, Arbeitslosigkeit, exzessiver Konsum von Video und Kabelfernsehen erhöhen den seelischen Streß. Kinder entwickeln schon früh Probleme, die von der Institution Schule, wie sie heute strukturiert ist, ebenfalls nicht bewältigt werden. Viele Kinder, denen es an der erforderlichen Geborgenheit und Lebensqualität gefehlt hat, werden zu jenen Erwachsenen, die ihr eigenes Leben nicht in den Griff bekommen. Erst recht können sie nicht ausreichend für ihre Kinder sorgen. Eltern, die ihre Elternrolle nicht übernehmen können, haben meist selbst als Kinder und Jugendliche extremen Mangel, Beziehungsabbrüche und Gewalt erfahren und nicht genug Hilfe bekommen.

Was wie individuelles Scheitern aussieht, ist nicht nur die «Schuld» der einzelnen, sondern einer Gesellschaft und ihrer Politik, die nicht für alle Menschen ein menschengerechtes Leben sichert. Erste Hilfe wären humane Wohnbedingungen und ein gesichertes Grundeinkommen, damit die Mindestbedürfnisse an Lebensqualität erfüllt werden könnten. Viele Herkunftseltern von Pflegekindern sind ausländische Familien und Menschen, die durch Flucht oder Einwanderung ihre Lebenszusammenhänge verloren haben.

Oft haben Herkunftsmütter von Pflegekindern mangelnde Schul- und Berufsabschlüsse. Sie haben Wohnungsprobleme, sind häufig abhängig von Sozialhilfe. Sie kommen fast alle aus zerrütteten Familien. Meist bekommen sie keine Hilfe bei ihren eigenen Eltern. Auch diese leben oft in chaotischen Situationen, können ihren erwachsenen Kindern und ihren Enkelkindern keinen Halt geben. Viele haben Pech in der Partnerwahl. Sie erhalten von den Vätern ihrer Kinder keine Solidarität. Hinzu kommt oft eine Kette von negativen schicksalhaften Ereignissen: Unfälle, Krankheit.

Frauen wird die Verantwortung für das Zusammenleben mit Kindern weitestgehend allein aufgebürdet. Hier schafft die – von Männern dominierte – Gesellschaft längst nicht genug Entlastung. Alleinerziehende, denen nicht einmal Kindergartenplätze bereitgestellt werden, stoßen oft an ihre Grenzen. Es gehört zur gesellschaftlichen Rollenverteilung, daß Väter nicht diskriminiert, kritisiert und verachtet werden, wenn sie ihre Vaterrolle nicht übernehmen. Mit Ausnahme von Unterhaltszahlungen wird ihnen keine Verantwortung abverlangt.

Ein Teil der Herkunftsfamilien kann durch seelische, geistige oder körperliche Behinderungen und Krankheiten nicht allein für ihr Kind sorgen. Die geeigneten Hilfeformen werden von diesem Staat nicht bereitgestellt, weil sie zu teuer sind. Für diese Menschen gibt es keine Chance, mit ihren Kindern ein in diese Gesellschaft integriertes Leben zu führen.

Pflegeeltern werden mit vielfältigen Konflikten konfrontiert. Je nachdem aus welcher Lebenssituation das Kind kommt, von einer minderjährigen Mutter, von alkoholabhängigen Eltern, von obdachlosen Eltern, von behinderten Eltern, von für psychisch krank diagnostizierten Eltern, von mißhandelnden Eltern: Um dem Kind gerecht zu werden, gilt es zu Experten für die jeweilige Herkunftssituation des Pflegekindes zu werden. Kinder brauchen Pflegeeltern, die viel Kraft haben, das Kind mit seinen spezifischen Sorgen, seelischen Verletzungen und seinem ungewöhnlichen Verhalten anzunehmen.

Der folgende Abriß über Kinder, die Pflegeeltern brauchen, soll Menschen, die sich ein Pflegekind wünschen, einen ersten Eindruck vermitteln. Es wird nicht einfach ein Kind zu ihnen kommen, sondern ein Kind, das geprägt ist durch oft erschütternde Erlebnisse, durch seine bisherigen Bindungen und Beziehungsabbrüche.

Babys und Kleinkinder

Immer wieder gibt es Babys und Kleinkinder, die nicht zur Adoption freigegeben werden, obwohl deren Eltern nicht mit ihnen leben können. Auch Säuglinge, die gleich nach der Geburt von ihrer Mutter getrennt wurden, registrieren die Trennungserfahrung. Schon das ungeborene Kind hat sich an die Stimme, an den Pulsschlag, an die Bewegungen der Mutter gewöhnt. Es wird sie unbewußt vermissen, wenn es zu anderen Menschen kommt. Doch diese frühe Trennungserfahrung wird vermutlich nicht als schweres Trauma erlebt. Früher ging die Entwicklungspsychologie davon aus, daß Säuglinge erst nach fünf bis sieben Monaten Bindung fest übertragen. Denn in dieser Zeit beginnen sie zu fremdeln. Doch Säuglinge gewöhnen sich schon viel früher an ihre Bezugspersonen.

Kinder, die in den ersten Monaten ihres Lebens ohne feste Bezugsperson leben müssen, z. B. Kinder, die noch einige Monate im Krankenhaus oder in einem Kinderheim bleiben müssen, kapseln sich schon früh ab. Die Einsamkeit der ersten Wochen beeinflußt ihr Kontaktverhalten im späteren Alter. Oft bleiben sie lebenslang tendenziell verschlossen und tun sich schwer, Kontakt zu anderen Menschen aufzunehmen. Menschen werden von früh Erlebtem sehr stark geprägt.

Dennoch sind Babys und Kleinkinder, die früh ihre Bezugspersonen verloren haben, fähig, Bindung – nach einer Trauerphase – auf neue Bezugspersonen zu übertragen. Sie nehmen ihre Pflegeeltern als faktische Eltern an, genauso wie Adoptivkinder. Sie benötigen ähnlich wie diese schon früh Aufklärung über die Realität, nicht das leibliche Kind zu sein. Die Pflegefamilie übernimmt Elternrolle. Die leiblichen Eltern bleiben wichtig für das Kind und seine Identitätsentwicklung.

Kinder im Vorschulalter

Björn, fünf Jahre, seit zwei Jahren in seiner Pflegefamilie, quält seine Pflegeeltern oft stunden- und tagelang, weil er sich ein ganz bestimmtes neues Spielzeug wünscht. Wenn er es dann endlich bekommen hat, wird es kurze Zeit später achtlos zur Seite gelegt, es geht schnell kaputt, oder er verschenkt es an Geschwister oder Spielgefährten.

Viele Pflegekinder geben ihre Sachen fort, tauschen sie gegen etwas Neues aus, verlieren sie. So wie mit ihnen früh verfahren wurde, so gehen sie nun mit Gegenständen um. Sie kennen oft kein Maß, leben sehr situativ. Diese Kinder haben eine verborgene Furcht, sich auf Menschen zu verlassen, denn sie könnten ja wieder enttäuscht werden. All diese Verhaltensweisen können sie trotz guter Vorsätze nicht einfach «ändern», auch nicht durch noch so gute «Erziehung».

Kinder, die im Vorschulalter in eine Pflegefamilie kommen, hatten meist schon einmal eine Bindung. Wenn diese ganz verlorengeht, führt dies zu seelischen Verletzungen, die nie mehr ganz verheilen.

Kinder können mehrere Menschen liebhaben, wenn ihnen die Erwachsenen dies erlauben. Ein Pflegekind kann sich um so besser neu binden, je eher ihm erlaubt wird, seine früheren Bezugspersonen zu erinnern oder sie weiterhin zu sehen, auch wenn es nicht mehr mit ihnen leben kann.

Kinder, die in den ersten Lebensjahren oft verlassen wurden und mehrere Trennungen erlebt haben, werden oft von dem Bedürfnis getrieben, die früh entstandene Leere zu füllen. Häufig brauchen diese Kinder viel «Aktion», wollen im Mittelpunkt stehen, freuen sich ständig auf ein neues Ereignis, doch wenn es soweit ist, ist es uninteressant. Manche von ihnen kennen keine Grenzen. Kommen sie irgendwohin zu Besuch, so öffnen sie Schränke und Schubladen. Sie müssen alles in die Hand nehmen. Einige sind hyperaktiv. Andere neigen zu häufigen Unfällen, denn sie haben verlernt, auf sich selbst aufzupassen.

Kinder können sich nicht beliebig oft neu an Menschen binden. Zwar können sie immer wieder Vertrautheit herstellen, sich ein Stück zugehörig fühlen. Doch tief innen bleiben sie autonom. Sie haben sich unverletzbar gemacht. Sie entziehen sich ein Stück der Nähe und Verbindlichkeit.

Kinder im Schulalter

> Leandro, elf Jahre, lebt schon drei Jahre ohne Kontakte zur Her-
> kunftsfamilie in seiner Pflegefamilie. Er kann sich von den Pullis aus
> der Zeit «zu Hause» nicht trennen. Längst sind sie abgetragen und
> passen ihm nicht mehr, doch seine Stofftiere bekommen sie angezo-
> gen.

Hat ein Kind kontinuierliche Bezugspersonen gehabt, so kann es
diese nicht einfach austauschen. Deshalb brauchen Kinder, die gebunden waren, möglichst Kontakte zu den ihnen vertrauten Menschen. Auch sollten sie viele vertraute Sachen aus ihrer früheren Welt
mitbringen dürfen: ihr Bett, die Spielsachen, ihre Kleidung.

Je älter das Pflegekind zur Zeit der Vermittlung ist, desto stärker
hat es bereits seine eigene Persönlichkeit entwickelt. Es ist für das
Gelingen des Zusammenlebens notwendig, daß Pflegeeltern den Anspruch aufgeben, das Kind in relativ kurzer Zeit zu einem «normalen»
Kind zu machen. Veränderungen geschehen langsam, brauchen
Jahre. Noch soviel Liebe und Engagement reichen manchmal nicht
aus, das Kind von seinen (oft sehr schwierigen) Ecken und Kanten,
sich selbst und sein soziales Umfeld belastenden Verhaltensweisen,
zu befreien. Enttäuschungen sind vorprogrammiert, wenn Pflegeeltern nicht ertragen lernen, daß das frühere schwere Leben das Kind
nachhaltig geprägt hat.

Hat ein Kind schon mehrere Stationen im Leben hinter sich, hat es
zuerst in seiner Familie, dann bei Großeltern, anschließend bei anderen Menschen oder in einem Heim gelebt, dann hat das Kind viel
Unruhe in sich und ist seelisch sehr verletzt.

Anforderungen im Leistungsbereich kann es – trotz guter Intelli-
genz – oft nicht erfüllen, weil die seelische Energie nicht vorhanden
ist, die ein Mensch zum Lernen benötigt. Pflegeeltern, die ein älteres
Kind aufgenommen haben, berichten immer wieder, zum Kind keinen richtigen Zugang zu finden, ihre Gefühle seien ihm gleichgültig.
Auch hätte es eine «Faß-ohne-Boden-Struktur», es kenne nur sich
selbst. Häufig ist es so, daß die Kinder unter dem Einfluß der Pflegeeltern schon einige Fortschritte gemacht haben. Doch sind sie für sich

selbst verantwortlich, scheint vieles umsonst gewesen zu sein. Viele Pflegekinder im Schulalter nässen oder koten noch ein. Sie fallen manchmal in frühkindliches Verhalten zurück. Andere wieder sind aggressiv und üben Macht über schwächere Kinder aus. Denn was ihnen zugefügt wurde, müssen sie wiederholen. Über das Leben mit deprivierten Kindern habe ich im Buch «Pflege- und Adoptivkinder» ausführlich im Kapitel «Holger» berichtet.

Wurde das Kind erst frisch von seiner Herkunftsfamilie getrennt, so ist es – selbst wenn es dort viele schlechte Erfahrungen gemacht hat – nicht fähig, sich von seiner Herkunftsfamilie loszumachen. Kinder, die in den ersten Jahren kontinuierliche, sie beschützende Bezugspersonen hatten und von diesen durch Krankheit oder Tod getrennt wurden, können sich nach einer längeren Trauerphase ganz langsam wieder neu einlassen. Doch sie brauchen Pflegeeltern, die ihnen die Eltern nicht ersetzen wollen. Pflegeeltern sollten sich dann als neue, zusätzliche für das Kind wertvolle Bezugspersonen begreifen.

Kinder im Jugendalter

Pflegestellen werden für Kinder bis zum Alter von 14 oder 16 Jahren gesucht. Ältere Kinder können ihre neuen Bezugspersonen noch weniger als junge Kinder einfach als neue Eltern annehmen, auch wenn sie dies versuchen. Pflegeeltern Jugendlicher sind eher pädagogische Begleiter, liebevolle neue Menschen, die einem jungen Menschen in den schweren Entwicklungsjahren beistehen. Je älter ein Kind, wenn es in eine Pflegefamilie kommt, desto weniger kann es sich einfach integrieren, desto mehr Toleranz benötigen Pflegeeltern, die Persönlichkeit des Kindes zu respektieren. Zugleich sollten klare Vereinbarungen über die Regeln des Zusammenlebens getroffen werden. Kinder, die in die Pubertät kommen, sind dabei, sich selbst kennenzulernen, wollen herausfinden, wer und wie sie sind. In diesem Alter beginnt bei Kindern die Ablösung von den Eltern, sie entwickeln eigene Werte und einen eigenen Lebensstil. Ein Kind, das in diesen Jahren neu in eine Familie kommt, soll noch einmal Beziehung eingehen und will sich zugleich ablösen. Das alles ist kaum zu bewältigen. Jugendliche setzen sich besonders intensiv mit ihrer Herkunftssituation auseinander. Hierbei benötigen sie Hilfe, Verständnis und Begleitung. Pflegeeltern, die ein älteres Kind annehmen, dürfen dem Kind nicht abverlangen, sie als Eltern anzuerkennen. Es ist notwendig, dazu zu stehen, was sie sind: Menschen, die einen Stück des Lebensweges miteinander gehen, elterliche Bezugspersonen, die das Kind auf vielen Umwegen begleiten und bei der Bewältigung extremer Probleme unterstützen. Pflegeeltern können nicht immer alle Schwierigkeiten in den Griff bekommen. Es ist schwer, viel Engagement aufzubringen und den Jugendlichen trotz großer Probleme zur Seite zu stehen. Oft bleibt es ein sorgenvoller, ein beunruhigender Weg. Wenn ein Jugendlicher seine Lehre packt, wenn er nicht in der Drogenszene oder in Neonazigruppen landet, dann haben Pflegeeltern enorm viel in diesen turbulenten Jahren geschafft.

Behinderte Kinder

«Was stimmt denn mit euch nicht, daß ihr freiwillig so ein Kind auf-nehmt?» bekommen Pflegeeltern behinderter Kinder manchmal zu hören. Wer ein körperlich oder geistig behindertes Kind in Pflege nimmt, sollte sich intensiv damit auseinandergesetzt haben, was es in dieser Gesellschaft heißt, nicht der Norm zu entsprechen. Noch mehr als andere Pflegekinder benötigen behinderte Kinder eine Familie, die sich an die Lebensbedingungen des Kindes anpaßt und das Kind nicht einfach an die Familie anpassen will. Mit einem behinderten Kind zu leben heißt, sich tagtäglich mit den Reaktionen des sozialen Umfeldes auseinanderzusetzen, mit dem Mitleid, dem Entsetzen, vor allem aber der Ausgrenzung.

Mit einem behinderten Kind zusammenzuleben kann besonders befriedigend sein, weil die Pflegeeltern gerade nicht dem unerfüll-baren Anspruch nacheifern müssen, das Kind möglichst schnell zu einem «normalen» Kind zu machen. Ein behindertes Kind benö-tigt soviel Normalität im Alltag wie irgend möglich, es sollte am besten mit nichtbehinderten Kindern zusammenleben. Dann ent-wickelt es die Fähigkeiten, die es für sein Leben braucht. Es benö-tigt zusätzliche Förderung, die so dosiert sein muß, daß das behin-derte Kind dadurch nicht überfordert wird. Es benötigt zusätzliche Hilfe und Schutz und soll dennoch so selbständig wie möglich wer-den.

Wenn sich Pflegeeltern erst einmal losgemacht haben von den Er-wartungen unserer Leistungsgesellschaft, dann können sie mit einem behinderten Kind viel Glück und Befriedigung erfahren. Wenn Kin-der nicht gut hören, nicht sehen, im Rollstuhl sitzen oder nicht gut lernen können: ihre Lebendigkeit ist ungeteilt, ihre Seele, ihre Sen-sibilität, ihre Empfindsamkeit ist nicht behindert. Pflegeeltern von behinderten Kindern benötigen ein anderes Menschenbild als das in unserer Gesellschaft übliche: ein Menschenbild, das jedem Men-schen ein Anrecht auf ein zufriedenes Leben gemäß seinen Mög-lichkeiten zugesteht und Menschen nicht in Kategorien «mehr wert» oder «weniger wert» einordnet.

Die Gleichstellung von behinderten und nichtbehinderten Menschen bedeutet, daß jeder Mensch individuell die Hilfen bekommt, die er benötigt. Der Maßstab, was denn «normal» ist, ignoriert die Einzigartigkeit von Menschen. Behinderte Menschen sind normal. Nicht normal hingegen sind häufig die Reaktionen des sozialen Umfeldes.

Geschwisterkinder

Geschwisterkinder leben über viele Jahre existentiell verbunden in großer Nähe und räumlicher Dichte. Kleinkinder von ein bis zwei Jahren sind angewiesen auf ihre älteren Geschwister. Sie sind seit den ersten Lebenstagen an deren Stimmen, an deren Berührung gewöhnt. Sie gehen schon früh aufeinander ein. Müssen junge Kinder aus einer Familie herausgenommen werden, so sollten sie mit ihren älteren Geschwistern zusammenbleiben. Geschwisterkinder aus Familien, die zusammenbrechen und die Versorgung nicht mehr sicherstellen können, sind noch enger aufeinander angewiesen als viele andere Kinder. Ihre gemeinsamen Erfahrungen haben sie zusammengeschmiedet.

Wir wissen von jungen Kindern, daß sie nach der Trennung von den Eltern weniger bindungsgestört reagieren, wenn ihnen die vertrauten Geschwister bleiben. Je mehr Vertrautes aus der alten Umgebung mitgenommen werden kann, desto weniger traumatisch die Trennung. Geschwisterkinder bewahren einerseits gemeinsam die Erinnerung an früher, an ihre frühere Familie. Andererseits sind sie eher fähig, wieder Bindung auf die neuen Menschen zu übertragen, weil sie nicht alle Bindungen verloren haben. Sie haben eine Gefährtin, einen Gefährten mit in das neue Leben genommen. Ihr Selbstwertgefühl ist nicht so tief erschüttert. Und sie fühlen sich nicht dermaßen allein bei ihrem schweren Prozeß, sich in eine neue Welt einzuleben. Das Geschwisterkind erleidet dasselbe Schicksal.

Die Geschwisterbeziehung ist eine Bindung, die in frühen Jahren oft von Streit und Konkurrenz geprägt ist und doch ein Leben lang hält. Dies wird oft übersehen, wenn Fachleute glauben, Geschwister trennen zu müssen, weil sie sich gegenseitig zu stark behinderten. Haben Geschwisterkinder eine destruktive Beziehung zueinander, so wurde dies von Erwachsenen so inszeniert, so gebraucht. Nach einem Umgebungswechsel und bei verständnisvollen Menschen kann das destruktive Element oft korrigiert werden. Dies sollte auf alle Fälle versucht werden.

Manchmal werden Geschwister getrennt vermittelt, weil sie stark depriviert sind. Sie stellen so starke Anforderungen an die neuen Bezugspersonen, daß ein Elternpaar die Bedürfnisse von zwei oder mehreren Kindern nicht abdecken kann. Doch auch hier ist sorgfältig abzuwägen, ob diese Kinder nicht in einer professionellen Familie oder in einem Kinderdorf besser gemeinsam untergebracht werden können. Hier bekommt das Elternpaar Entlastung durch Helferinnen und Helfer und Praxisberatung. Oft können sich Pflegeeltern, wenn sie Geschwister aufnehmen, an das jüngste Kind am besten binden. Die älteren, schwierigeren Kinder sind in Gefahr, zu kurz zu kommen. Dies muß bei der Entscheidung, ob gemeinsam oder getrennt vermittelt wird, mitbedacht werden.

Können Geschwisterkinder nicht gemeinsam untergebracht werden, so ist bei ihrer Vermittlung sicherzustellen, daß die Familien häufigen Kontakt zueinander pflegen. Auch wenn die Kinder bei diesen Kontakten nicht viel miteinander spielen oder wenn sie sich mit dem Geschwisterkind streiten: Oft können sie nicht zeigen, wie existentiell wichtig es für sie ist, die früh vertrauten Menschen wiederzusehen. Doch es ist für sie eine Chance, alten Schmerz zu erinnern und abzutragen. Pflegefamilien von Geschwisterkindern sollten nicht zu weit entfernt voneinander wohnen.

Pflegeeltern, die Geschwister aufnehmen, haben in ihrer Familie eine Kleingruppe: Die Geschwister fühlen sich untereinander verbunden. Es ist wichtig, daß Pflegeeltern diese Gemeinschaft der Kinder nicht aufbrechen wollen, daß sie respektieren, daß die Kinder manchmal gegen den Rest der Familie zusammenhalten. Nur Pflegefamilien, die bereit sind, zu ertragen, daß die ältere Beziehung zwischen den Geschwistern liegt und sie die «jüngere» Beziehung sind, sollten Geschwisterkinder aufnehmen.

Kinder aus Suchtfamilien

Kinder, die mit tabletten-, alkohol- oder drogenabhängigen Erwachsenen gelebt haben, haben eine besonders enge Loyalität zu ihren Eltern entwickelt. Viele Kinder aus Familien mit starken Abhängigkeiten haben ein Wechselbad zwischen extremer Bedürfnisbefriedigung und extremer Verlassenheit erlebt.

Süchtige ziehen ihre Kinder ganz eng an sich. Sie stellen oft übernahe Intimität her. Sie teilen alles mit ihren Kindern, jede Sorge, jede Freude, ziehen ihre Kinder in alles hinein, natürlich auch in Paarkonflikte. Kinder leben mit diesen Eltern schutzlos, sind ihren unkontrollierten Bedürfnissen ausgeliefert und werden immer wieder zu deren Befriedigung herangezogen. Die Frau des Alkoholikers, die keinen Tropfen trinkt, aber sich Tag und Nacht mit ihrem Kleinkind verbündet und sich bei diesem über den trinkenden Vater ausweint, beutet ihr Kind aus. Was für den Vater der Alkohol, ist für die Mutter das Kind, mit dem sie grenzenlos verquickt ist. Mutter und Kind werden zu Co-Süchtigen.

Eltern mit starker Suchtstruktur können dem Kind keine selbständige Persönlichkeitsentwicklung ermöglichen, brauchen das Kind in erster Linie für sich und die Befriedigung eigener Bedürfnisse. Wenn die Kinder eigene Bedürfnisse anmelden, ernten sie oft Ablehnung und Aggression. Dies prägt sie lebenslang. Kinder in Suchtfamilien kommen zu kurz. Oft tragen sie früh Verantwortung. Sie versuchen das Chaos zu begrenzen, wollen nach draußen verheimlichen, wie schlimm es zu Hause ist.

Ist in einer Familie ein Mensch «abhängig», so bestimmt diese Abhängigkeit das gesamte soziale Geschehen in der Familie. Kinder aus Suchtfamilien haben eine ganze Palette von typischen Verhaltensweisen. Sie mußten ganz bestimmte Rollen in ihrer Familie übernehmen, um die Abhängige oder den Abhängigen zu stützen und zu schützen. Hierzu haben sie bestimmte Strategien entwickelt: Entweder sie sind zu Helferinnen und Helfern geworden, verhalten sich sehr verantwortlich und funktionieren besonders gut für andere. Oder sie lenken vom Schmerz ab, indem sie selbst Suchtstruktur entwickeln, Normen und Regeln und Grenzen immer wieder überschreiten.

Um mit Schamgefühl, Verletztheit, Einsamkeit und Angst zurechtzukommen, haben Menschen in Alkoholfamilien verschiedene Möglichkeiten entwickelt, zu überleben. Viele Kinder aus Suchtfamilien haben gelernt, die Kontrolle über Erwachsene zu übernehmen. Sie haben verlernt, Kind zu sein. Sie müssen den Erwachsenen steuern. Immer wieder fallen Heranwachsende aus Suchtfamilien auf, die besonders intakt und tüchtig zu sein scheinen. Sie kümmern sich um alles, sie bringen gute Noten. Weil sie von den Erwachsenen gebraucht werden, scheinen sie stabil zu sein. Doch in späteren Jahren haben diese Menschen selbst mit Suchtphänomenen zu tun. Dann spüren sie, daß das Gebrauchtwerden Mißbrauch war. Sie können ihrerseits oft keine Beziehung leben, die nicht Suchtcharakter hat. Und sie können nur sehr schlecht auf sich selbst achten, lassen sich auch als Erwachsene immer wieder ausbeuten oder beuten sich selbst aus, sie werden vom Chaos ihrer Kindheit eingeholt, haben keine feste Grenze um ihre Persönlichkeit.

Manche klammern sich extrem eng an ihren Partner oder ihre Partnerin. Oder sie übernehmen grenzenlos Verantwortung im Beruf oder in der Familie. Sie machen sich selbst durch Daueraktivität und Dauereinsatz in vielen Lebensbereichen unentbehrlich. Wenn sie Kinder haben, so binden sie eines oder alle besonders an sich. Diesen räumen sie alle Schwierigkeiten aus dem Weg und legen damit den Grundstein für spätere Drogengefährdung. Suchtstruktur ist etwas früh Erlerntes. Menschen aus Suchtfamilien haben lebenslang damit zu tun, sich zu regulieren und zu begrenzen.

Eigentlich benötigen Kinder aus Suchtfamilien Menschen, die wenig anfällig sind für Suchtverhalten. Doch diese gibt es kaum. Wir alle haben mehr oder weniger starke Abhängigkeitsstrukturen in uns. Entscheidend ist, ob wir uns diese Struktur eingestehen und sie handhaben lernen. Kinder aus Suchtfamilien sollten nicht in Familien vermittelt werden, in denen es starke Suchtprobleme gibt, die grenzenlos sind. Auch Pflegeeltern, die selbst aus Alkoholikerfamilien kommen, sind für diese Kinder nur dann geeignet, wenn sie sehr intensiv an dieser Problematik gearbeitet haben. Sonst übertragen sie Muster aus der eigenen Kindheit auf das Pflegekind und erschweren das Eingrenzen von Suchtverhalten.

Kinder, die mißhandelt wurden

«Wenn der Opa nicht besoffen war, dann konnte er sehr lieb sein», stellte die siebenjährige Juliane fest, die mit schweren Verletzungen ins Krankenhaus kam. Sie hatte bis dahin bei ihren Großeltern gelebt. Ihr Opa hatte sie mehrfach schwer verprügelt, wenn er betrunken war.

Juliane konnte ihre Not und ihre ambivalenten Gefühle ausdrücken. Kleine Kinder haben diese Möglichkeit nicht. Mißhandelte Kinder haben tief ambivalente, zerrissene Gefühle gegenüber ihren Eltern. Obwohl ihnen unendlich weh getan wurde, waren auch sie abhängig von ihren Eltern. Die Beziehung zu mißhandelnden Eltern ist einerseits angstbesetzt, zugleich hat das Kind sie gebraucht, um zu überleben. Die Kinder zeigen oft eine besondere Anhänglichkeit gegenüber ihren Mißhandlern.

Kinder, die körperlich und seelisch mißhandelt wurden, freuen sich – mehr als andere Kinder – über positive Zuwendung durch neue Menschen. Die meisten mißhandelten Kinder sind ängstlich, still, in sich gekehrt. Sie sind angepaßt und lassen viel über sich ergehen. Ihre Gefühle haben sie oft abgestellt, ihre innere Beteiligung weit verdrängt. Mißhandelte Kinder sind vorsichtig, wollen keinen Ärger auf sich ziehen. Denn oft vermuten sie, die Mißhandlung selbst ausgelöst oder verdient zu haben. Nur ein kleiner Teil von mißhandelten Kindern ist provokativ oder aggressiv.

Viele mißhandelte Kinder haben Sprachentwicklungsstörungen und Rückstände in ihrer Intelligenzentwicklung. Das Sprechen, als spontaner Ausdruck, haben sie sich verwehrt. Und ihre Lernfähigkeit ging verloren, weil sie ihre schlimmen Erfahrungen abdrängen mußten und damit auch alles Lebendige.

Werden sie von ihren Eltern getrennt, so zeigen sie nach außen wenig Reaktion. Dies bedeutet jedoch nicht, daß sie sich etwa schon gelöst hätten: Mißhandelte Kinder fügen sich. Sie haben gelernt, Schmerz, Protest, Trauer nicht zu zeigen. Auch sie benötigen, wie alle anderen Kinder, Hilfe beim Abschied, benötigen Bindeglieder zur früheren Welt.

Die ohne Zweifel erforderliche Trennung eines mißhandelten Kindes von seinen mißhandelnden Eltern wird oft zu einer neuen seelischen Verwundung, weil jeder glaubt, das Kind hätte keinen Trennungsschmerz, empfände keinen Verlust. Auch mißhandelte Kinder haben Heimweh. Doch sie wagen nicht, es zu fühlen, zum einen, weil sie ohnehin gelernt haben, Gefühle abzuschalten, zum anderen, weil sie spüren, daß ihre neue Umwelt dies überhaupt nicht akzeptieren könnte. Immer wieder sind Helferinnen und Helfer der irrigen Auffassung, dem Kind sei am meisten damit geholfen, wenn es zu seiner früheren Welt keinerlei Kontakt mehr hätte, denn es würde davon nur an die furchtbaren Erfahrungen erinnert. Es muß Kindern erlaubt sein, daß sie ihren Mißhandlern gegenüber schlechte und gute Gefühle haben, daß sie auch Teile von diesen liebhatten. Das übersieht die Umwelt oft. Und so wird den Kindern ein letzter Rest von ihren Gefühlen, von ihrer Wirklichkeit weggenommen.

Ihre «Therapie» darf nicht heißen, das ganze frühere Leben auslöschen zu sollen. Wir helfen dem Kind nicht wirklich, wenn wir wollen, daß es möglichst alles von früher vergißt. Auch der Schmerz, die Angst, die Not müssen wiedererinnert werden, damit sie nicht lebenslange Spuren in der Seele der Kinder hinterlassen. Mit dem Vergessen, dem Wegdrängen, ist das Furchtbare, das die Kinder erlebt haben, nicht einfach ungeschehen. Deshalb benötigen sie Hilfen, ihr früheres Leben und die dazugehörigen Menschen nicht einfach zu vergessen: Fotos von früher, Spielsachen, Kontakte zu Menschen, die das Kind gut kennt und es nicht mißhandelt haben.

Manche Kinder leugnen das ihnen Widerfahrene oder verdrängen es sehr schnell. Sie scheinen die Mißhandlungen vergessen zu haben und glorifizieren ihre Eltern. Auch das sollte erlaubt sein. Die Kinder sollten jedoch sanft daran erinnert werden, was ihnen einst geschehen ist. Pflegeeltern oder Therapeuten können zu ihnen sagen: «Deine Eltern waren manchmal lieb, und deshalb magst du sie, das ist okay. Aber sie haben dir auch sehr weh getan. Deshalb wurdest du ihnen vom Jugendamt fortgenommen. Sie durften dich nicht behalten. Du mußtest geschützt werden. Menschen, die ihre Kinder nicht versorgen und ihnen weh tun, wurde als Kind selber von ihren Eltern weh getan. Sie waren nicht schon immer böse. Sie sind es erst geworden, weil es ihnen als Kind sehr schlechtging.» Kinder, die von ihren Eltern mißhandelt wurden, wollen ein Bild von ihren Eltern entwickeln. Und dieses Bild muß die furchtbare, schlimme Seite, aber auch die entlastende Seite enthalten.

Verständlicherweise empfinden Pflegeeltern eines mißhandelten Kindes besonders viel Haß und Wut auf die Herkunftsfamilie. Doch auch für mißhandelte Kinder gilt, was für alle Pflegekinder gilt: Nur wenn die annehmenden Eltern etwas von dem Werdegang und der Lebenssituation der abgebenden Eltern begreifen, wenn sie ihren Haß umwandeln können in Trauer, dann können sie das Kind bei der Bearbeitung seiner schweren Geschichte begleiten.

Es gibt zahlreiche gesellschaftliche Ursachen für Kindesmißhandlung: Menschen, die selbst in kaputtem sozialem Milieu, unter schlechten ökonomischen Bedingungen in zu engen Wohnungen und täglichem Bombardement von Fernsehen oder Video aufwachsen, neigen zu Gewalt und Unbeherrschtheit gegenüber ihren Kindern. Sie werden gegenüber Schmerz unempfindlich, stauen Haß und Aggressionen auf, die sie auch gegenüber Kindern entladen. Menschen, die ihre Kinder vernachlässigen und mißhandeln, waren häufig selbst als Kind Opfer von Gewalt. Menschen, die Kinder mißhandelt haben, tun dies häufig in Extremsituationen, unter schwerem Druck. Das alles entschuldigt nicht ihr Handeln. Manche Menschen, die ihre Kinder mißhandelt haben, bereuen dies in späteren Jahren. Auch das gibt Kindern Entlastung.

Pflegeeltern von mißhandelten Kindern benötigen viel Hilfe und Möglichkeiten, an ihrer schweren Situation und ihrer Einstellung gegenüber ihrer Herkunftsfamilie zu arbeiten. Dazu gehört auch, zu erkennen, daß sie selbst in einer besseren Lebenssituation aufgewachsen sind und daß sie nicht wissen, an welche Grenzen sie bei negativer Sozialisation mit sich selbst gekommen wären. Sie haben bessere Rahmenbedingungen, bessere Partnerschaften, sind ökonomisch abgesichert. Der Prozeß des inneren Verstehens von Mißhandlungseltern braucht oft lange. Doch dem Kind zuliebe sollten Pflegeeltern Schritt für Schritt dazu kommen, nicht in Wut, Straf- und Rachebedürfnissen zu verharren.

Kinder, die sexuell mißbraucht wurden

Pflegeeltern, die ein Kind aufnehmen, das sexuell mißhandelt worden ist, müssen sich gründlich kompetent machen und die Hilfe von Beratungsstellen in Anspruch nehmen, die sich auf sexuellen Mißbrauch spezialisiert haben. Viele Kinder benötigen noch Jahre später oder als Erwachsene immer wieder therapeutische Hilfe.

Kinder, die sexuell mißhandelt wurden, sind anders zerstört und verletzt als Kinder mit anderen Gewalterfahrungen. Es gibt Kinder, die in ihren Pflegefamilien über das ihnen Widerfahrene sprechen, und andere, die Stillschweigen bewahren. Alle diese Kinder haben erfahren, daß ihre intimsten Grenzen verletzt wurden, sie fühlen sich beschämt und verwirrt, da sie ja zum Täter, zur Täterin auch gute Gefühle haben. Sie haben Ohnmacht, Gnadenlosigkeit, Sprachlosigkeit, Bedrohung erlebt. Sie haben nicht nur körperlichen Schmerz zugefügt bekommen, sondern wurden auch erpreßt. Denn häufig bringen die Mißhandler das Kind zum Schweigen, indem sie ihm unerträgliche Geschehnisse androhen: den Tod von Haustieren, oder daß das Kind ins Heim muß oder daß die Mutter stirbt. Dies führt beim Kind zu tiefen Persönlichkeitsstörungen. Die Kinder sind sich oft unsicher, ob sie nicht selbst aktiv zu dem Geschehen beigetragen haben, selbst schuldig sind. Das wird ihnen oft genug vom Täter, aber auch der übrigen Umwelt, sogar von Richtern und Gutachtern unterstellt. Doch die Verantwortung für sexuelle Mißhandlung liegt immer beim Erwachsenen, egal wie «verführerisch» sich das Kind verhalten hat.

Die Folgen von sexuellen Mißhandlungen sind viele Verhaltensauffälligkeiten und psychosomatische Erkrankungen. Kinder, die sexuell mißhandelt wurden, sind oft zugleich deprivierte Kinder, denn der Mangel an emotionaler Nahrung hat sie den Tätern oder Täterinnen verfügbar gemacht. Manche Mädchen und Jungen, die schon einmal Opfer sexueller Gewalt waren, zeigen «sexualisiertes» Verhalten. Sie interessieren sich in jungem Alter schon stärker für Sex als andere Kinder. Hierdurch sind sie neuen Verführungssituationen durch Erwachsene ausgesetzt. Immer wieder kommt es vor, daß sexuell mißhandelte Kinder in Heimen, in Pflege- oder Adoptivfamilien, aber auch von Babysittern und Babysitterinnen, Erziehern und Erzieherinnen oder Lehrern und Lehrerinnen erneut sexuell mißhandelt werden. Kinder, die sexuell mißhandelt wurden, benötigen besonders wachsame Pflegeeltern, damit dem Kind in ihrem Umfeld nicht Ähnliches widerfährt.

Pflegefamilien, die ein sexuell mißhandeltes Kind aufnehmen, müssen die richtige Dosierung erlernen, dem Kind zu helfen. Die vom Kind längst wieder abgespaltenen Gefühle erdrücken oft die Helfer. Diese Verdrängung verunsichert. Doch je nach Alter und Umständen der sexuellen Mißhandlung versuchen Kinder über Jahre nicht an dem zu rühren, was ihnen geschehen ist. Die Kinder sollten nicht bedrängt werden, doch sie benötigen ein Klima, in welchem Gefühle zugelassen sind. Sexuell mißbrauchte Kinder benötigen keine Detektive, keine Voyeure, sondern in erster Linie Ichstärkung und Wertschätzung.

Haben Frauen Kinder sexuell mißbraucht, so werden sie dafür schärfer moralisch verurteilt als Männer. Immer wieder erlebe ich, daß Pflegeeltern nicht nur böse auf den Täter sind. Diesem räumen sie oft sogar «mildernde Umstände» ein. Sie sehen das Geschehen als Folge von männlicher Triebhaftigkeit und Mangel an Kontrollfähigkeit. Besonders viel Schuld wird dagegen den Müttern angelastet, daß sie nichts gemerkt, ihr Kind nicht geschützt haben. Doch dabei wird übersehen, daß Mißhandler tatsächlich so gezielt und geschickt vorgehen, daß viele Frauen dies nicht merken können. Oft werden Frauen schon lange vom Mißhandler unterdrückt, nicht für voll genommen, abgewertet. Manche von ihnen wurden selbst als Kind sexuell mißhandelt und haben dies längst verdrängt.

Wenn Mütter erfahren, daß das Kind von ihrem Partner sexuell ausgebeutet wurde, ist dies für die Frauen eine tiefe Entwertung und Verletzung: Sie wurden vom Mann betrogen und hintergangen, und sie haben ihr Kind nicht geschützt. Sie stehen doppelt unter Schock. So bleibt vielen Frauen, das alles zu leugnen. Manche Frauen benötigen Monate, bis sie die Wirklichkeit an sich herankommen lassen.

Die Kinder benötigen – trotz des Ungeheuerlichen, was ihnen angetan wurde – die Erlaubnis, den Täter oder die Täterin nicht nur zu hassen, sondern auch gute Gefühle zu dieser Person zu haben. Sie brauchen Erklärungen, weshalb ihre Eltern die Menschenwürde von Kindern nicht respektiert haben. Auch sexuell mißhandelte Kinder leiden, wenn sie ihre Vergangenheit auslöschen sollen. Ihr Leben hat nicht nur aus der Mißhandlung bestanden. Im sozialen Umfeld gab es auch andere nahe Menschen, die das Kind nicht mißhandelt haben. Zu ihnen sollte das Kind gelegentliche Kontakte haben, und sei es nur, um sich zu verabschieden. Der Besuch des früheren Kindergartens, Kontakt zu Freundinnen und Freunden, allein das Aufsuchen der Gegend, in der das Kind früher gelebt hat, lindert den Verlust. Wir dürfen das Kind nicht für das Widerfahrene bestrafen, indem wir alle Verbindungen zum früheren Leben abschneiden.

Kinder von ausländischen Eltern

Kommen Kinder von ausländischen Eltern in Pflege, so haben sie neben den Schmerzen der Trennung und Prozessen der Identitäts- und Loyalitätskonflikte noch die grundsätzlich verschiedenen Rollen in dieser Gesellschaft auszustehen. Hinzu kommen die oft bitteren Erfahrungen von Flucht oder Einwanderung. In der Regel hat das Kind zwei tiefe Erfahrungen von Entwurzelung auf seinem Weg erlebt: die von seiner ganzen Familie vollzogene Trennung vom Herkunftsland und die Trennung von seiner Familie hier bei uns.

Die Kinder fühlen sich nicht nur zwischen zwei Familien, sondern auch zwischen zwei Kulturen und den damit verbundenen Normen und Werten zerrissen. Auch Kinder, die mit ihren Eltern leben, haben den Migrationsprozeß zu verarbeiten, stehen häufig im Konflikt zwischen beiden Kulturen. Sie emanzipieren sich meist von ihrer Heimatkultur und bewegen sich auf die deutsche Kultur zu. Dieser Prozeß kostet viel Kraft und führt zu vielen Auseinandersetzungen zwischen Eltern und Kindern.

Lebt das Kind in einer deutschen Pflegefamilie, verschärfen sich diese Konflikte. Deshalb geraten ausländische Kinder noch stärker in das Spannungsfeld zwischen ihren Eltern und der Pflegefamilie, zwischen deutschen Werten und Normen und denen ihres Herkunftslandes.

Pflegeeltern ausländischer Kinder müssen sich auch mit anderen Erziehungsvorstellungen, Normen und Werten der Herkunftseltern und des Herkunftslandes befassen und dem Kind helfen, sich zwischen beiden Welten zu orientieren und seine eigenen Werthaltungen zu entwickeln. Viele Migrantenfamilien leben in Armut und auf engstem Wohnraum. Die soziale Kluft zwischen Herkunftsfamilie und Pflegefamilie ist dadurch noch tiefer. Hinzu kommen Sprach- und Verständigungsschwierigkeiten und religiöse Unterschiede. Auch fühlen sich ausländische Familien, deren Kinder in Pflegefamilien leben müssen, von deutschen Behörden bevormundet und gegenüber der Pflegefamilie besonders unterlegen. Das alles wieder beeinträchtigt das Selbstwertgefühl der Kinder.

Ausländische Kinder werden diskriminiert, fühlen sich ohnehin häufig minderwertig gegenüber den deutschen Kindern. Wenn dann noch ihre Eltern nicht für ihre Kinder sorgen können, so wird ihre Furcht, daß «Ausländer» schlecht oder wertlos seien, noch bestärkt.

Hat die Pflegefamilie leibliche Kinder, so fühlt sich das Kind ausländischer Eltern meist noch stärker als Außenseiter. Ausländische Kinder sind konfrontiert mit zunehmender Ausländerfeindlichkeit und Rassismus in diesem Land. Marokkanische, türkische, italienische Kinder, die hier in Deutschland innerhalb ihres Familienverbandes leben, teilen ihr Schicksal, wegen ihrer Herkunft abgewiesen zu werden, mit ihren nahestehenden Menschen. Ein ausländisches Pflegekind fühlt sich in seiner Pflegefamilie oft allein mit diesem Schicksal.

Flüchtlingskinder

Kiro kam mit fünf aus Eritrea. Zunächst schwieg er über Monate in seiner Pflegefamilie. Dann lernte er Deutsch. Im Kindergarten wurde gespielt: Wer hat Angst vorm schwarzen Mann. Der Lehrer sagte: «Schwarze Kinder können keine Mathematik.» Im Alter von zehn wollte Kiro gar nicht mehr in die Schule. Er sagte: «Ich weiß nicht, wie lange ich noch die Kraft habe, das auszuhalten.» Zu dieser Zeit kam seine Mutter nachgereist. Mit ihr konnte er sich nicht mehr verständigen. Er konnte kein Wort Triginia mehr.

Pflegeeltern von Kindern anderer ethnischer Herkunft sind sich manchmal recht sicher, ihr Kind sei gut integriert in ihrem Wohnort. Doch die Kinder werden dennoch als Außenseiterinnen und Außenseiter behandelt. Kiro wünschte sich eine Zeitlang täglich nach dem Schulbesuch, nicht mehr zu leben. Seinen Pflegeeltern hat er von seiner Not nichts gesagt. Er wollte sie nicht belasten. Nicht nur die Kinder, auch Lehrerinnen und Lehrer, Erzieherinnen und Erzieher beteiligten sich gedankenlos oder aktiv am rassistischen Ausgrenzen.

Flüchtlingskinder wurden in ihrem Leben besonders schwer traumatisiert. Sie haben tiefe Verlusterlebnisse, Verwirrung, Gewalt, Bedrohung, Folter von Angehörigen, Bombenangriffe, körperliche und seelische Verwundungen erlitten. Die Kinder haben ihre Angehörigen, ihr vertrautes Umfeld, ihre Sprache verloren, haben über Wochen und Monate in Todesangst gelebt, nahe Menschen durch Tod oder Fluchtwirren verloren. Sie stehen über lange Zeit unter Schock. Manche haben aus Selbstschutz alles vergessen, auch wer sie sind. Doch unter diesem Vergessenhaben wühlen die furchtbaren Erfahrungen.

Pflegeeltern von Flüchtlingskindern haben viele Lernschritte vor sich, müssen an den Problemen der Kinder wachsen und reifen. Immer wieder machen Pflegeeltern von Flüchtlingskindern die Erfahrung, wie verschlossen die Kinder über Jahre sind, wie wenig sie die Tür ihrer Seele aufmachen können und wie vorsichtig sie sind, Liebesangebote anzunehmen. Diese Kinder benötigen Akzeptanz mit all ihren seelischen und psychosomatischen Symptomen. Sie können das früh Erlittene zwar zurücklassen, doch die Spuren bleiben in ihrer Persönlichkeit. Auch sie haben notgedrungen einen Schutzmantel um ihr Innerstes gelegt, haben selbst oft keinen Zugang mehr dazu, erst recht aber nicht die Menschen ihrer Umgebung. Flüchtlingskinder sind ein Stück autonom geworden, trotz äußerster Hilfsbedürftigkeit. Sie benötigen unendlich viel Unterstützung bei der Bewältigung ihrer Herkunftssituation. Pflegeeltern müssen zu Spezialisten des Herkunftslandes und der dortigen Kultur werden. Auch Kontakte zum familiären Umfeld des Kindes sollten gefördert und gesucht werden, damit das Kind sich identifizieren kann.

Die Kinder benötigen Schutz und Hilfe im gesamten sozialen Umfeld, ihre Pflegeeltern müssen ständig in Schule und Nachbarschaft um Akzeptanz der Kinder werben und sich tagtäglich gegen Ausländerfeindlichkeit und Rassismus wehren. Denn diesen seelisch schwerstverwundeten jungen Menschen wird erneut weh getan, wenn sie in dieser Gesellschaft ausgegrenzt oder wegen ihrer Hautfarbe gehänselt werden. Deutsche Erwachsene können oft nicht nachvollziehen, wie schwer es ist, zu einem Menschen zweiter Klasse abgestempelt zu werden, nur weil man nicht «deutsch» aussieht.

Kinder, die ein kurzes Leben vor sich haben

Immer wieder gibt es Pflegekinder, die an unheilbaren Krankheiten – schweren Formen von Krebs, Abbauprozessen oder Aids – leiden. Diese Kinder zu begleiten heißt sich der Trauer, dem Leid und dem Abschied vom Leben zu stellen, zugleich aber auch besonders intensiv zu leben. Im Hinblick auf das in näherer oder weiterer Zukunft erwartete Sterben relativiert sich vieles im Leben, bekommt anderes Gewicht.

Immer häufiger werden Pflegeeltern für HIV-positive Kinder gesucht. Bei ihnen ist nicht vorherzusagen, wann sie an Aids erkranken werden. Obwohl die Übertragungswege für HIV bekannt sind, haben viele Menschen Angst vor der Berührung dieser Kinder, werden die Kinder, ähnlich wie erwachsene Aidskranke, stigmatisiert und ausgegrenzt.

Kranke Kinder benötigen Informationen über ihre Krankheit. Wenn seine nahen Bezugspersonen sorgenvoll schweigen oder Tränen in den Augen haben, kann dies belastender sein, als wenn ein Kind in kleinen Dosierungen altersgemäß die Wahrheit erfährt. Pflegeeltern von Kindern, die ein kurzes Leben vor sich haben, brauchen fachkundige Begleitung und Hilfe.

4. Die Rolle des Jugendamtes

Pflegekindervermittlung: Weichenstellung für ein ganzes Leben

Die dreijährige Ümit kam zu Pflegeeltern. Beide waren schon um die fünfzig und hatten zwei erwachsene Söhne. Sie waren über eine Anzeige des Jugendamtes in der Tageszeitung, «Pflegeeltern gesucht», auf die Idee gekommen, sich zu bewerben. Die zuständige Pflegekindervermittlerin hatte nur ein einziges Gespräch mit ihnen bei einem kurzen Hausbesuch geführt. Eine Woche später brachte sie Ümit in die Familie. Die Pflegeeltern wußten nicht, ob Ümit vorübergehend oder für immer bei ihnen leben würde. Zukunftsgestaltung und Besuchskontakte zur Mutter waren ungeklärt.

Jungs hatten sich schon lange als Pflegeeltern für ein Kleinkind beworben. Sie waren kinderlos und nahmen zehnjährige Zwillinge auf. Jungs hatten sich nicht getraut, nein zu sagen, aus Angst, sie bekämen dann überhaupt kein Kind vermittelt. Ihr Wunsch nach einem kleinen Kind blieb. Doch nun wurde ihnen geantwortet, die Aufnahme eines jüngeren Geschwisterchens würden die Zwillinge nicht verkraften.

Für beide Pflegefamilien und die dazugehörigen Kinder wurden hier schon in der Phase der Weichenstellung spätere Konflikte vorprogrammiert. Andere Mitarbeiterinnen und Mitarbeiter der Jugendämter bereiten ihre Pflegeeltern gründlich vor und verwenden besonders viel Sorgfalt in der Planungsphase.

In vielen Jugendämtern gibt es einen Spezialdienst für Pflegekinder. In anderen wieder gibt es andere Strukturen, manchmal existiert eine Abteilung Erziehungshilfe. Sie ist zuständig für sämtliche Maßnahmen der Hilfe zur Erziehung. Unterbringung von Kindern in heilpädagogischen Tagesstätten oder Heimen gehört ebenso zu ihrem Auftrag wie die Unterbringung in einer Pflegestelle. In anderen Städten oder Landkreisen wird die Pflegekindervermittlung und Betreuung vom Allgemeinen Sozialen Dienst (ASD) mit übernommen. Der ASD ist für die Arbeit mit Problemfamilien zuständig. Er ist auch zuständig, wenn Kinder aus Familien herausgenommen werden müssen.

Nicht nur das Kind, Eltern und Pflegeeltern gehören zum Pflegekindergeschehen, die Vermittlerinnen und Vermittler spielen eine zentrale emotionale Rolle für die Pflegeeltern. Sie begleiten die Familien über Jahre, begonnen bei der Bewerbung, bei der Auswahl. Sie bestimmen entscheidend mit, ob Pflegeeltern und Kind miteinander glücklich werden können. Ein Dauerpflegeverhältnis ist schwerer zu planen als eine Adoption, da es eine größere Anzahl unterschiedlicher Variablen gibt und die Herkunftsfamilie ganz anders eingebunden werden muß. Doch manche Jugendämter vermitteln auch heute noch nach dem Zufallsprinzip oder nach Angebot und Nachfrage. Die Arbeit findet meist unter Zeitdruck und unter mangelhafter personeller Ausstattung statt. Dies ist die Auswirkung einer Politik, die propagiert, Pflegeeltern sein, das könne so ziemlich jede gutsituierte Familie und sei eine Naturbegabung. Es gibt Sozialdezernenten oder Sozialdezernentinnen und Jugendamtsleiter oder Jugendamtsleiterinnen, die verbreiten, Pflegekindervermittlung sei ein Luxusjob und erschöpfe sich darin, mit kinderlieben Familien Kaffee zu trinken.

Leider pflanzt sich diese Meinung manchmal bis in die Köpfe der Mitarbeiterinnen und Mitarbeiter der Allgemeinen Sozialen Dienste fort. Dort kommt es zu Konflikten und Rivalitäten zwischen den speziellen und den Allgemeinen Sozialen Diensten. Manchmal kommt es zu regelrechter Abkapselung einzelner Mitarbeiterinnen und Mitarbeiter: Der Pflegekinderdienst läßt nicht zu, daß der ASD mit zum Hausbesuch kommt oder umgekehrt. Der ASD gibt zuwenig Informationen über die Herkunftsfamilie des Kindes. Dies erschwert die Arbeit und die Perspektivenplanung für das Kind. Gibt es in Jugendämtern einen Spezialdienst für Pflegekinder, können die Weichen für die Zukunft des Kindes nur gut gestellt werden, wenn die für die Herkunftsfamilie zuständigen Dienste mit den Pflegekinderdiensten eng zusammenarbeiten.

Fast immer soll ein Kind sehr plötzlich untergebracht werden. Meist ist jedoch zu diesem Zeitpunkt die Lebensperspektive des Kindes noch nicht mit den abgebenden Eltern abgeklärt, und auch von den Pflegeelternbewerbern sind nicht die genauen Erwartungen und Wünsche bekannt. In den meisten Städten und Landkreisen gibt es keine Heime, die Notaufnahmeplätze frei halten. Auch Bereitschaftspflegestellen sind rar. Viele Sozialarbeiterinnen und Sozialarbeiter wollen dem Kind keinen weiteren Umgebungswechsel zumuten und möchten sofort in die Pflegefamilie vermitteln. Meist fühlen sie sich dem Kind gegenüber besonders eng verpflichtet oder haben ein schlechtes Gewissen, daß sie dem Kind einen Bezugspersonen- und Umgebungswechsel zumuten. Sie suchen schnell eine Alternative.

Doch es geht hier um die Planung eines ganzen Lebens. Für das Kind ist das Schlimmste die Herausnahme, die Trennung. Es ist ohnehin nicht fähig, in dieser Schock- und Trauerphase übergangslos neue Bindungen einzugehen. Dies legitimiert, ja es erfordert sehr oft, daß das Kind zunächst «zwischenplaziert» wird, bis sein Lebensweg und die Dynamik in der künftigen Pflegefamilie gründlich abgeklärt sind.

Der Klärungsprozeß mit den Herkunftsfamilien

Oft hat der Allgemeine Soziale Dienst des Jugendamtes schon Jahre mit der Familie gearbeitet. Manchmal waren schon Familienhelferinnen oder Familienhelfer oder Erziehungsbeistände in der Familie mit dem Ziel, die Kinder in ihren Familien zu lassen. Wenn sich die Situation dann doch verschärft und die Kinder zu wenig Schutz und Versorgung von ihren Eltern bekommen, dann wirkt die Mitarbeiterin oder der Mitarbeiter des ASD auf die Eltern ein, sich für eine Fremdunterbringung zu entscheiden. Oft stimmen die Eltern einer solchen «freiwilligen» Maßnahme zu unter dem Druck, daß die Sachbearbeiterin oder der Sachbearbeiter sonst bei Gericht einen Entzug der elterlichen Rechte beantragen wird. So sind die Eltern oft entgegen ihrer eigenen Überzeugung zu einer «freiwilligen» Unterbringung bereit.

Sind die Eltern nicht bereit, ihr Kind vor ihrer chaotischen Situation zu schützen und «freiwillig» oder unter Beratung des Jugendamtes eine Jugendhilfemaßnahme einzuleiten, dann hat dies oft eine Fremdunterbringung gegen den Willen der abgebenden Eltern zur Folge. Es werden ihnen per Gerichtsbeschluß die Elternrechte entzogen.

Viele andere Familien suchen freiwillig um Hilfe an. Meist sind es Frauen, die selbst merken, daß sie an ihre Grenzen stoßen. Oder junge Mütter, die es nicht allein schaffen, Geld zu verdienen oder eine Ausbildung zu machen und gleichzeitig für ihr Kind zu sorgen. Andere sind in schweren seelischen Krisen und wollen Hilfe für ihre Kinder.

Viele Eltern sind zwar bereit, ihr Kind in einer Einrichtung unterzubringen. Wenn sie ihr Kind zu Pflegeeltern geben sollen, haben sie Angst. Sie wollen ihr Kind nicht ganz verlieren, wollen Eltern bleiben. Bei einer Heimunterbringung bleiben sie einzige Eltern. Bei der Pflegefamilie werden ihnen neue, bessere Eltern vorgesetzt. Der Pflegefamilie stehen sie als Versagerinnen und Versager, als schlechte Eltern gegenüber.

Deshalb geben manche Eltern nicht auf, kämpfen weiter um ihr Kind und um ihr Recht, Eltern zu bleiben. Sie fühlen sich durch den Sorgerechtsentzug zu Unrecht bestraft. Es ist schwer, sich selbst einzugestehen, einem kleinen Menschen, für den man verantwortlich war, geschadet zu haben. Es gibt keine Rituale, keine Hilfen für Eltern, denen das Kind fortgenommen wurde. Viele möchten sich am liebsten für immer verstecken. Sie haben keine Legitimation, sich zu äußern, und wagen es auch fast nie, sich in Selbsthilfegruppen mit den Ereignissen zu befassen.

Noch immer ist der Sorgerechtsentzug oft der Schlußpunkt einer Zusammenarbeit zwischen Jugendamt und Problemfamilie. Viele abgebende Eltern wollen mit dem Jugendamt nichts mehr zu tun haben. Hilfsangebote können und wollen sie nicht annehmen. Sind die Kinder erst fort, wird sich – auch wegen der engen personellen Situation – kaum mehr um die abgebenden Eltern gekümmert. Pflegeeltern bekommen ein gewisses Maß an Hilfe, werden geschult, bekommen Informationsveranstaltungen, nicht so die abgebenden Eltern. Sie bleiben mit ihrer kaum bewältigbaren Situation allein.

Ob nach unfreiwilliger Unterbringung oder durch einen Sorgerechtsentzug: Von seiten des Jugendamtes muß mit den leiblichen Eltern geduldig und beharrlich gearbeitet werden, um die Billigung, die Erlaubnis einzuholen, daß das Kind sich seiner Pflegefamilie zugehörig fühlen darf. Wenn die Fronten hart bleiben, wenn abgebende Eltern nie loslassen konnten, so hat dies immer Auswirkungen auf das seelische Gedeihen des Kindes, selbst wenn es keine realen Besuchskontakte mehr zwischen Kind und Eltern gibt. Die Pflegeeltern können ihre Gefühle nicht verbergen. Das Kind wird davon beeinflußt. Dann ist das Gelingen eines Pflegeverhältnisses gefährdet.

Für manche abgebende Mutter ist es ein erster Schritt der Linderung, wenn sie erfährt, daß sie, obwohl ihr das Elternrecht entzogen wurde, wichtig bleibt für die Kinder. Dies kann eine erste Entlastung bedeuten, die es ermöglicht, sich mit dem Vergangenen selbstkritisch zu befassen. Viele Mütter und Väter können erst nach langer Zeit des Verdrängens und Verleugnens zugeben: «Ich habe Fehler gemacht.» Dann können einige von ihnen zugestehen, daß ihr Kind in einer Pflegefamilie besser lebt als bei ihnen selbst. Dies ist ein bitteres Eingeständnis, das ihnen nur gelingt, wenn sie von Jugendämtern Pflegeeltern – trotz allem – ein Stück Wertschätzung erfahren. Bei der Bearbeitung des radikalen Eingriffs in die Familie ist viel Zeit auf das zu verwenden, was die Eltern – trotz ihrer Unfähigkeit und ihrer schweren Krise – gut gemacht haben. Erst wenn sie sich nicht als die Rundum-Versager fühlen müssen, können sie ihrem Kind gestatten, anderswo zu leben, anderswo Beziehung einzugehen.

Die Perspektive des Kindes

Bevor es überhaupt zu einer Unterbringung in einer Pflegefamilie kommen kann, muß die betreuende Sozialarbeiterin oder der betreuende Sozialarbeiter mit den leiblichen Eltern sorgsam und realistisch die Perspektive erarbeiten. Wird es eine Kurzzeit- oder eine Langzeitunterbringung? Schon an dieser Stelle passieren manchmal Fehler in der Weichenstellung.

Hier kommt es manchmal zu Interessenkonflikten zwischen den Sozialarbeiterinnen, die die Mutter betreuen, und den Pflegekinderdiensten, die das Kind und die Rahmenbedingungen für die Pflegeeltern im Mittelpunkt ihres Handelns sehen. Oft schätzt der ASD die Perspektive des Kindes anders ein als der Pflegekinderdienst. Oft hofft er mit den Eltern, daß es zu einer Rückführung kommt. Doch die Pflegekinderdienste haben meist Pflegeeltern, die ein Kind für immer wollen.

In früheren Jahren wurde häufig ohne klare Perspektive vermittelt. In einer Repräsentativerhebung des Deutschen Vereins 1978 wurde klar, daß zwei Drittel aller Pflegeeltern nichts über die voraussichtliche Dauer und drei Viertel nicht wußten, ob ihr Pflegekind einmal rückgeführt werden sollte. Dies war eine unzumutbare Belastung für Pflegeeltern, Kind und Herkunftseltern. Wenn Kinder aus ihrer Familie herausgenommen werden mußten, so wurde oft das Kind in eine Pflegefamilie gegeben ohne den Versuch, die abgebenden Eltern in die Planung miteinzubeziehen. Oft wurden die abgebenden Eltern auch bewegt, ihr Kind «erst einmal» in eine Pflegefamilie zu geben. Doch es wurden Dauerpflegeeltern oder potentielle Adoptiveltern ausgewählt. Die Eltern hofften auf Rückkehr ihres Kindes. Die Pflegeeltern wollten das Kind zu ihrem Kind werden lassen. Das Kind fühlte sich zwischen beiden Familien hin- und hergerissen. Beide Familien blieben oft über Jahre im ungewissen. Diese unklare Basis hat dazu geführt, daß Pflegeeltern gar nicht wußten, ob sie sich auf das Kind einlassen durften und wieviel Halt und Zugehörigkeit sie dem Kind geben durften. Auch eine konstruktive Gestaltung der Kontakte ist unmöglich, wenn für beide Parteien und das Kind unklar bleibt, wo das Kind langfristig leben soll.

Dauerpflegeeltern – Eltern auf Zeit?

Viele Jugendämter werben auch für Dauerpflegekinder unter dem Motto: Eltern auf Zeit. Sie wollen damit deutlich machen, daß für jedes Dauerpflegekind eine Rückkehroption zu seinen Eltern möglich und auch gewollt ist. Doch die Realität sieht anders aus. Für Kinder, die in Pflegefamilien leben sollen, bis sie groß sind, und deren Pflegeeltern ist es sehr verwirrend, wenn mit dem Begriff «Kinder auf Zeit» geworben wird.

Das Kinder- und Jugendhilferecht bietet im § 33 die Grundlage dafür, Pflegeverhältnisse auf Dauer zu installieren. Dies ist in der Praxis im Interesse der Kinder erforderlich, denn es gibt viele Gerichte, die zwar einen Entzug des Aufenthaltsbestimmungsrechtes für angemessen halten, nicht aber einen Sorgerechtsentzug oder sogar die Ersetzung der Zustimmung zur Adoption. Das aber werden fast immer Dauerpflegekinder, bis sie groß sind. Andere Eltern – meist Alleinerziehende – entscheiden sich freiwillig für eine Inpflegegabe. Das Kind entwickelt Bindung in der Pflegefamilie. Dort soll es bleiben. Für die Annahme als Kind durch die Pflegeeltern gibt es keinen Anlaß. Auch das bleiben Dauerpflegekinder, bis sie groß sind.

Mit dem Slogan «Kinder auf Zeit» wollen die Jugendämter in Wirklichkeit ausdrücken, daß Pflegekinder anderswo Eltern haben, die rechtliche oder soziale Einflüsse auf das Kind haben. Klarer wäre es, statt mit «Kinder auf Zeit» mit «Kinder zweier Eltern» zu werben.

Manche Jugendämter wollen mit dem Slogan «Kinder auf Zeit» bewirken, daß eine Dauerpflege, bis das Kind groß ist, eher die Ausnahme ist. Die Pflegefamilie wird überwiegend als «Ergänzungsfamilie» zur Herkunftsfamilie gesehen. Dieser Ansatz beinhaltet, daß für alle Dauerpflegekinder sehr lange eine Rückkehroption offengehalten wird. So räumt der Deutsche Städtetag in seinen Empfehlungen (1986) durchaus ein: «Adoptionsähnliche Dauerpflegeverhältnisse wird es immer geben und immer geben müssen...» Doch weiter unten heißt es: «Als Normalfall eines Pflegekinderverhältnisses wird zwar nach wie vor die zeitlich nicht bestimmte Betreuung des Kindes in einer anderen Familie angesehen; die Herkunftsfamilie wird jedoch stärker in das pädagogische Bemühen mit einbezogen mit dem Ziel, das Kind seiner eigenen Familie wieder zuzuführen.»

Auftrag von Pflegeeltern ist es hier, immer auf die Rückführung des Kindes hinzuarbeiten oder mit einer zeitlich offenen Perspektive zu leben. In den Empfehlungen des Deutschen Städtetages (1986) wird von den Pflegeeltern erwartet, daß sie «einerseits dem Kind Sicherheit, Geborgenheit, Kontinuität, Liebe und Wärme geben können und andererseits bereit und fähig sind, das Kind wieder in die Herkunftsfamilie zu entlassen».

Eine zeitlich nicht bestimmte Betreuung kann dem Kind und seiner neuen Familie «auf Dauer» nicht zugemutet werden. Die Zeit, in der eine Perspektive noch offenbleiben muß, darf dem Kind zuliebe nicht endlos lang sein. Auch die gängige Rechtsprechung gibt den sozialen Bindungen den Vorrang. Bei Rechtsstreitigkeiten zwischen leiblichen Eltern und Pflegeeltern wird meist angeordnet, daß Kinder auf Dauer in ihren Pflegefamilien bleiben sollen, sobald sie dort einen Zeitraum von mehr als zwei Jahren verbracht haben. Das Kinder- und Jugendhilfegesetz (KJHG) spricht in § 37 von einem «im Hinblick auf die Entwicklung des Kindes oder Jugendlichen vertretbaren Zeitraum». Diese Formulierung überläßt den jeweils beteiligten Fachleuten, welches der vertretbare Zeitraum ist. Für Säuglinge und Kleinkinder ist dieser kurz, bei älteren Kindern länger.

Wir müssen auf der Hut sein, daß politisch Verantwortliche nicht nur die eigenen Interessen verfolgen, nämlich Kosten einzusparen und die Rückführung von Kindern um jeden Preis zu verlangen – gerade in Anbetracht der knapperen Haushaltsmittel im Sozialbereich. Es darf keine Rückführung von Dauerpflegekindern ohne Rücksicht auf ihre jeweils spezifische seelische Situation und Bindung geben. Für jedes einzelne Kind muß sorgfältig abgewogen werden, ob seine Lebensperspektive auf Dauer in der Pflegefamilie oder wieder in der Herkunftsfamilie liegen wird. Die Pflegefamilien müssen von vornherein nach dieser Perspektivenplanung ausgesucht werden. Und sehr viele Kinder brauchen weiterhin Dauerpflegeeltern, bis sie groß sind.

Die Klärung mit Bewerberinnen und Bewerbern

Aufgabe der zuständigen Jugendamtsmitarbeiterinnen und Jugendamtsmitarbeiter ist es, geeignete Pflegefamilien zu suchen und die Bedürfnisse und Zielsetzungen der Bewerberinnen und Bewerber genau zu erfassen. Handelt es sich um ehemalige Adoptionswillige, die ein Dauerpflegekind ganz für sich wollen – am liebsten ohne Kontakte zur Herkunftsfamilie –, oder haben sie Bewerberinnen und Bewerber vor sich, die anderen Eltern in deren Not helfen und die Kinder zeitweise für diese betreuen wollen? Sie müssen gemeinsam mit den künftigen Pflegeeltern deren Beweggründe erfahren und abschätzen, welches Kind für ihre Familie passen könnte. Auch die äußeren Lebensbedingungen werden sie überprüfen.

Hierzu haben die meisten Jugendämter umfassende Fragebögen. Die Aufnahmewilligen müssen Gesundheitszeugnisse und ein polizeiliches Führungszeugnis vorlegen. Die Sozialarbeiterin wird sie auch über ihre Kindheit, ihr eigenes Aufwachsen und über die Beweggründe, Pflegeeltern werden zu wollen, befragen. Auch ein Hausbesuch wird gemacht, denn Pflegeeltern sollen auch räumliche Voraussetzungen mitbringen.

Gut ist es, wenn für das Pflegekind ein eigenes Zimmer bereitsteht. Doch das Kind will in der ersten Zeit nicht unbedingt dieses Zimmer auch allein bewohnen. Viele Kinder sind aus ihrer Familie oder dem Heim das dichte Zusammenleben mit anderen Kindern gewöhnt und fühlen sich in einem Zimmer für sich allein einsam.

Es ist sehr wichtig, daß sich Interessentinnen und Interessenten für ein Pflegekind darüber klarwerden, was für ein Kind sie sich vorstellen können und was für ein Kind sie sich überhaupt nicht zutrauen: ein Baby, ein Kind im Kindergartenalter, ein Schulkind, ein behindertes Kind, ein Kind, das in seiner Familie mißhandelt wurde. Sind die Bewerberinnen und Bewerber bereit, ein Geschwisterpaar aufzunehmen? Mit welchen Herkunftsfamilien können sie zusammenarbeiten, mit welchen auf gar keinen Fall? Haben künftige Pflegeeltern beispielsweise in der eigenen Kindheit Erfahrungen mit alkoholabhängigen Eltern gemacht, so kann es sein, daß sie eine heftige Aversion gegen Menschen haben, die alkoholabhängig sind. Dann dürfen sie kein Kind aus einer Alkoholfamilie aufnehmen, denn die Erfahrungen der eigenen Kindheit und die Erfahrungen mit der Herkunftsfamilie des Kindes werden zusammenwirken. Damit es dem Kind in der Pflegefamilie gutgeht, benötigen wir Pflegeeltern, die gegen die jeweilige Problemkonstellation in der abgebenden Familie nicht voller Abwehr sind.

Viele Jugendämter haben Gesprächskreise für Pflegeeltern, oder sie bieten Wochenendseminare an. Dort können Bewerberfamilien im Austausch mit erfahrenen Pflegefamilien erleben, was es heißt, mit Pflegekindern zu leben. Abgelehnte Bewerberinnen und Bewerber haben einen Anspruch darauf, sehr detailliert zu erfahren, weshalb die Pflegekindervermittlerin oder der Pflegekindervermittler sie nicht für geeignet hält.

Die Geldleistung durch das Jugendamt

Die zuständigen Sachbearbeiterinnen und Sachbearbeiter müssen in ihre Überprüfung auch die finanzielle Motivation mancher potentieller Pflegeeltern einbeziehen. Wollen die Bewerberinnen und Bewerber ihre Familie vergrößern, haben sie pädagogisches Interesse an einem Kind, oder herrscht das finanzielle Interesse vor? Problematisch wird die finanzielle Motivation dann, wenn sie verleugnet wird.

Es spricht nichts dagegen, wenn Frauen ein oder mehrere Kinder in Pflege nehmen, da sie wegen eigener Kinder ohnehin zu Hause sind und nicht berufstätig sein können oder wollen. So erleben sie die Betreuung der Pflegekinder als zusätzliche Aufgabe, mit der sie zugleich das Familienbudget aufbessern. Sie sehen es als Ersatz für eine Erwerbstätigkeit an, für Pflegekinder zu sorgen. Doch diese Motivation muß offen benannt und in die Planung mit einbezogen werden. Diese Frauen eignen sich gut für Tagespflege, Kurzzeitpflege und Kinder, die zu ihrer Herkunftsfamilie zurück sollen.

Dauerpflegeeltern haben manchmal ein schlechtes Gewissen, daß sie für das Kind Geld bekommen. Es wird ihnen von Bekannten vorgehalten, daß sie Geld für das Kind nehmen. Je mehr eine Familie das Pflegekind als ihr eigenes Kind betrachtet, desto weniger gefällt ihr, daß sie vom Staat für dieses Kind Geld bekommt. Durch das Pflegegeld wird ihnen deutlich, daß sie nicht alleinverantwortlich sein sollen für das Kind.

Einerseits Alternative zum Heim zu sein und damit etwas Professionelles zu leisten und dafür auch bezahlt zu werden und andererseits Privatfamilie zu bleiben, macht es vielen Pflegeeltern schwer, für sich selbst klarzukriegen, was sie nun eigentlich sind. Für einen professionellen Auftrag werden sie schlecht bezahlt. Auch müssen Pflegeeltern keine berufliche Qualifikation im pädagogischen Bereich nachweisen. Als Privatfamilie, die sowieso für ein Kind sorgen und dasein will, ist der Unterhalt und der Erziehungsbeitrag manchmal viel zusätzliches Geld, etwas, das es für die eigenen Kinder nicht gibt.

Auch in der Bezahlung schlägt sich die Doppelrolle der Pflegeeltern nieder: Pflegeeltern sind als Privatfamilie verpflichtet, sich gemäß ihrem öffentlichen Auftrag dem Jugendamt und der Herkunftsfamilie zu öffnen. Zugleich binden sich viele lebenslang an ihr Pflegekind und erfüllen Elternfunktion, selbst wenn die jungen Menschen erwachsen sind.

Die Stellung in der Geschwisterreihe der Pflegefamilie

Sind schon Kinder in der Familie, so sollte das Pflegekind möglichst immer jünger sein, damit die bisherige Geschwisterfolge erhalten bleibt. Familienkinder können besser mit einem jüngeren Pflegekind teilen lernen, als wenn ihnen plötzlich ein älteres Kind vorgesetzt wird. Auch reagieren seelisch verletzte Kinder oft eifersüchtig und aggressiv auf jüngere Familienkinder. Es ist eine unzumutbare Belastung für die Pflegefamilie, wenn das Pflegekind das jüngere Kind bedroht, ihm Schmerz zufügt. Natürlich läßt es sich nicht vermeiden, daß ein Pflegekind in der Pflegefamilie weitere jüngere Geschwister bekommt. Doch ein Pflegekind kann sich anders auf ein später nachgekommenes Kind einlassen als auf ein jüngeres Kind, das schon in der Familie lebt. Dennoch ist es für ein verletztes, schwieriges Pflegekind und seine Pflegeeltern nicht einfach, wenn ein Kleinkind dazukommt. Eine Pflegemutter, die zunächst ein verhaltensauffälliges, depriviertes Pflegekind aufgenommen hatte und später ein Baby bekam, sagte es so: «Ich kann viel aushalten und stündlich Auseinandersetzungen mit Michael führen. Aber wenn er Jonathan Gewalt antut, halte ich das nicht aus, dann werden wir uns trennen.»

Der Hilfeplan

Damit während der Planungsphase weniger Fehler gemacht werden, sieht das KJHG die Erarbeitung eines Hilfeplans für das Kind vor. Alle Beteiligten – leibliche Eltern, Kind oder Jugendlicher und Pflegeeltern, Allgemeiner Sozialdienst und Pflegekinderdienst und alle Helfer, die mit dem Kind sonst näher befaßt sind (Erzieherinnen von Heim oder Kindertagesstätte, Beraterinnen, Therapeutinnen etc.) – setzen sich an einen Tisch. Sie legen die Ziele und den Zeitrahmen der Hilfe für das Kind fest.

Hier werden Eltern und Pflegeeltern und das Kind oder der Jugendliche mit ganz anderer Verbindlichkeit in die Perspektivenplanung des Kindes einbezogen als in früheren Jahren.

Das Kinder- und Jugendhilferecht sieht die Beteiligung der leiblichen Eltern an den Maßnahmen vor. Denn ein Pflegekind kann sich nur dann in seiner Pflegefamilie wohl fühlen, wenn beide Familien mit der Maßnahme und der vorgesehenen Dauer des Pflegeverhältnisses einverstanden sind.

Das Einvernehmen zwischen abgebender und annehmender Familie

Eine junge abgebende Mutter, selbst schon als Kind vom Jugendamt betreut, brachte seit Jahren alle Helferinnen und Helfer und die Jugendamtsleitung in Rage. Sie nahm keine Hilfsangebote an, lebte chaotisch, war rechthaberisch und aggressiv. Ihr kleiner Lukas wurde ihr im Alter von drei fortgenommen. Die Mutter randalierte, schimpfte und forderte im Jugendamt, im Vormundschaftsgericht und bei den Pflegeeltern ihr Kind lautstark zurück. Doch sie trank, nahm Drogen und hatte keine Wohnung. Nach den Besuchen durch die Mutter – sie kam alle zwei Wochen – war die Pflegemutter schweißgebadet, und Lukas klammerte sich an die Pflegemutter.

Bei einem der Besuche riß sich die Pflegemutter zusammen und sagte: «Ich kann verstehen, daß Sie um Ihr Kind kämpfen. Das würde ich auch so machen. Sie sind die Mutter von Lukas, und ich will mit Ihnen keinen Krach. Es waren nicht wir, die Ihnen das Kind fortgenommen haben, sondern das Jugendamt. Hören Sie deshalb auf, auf uns wütend zu sein. Wir können verstehen und sind nicht ärgerlich, daß Sie um Ihr Kind kämpfen. Sie wollen ihn nicht einfach hergeben, schließlich sind Sie die Mutter. Ihrem Lukas geht es gut bei uns, und wir haben ihn lieb. Wir möchten ihn behalten. Trotzdem bleiben Sie die Mutter.» Beim nächsten Besuchskontakt wiederholte sie dies. Sie hielt der jungen Frau stand, ließ sich von ihr nicht provozieren, gab ihr sogar Wertschätzung. Nach einem halben Jahr beschloß die junge Mutter, mit Jugendamt und Pflegeeltern eine Vereinbarung abzuschließen, daß Lukas bei der Pflegefamilie groß werden soll. Sie kam weiterhin zu Besuch. Lukas lebte auf, er entwickelte sich gut.

Nicht oft gelingt eine solche Aussöhnung. Zu selten wird sie aktiv von seiten des Jugendamtes oder der Pflegeeltern gesucht. Doch Pflegeeltern, die sich geduldig um ein Einvernehmen mit den Abgebenden bemühen, haben eine entspanntere Beziehung zu ihrem Kind. Sind die Pflegeeltern imstande, der abgebenden Mutter trotz deren Chaos und trotz deren Unversöhnlichkeit Wertschätzung entgegenzubringen, so lassen sich die Interessenkonflikte zwischen beiden Parteien öfter entspannen, als je zuvor angenommen. Abgebende können ihr Kind mit besserem Gefühl bei Pflegeeltern lassen, wenn sie dafür nicht gleichzeitig von den Pflegeeltern abgewertet werden.

Weiterbetreuung durch das Jugendamt

Ninja kam als Baby zu ihrer Pflegefamilie. Im Alter von acht Jahren schenkte sie beim Routinebesuch der betreuenden Sozialpädagogin Frau Hofmann ihre Lieblingspuppe. «Das geht doch nicht. Nachher weinst du, wenn ich sie mitnehme», sagte Frau Hofmann. Doch Ninja versicherte, sie würde nicht weinen, und meinte: «Du sollst die Puppe in Pflege nehmen. Wenn wir zu dir ins Büro kommen, dann besuche ich sie und spiele dort mit ihr.» Ninja bekommt ein- bis zweimal im Jahr Besuch von ihrer leiblichen Mutter.

Pflegekinder sind Kinder in öffentlicher Erziehung. Mit dem Pflegevertrag ist, anders als bei Abschluß einer Adoption, der Auftrag des Pflegekinderdienstes nicht beendet. Oft beginnt die eigentliche Arbeit erst, denn Pflegefamilie und Kind sollen weiterhin begleitet und beraten werden. In allen Krisensituationen ist der Pflegekinderdienst dazu da, Hilfen anzubieten und gemeinsam mit den Pflegeeltern nach Lösungen zu suchen. Dies setzt eine enge Zusammenarbeit und gegenseitiges Vertrauen voraus. Die zuständige Betreuerin oder der zuständige Betreuer der Pflegefamilie ist einflußreicher Bestandteil des Systems: Jugendamt – Pflegefamilie – Pflegekind – Herkunftsfamilie. Die zuständigen Sozialarbeiterinnen oder Sozialarbeiter sind oft emotional wichtige Kontaktpersonen für Pflegeeltern und Kind. Pflegekinder sehen ihre zuständige Betreuerin als einen besonderen, wichtigen Menschen in ihrem Leben. Denn durch die Besuche der Jugendamtsmitarbeiterinnen und Jugendamtsmitarbeiter weiß auch das Kind: Es hat eine besondere Rolle in der Pflegefamilie. Es ist nicht deren «eigenes Kind».

Viele Pflegekinderdienste betreuen ihre Pflegeeltern in Gruppen. Dort lernen die Pflegeeltern viel voneinander, helfen sich gegenseitig. Die Anbindung an das Jugendamt wird auch erneuert, wenn Pflegefamilien zu Weihnachtsfeiern, Sommerfesten und Wochenendseminaren eingeladen werden.

5. Wenn Menschen Pflegeeltern werden wollen

Welche Menschen sind reif für ein Pflegekind?

Das Leben mit einem Pflegekind wird unvorstellbar dicht, turbulent, voller Rückschläge, voller Zerreißproben sein. Nur wer die Bereitschaft und Offenheit mitbringt, mit dem Kind Wechselbäder von Nähe und Distanz zu erleben, eignet sich für die Aufgabe, Pflegeltern zu sein. Das, was Bewerberinnen und Bewerber sich von einem Pflegekind wünschen oder erhoffen, tritt oft nicht ein. Sie werden immer wieder an ihre Grenzen stoßen und in eine Richtung wachsen müssen, die ganz anders ist, als ursprünglich gewollt. Das Pflegekind braucht Geborgenheit, aber es kann selbst davon wenig zurückgeben.

Menschen, die ein Pflegekind aufnehmen wollen, sollten für sich zuvor eine Bestandsaufnahme machen: Woher bekomme ich die Kraft, mich täglich neu auf den Tag zu freuen? Kommt diese Kraft nur von den Kindern, oder gibt es andere seelische Nahrungsquellen? Welche sind es? Wo stehe ich in meiner Partnerschaft? Erhoffe ich mir weitere seelische Nahrung von dem Pflegekind? Oder habe ich wirklich überschüssige Kraft?

Können die künftigen Pflegeeltern etwas von den leiblichen Eltern und deren Krise verstehen, oder sträubt sich alles in ihnen? Sobald das Kind zwischen die Fronten seiner Pflegeeltern und seiner Eltern gerät, muß es an sich selbst zweifeln. Schnell fühlt sich das Pflegekind als Mensch zweiter Klasse in der «heilen Welt» der Pflegefamilie. Deshalb ist bei der Auswahl der Pflegeeltern ein wichtiges Kriterium, ob sie etwas von den gesellschaftlichen und individuellen Ursachen verstehen, die Menschen so kaputtmachen, daß sie nicht mehr mit ihren Kindern leben können.

Um das alles zu bewältigen, brauchen Pflegeeltern für sich selbst und in ihrer Partnerschaft die Bereitschaft, Schmerz, Trauer, Mangel oder Unzufriedenheit zu lokalisieren, überhaupt wahrzunehmen. Sie benötigen seelische Energiequellen unabhängig von den Kindern. Nur Menschen, die auf diese Weise mit sich im reinen sind, daß sie anerkennen und ertragen, daß Konflikte und Krisen zum Leben dazugehören, werden mit den Anforderungen, die Pflegekinder an sie stellen, zurechtkommen. Die Entschädigung: Es sind Momente des Glücks, wenn Pflegeeltern gelernt haben, mit dem Kind zu wachsen, sich zu verändern und Konflikte durchzustehen.

Familien mit leiblichen Kindern

«Ich war bloß das Pflegekind», berichtete ein heute Erwachsener aus seiner Kindheit. Viele Eltern, die schon ein oder zwei Kinder haben, überlegen sich, daß sie statt eines weiteren eigenen Kindes lieber für ein Pflegekind sorgen wollen. Die Annahme eines Pflegekindes ist mit dem Hineingeborenwerden eines leiblichen Kindes nicht zu vergleichen. Pflegekinder bringen ein ganzes Bündel von Besonderheiten in die neue Familie.

Ein Pflegekind wird immer einen anderen Status, eine andere Rolle in der Familie haben. Es weiß, daß es anderswo Eltern hat und daß es – anders als die leiblichen Kinder in der Familie – nicht das «richtige» Kind der Familie ist. Oft fühlt sich das Pflegekind neben den leiblichen Kindern der Familie als Kind zweiter Klasse. Es braucht viel Hilfe und Geduld, mit diesem besonderen Status klarzukommen. Diese Ausnahmerolle muß von Kind und Pflegeeltern ertragen werden, sie wird Thema bleiben. Die Realität, daß das Kind anderswo Eltern hat, wirkt sich auf das gesamte Familienleben aus, auch auf die leiblichen Kinder.

Familien mit leiblichen Kindern sollten sich sehr genau prüfen, weshalb sie ein Kind aufnehmen wollen. Soll ein leibliches Kind nicht als Einzelkind aufwachsen, wird also ein Spielgefährte für das leibliche Kind gesucht? Oder hat sich das Elternpaar auseinandergelebt und sucht im Pflegekind eine neue gemeinsame Aufgabe? Ein häufiger Beweggrund ist auch: Der Vater ist beruflich sehr oft abwesend. Die Mutter ist unzufrieden, daß sie von ihrem Mann nur noch so wenig emotionale Zuwendung bekommt. Diese Lücke soll durch ein neues Kind gefüllt werden. Das bedeutet von vornherein, daß das zusätzliche Kind den Vater entlasten soll, daß es Bedürfnisse erfüllen soll, die es gar nicht erfüllen kann.

Sobald sich die aufnehmende Familie für sich oder das leibliche Kind eine Verbesserung ihrer Situation durch die Aufnahme des Pflegekindes wünscht, kann es zu Enttäuschungen kommen. Das Pflegekind wird, wo Mangel ist, keine Balance herstellen, sondern den Mangel verschärfen. Das Kind wird nicht einfach in die Familie integrierbar sein, sondern alle Beziehungen in der Familie werden sich untereinander verändern. Das Kind kann sich nur sehr begrenzt der Familie anpassen, die Familie wird sich dem Kind anpassen müssen. Das Pflegekind benötigt so viel für sich, daß es Menschen braucht, die viel Energie übrighaben.

Wenn Adoptionswillige zu Pflegeeltern werden wollen

Fast immer bewerben sich kinderlose Paare zunächst für ein Adoptivkind. Da es jedoch nur wenige Kinder zur Adoption gibt, entscheiden sich viele Adoptionswillige, sich auch für ein Pflegekind zu bewerben. Sie sehen hier ihre Möglichkeit der Familiengründung. Doch ein Pflegekind hat eine andere Rolle als ein Adoptivkind. Viele ehemalige Adoptionsbewerber werden, wenn sie sich auf ein Pflegekind umpolen, mit der Situation unglücklich, daß es anderswo Eltern oder Elternteile gibt, die auf das Kind nicht verzichten wollen, es nicht «hergeben». Pflegefamilie zu sein heißt immer, sich ein Stück zu öffnen. Es kommt nicht einfach ein Kind in die neue Familie, sondern verbunden mit diesem Kind sind: Kontakte zum Jugendamt, Begleitung durch dieses, Kontakte zu den Eltern des Kindes, vielleicht zu Geschwistern in anderen Familien oder Großeltern. Das soziale Umfeld der Pflegefamilie, Nachbarschaft, Verwandtschaft, Schule, fühlt sich häufig mit zuständig für das Pflegekind.

Für ein Dauerpflegekind, bei dem eine Rückführung auszuschließen ist, sind kinderlose Paare oft eine gute Alternative. In der Praxis hat sich gezeigt, daß ehemalige Adoptionsbewerber in stärkere Konkurrenz zu den Herkunftseltern des Kindes geraten und den Konflikten, die durch Besuche entstehen, oft nicht so gewachsen sind. Nur in seltenen Fällen wird aus einem Dauerpflegekind später doch noch ein Adoptivkind, weil die leiblichen Eltern dem Kind zugestehen, daß es ganz Kind der Menschen sein darf, an die es gebunden ist.

Manchmal gibt es auch ehemalige Adoptionswillige, die es schaffen, ein Rückführungskind zu begleiten, seine Sorgen und Freuden teilen und zugleich eng mit der Herkunftsfamilie zusammenarbeiten. Doch es ist sehr wichtig, daß kinderlosen Paaren dann bewußt ist, daß sie sich sehr weit von ihren ursprünglichen Wünschen entfernt haben.

Wenn Alleinerziehende
ein Pflegekind aufnehmen wollen

Auch Alleinerziehende können grundsätzlich für die Aufnahme eines Pflegekindes in Frage kommen. Bei den SOS-Kinderdorfmüttern gehört das Alleinleben der erwachsenen Bezugsperson sogar zum Konzept. Allerdings sind diese alleinerziehenden Frauen ökonomisch abgesichert und können sich ganz den Kindern widmen. Hat eine alleinerziehende Mutter schon ein Kind, so ist sehr genau hinzuschauen, weshalb sich die Mutter noch ein zweites Kind wünscht. Oft herrscht der Wunsch vor, Entlastung von der innigen Abhängigkeit zwischen leiblichem Kind und Mutter zu bekommen. Es steckt die Sehnsucht dahinter, nicht mit einem Kind allein zu leben, sondern durch ein zweites Kind zur Familie zu werden.

Allein für Kinder zu sorgen birgt immer ein Belastungspotential in sich. Die Kinder befinden sich oft in enger Abhängigkeit von dem Erwachsenen, weil sie ja nur diese eine Bezugsperson haben, der sie in guten und schweren Momenten ausgeliefert sind. Zu den in allen Einelternfamilien angelegten Mustern kommen dann noch die pflegekindspezifischen Konflikte. Das ist sehr viel für einen Elternteil allein. Wichtig ist, daß Alleinerziehende, wie andere Pflegeeltern auch, sich vom Pflegekind keine Entlastung versprechen dürfen.

Alleinerziehende, die anderswoher keine reichhaltigen Energiequellen haben, geraten wegen der vielen Sorgen, die ein Pflegekind mitbringt, häufig in Verzweiflung. Meist tritt die erwünschte Lockerung im Verhältnis zum leiblichen Kind nicht ein, im Gegenteil. Alleinerziehende Mutter und ihr leibliches Kind sind das eingespielte Team, werden zu Partnern, und das Pflegekind bekommt die Kindrolle, ohne daß die Mutter dies beeinflussen kann. Häufig ist das Pflegekind eifersüchtig auf das leibliche Kind. Das Pflegekind wird oft zum Problemkind, das leibliche Kind zum vernünftigen Helferkind der Mutter. Hinzu kommen ökonomische Sorgen und Abwesenheit von zu Hause, um den Lebensunterhalt zu verdienen. Diese Abwesenheit kann ein leibliches Kind gut überbrücken, es lernt, selbständig zu werden. Pflegekinder haben jedoch so viel Nachholbedarf an Zuwendung, daß ihnen die Abwesenheit der Pflegemutter schwer zu schaffen macht.

Es gibt Konstellationen, da paßt die Situation von Herkunftseltern und alleinerziehender Pflegemutter zusammen. Alleinerziehende abgebende Mütter und alleinerziehende Pflegemütter, die sich gut miteinander verstehen, können eine gute Basis für ein Pflegekind bieten. Wenn sie einen klar umrissenen Auftrag erfüllen, z. B. Tagespflege, Pflege auf Zeit oder Bereitschaftspflege, kann die Aufgabe gut bewältigbar sein. Es gibt dann gute Erfahrungen mit Alleinerziehenden, wenn sie nicht eine kleine heile Familie werden wollen, sondern ihnen klar ist, daß das Pflegekind anderswo Eltern hat.

Wenn Pflegeeltern schon älter sind

Immer wieder gibt es Eltern, deren eigene Kinder im Jugendalter oder schon erwachsen sind und die ihre Elternrolle noch nicht aufgeben möchten. Sie bringen reiche Erfahrung im Zusammenleben mit Kindern mit. Eine wichtige Erfahrung im Pflegekinderwesen heißt, daß diese Pflegeeltern häufig gute Pflegeeltern auf Zeit sein können. Wenn mit einer Rückführung in die Herkunftsfamilie zu rechnen ist und die Kinder regelmäßige Besuchskontakte zu ihren leiblichen Eltern haben können, so können diese Pflegeeltern Wertvolles für die Kinder leisten.

Problematisch wird es dann, wenn sie noch einmal ein sehr kleines Kind in Dauerpflege nehmen wollen, das voraussichtlich nie mehr zu seinen Eltern zurück kann. Dauerpflegeeltern benötigen Kraft für ein Kind, bis es groß ist. Gerade die Jugendjahre verlaufen oft besonders turbulent und konfliktreich. Dann sind die Pflegeeltern jedoch schon in der Großelternphase und haben meist nicht die Nerven und die Gelassenheit, die Eltern von heranwachsenden Pflegekindern brauchen. Immer wieder kommt es vor, daß Kleinkinder zu Pflegeeltern gegeben werden, die schon erwachsene Kinder haben. Mit dem Älterwerden des Kindes häufen sich dann die Konflikte so sehr, daß es nicht in der Pflegefamilie bleiben kann.

Solange Kinder noch jung und von Erwachsenen abhängig sind, solange sie Versorgung, Hilfe und Schutz brauchen, fühlen sich viele ältere Pflegeeltern noch einmal in jene Zeit zurückversetzt, als die eigenen Kinder noch klein waren. Pflegekinder haben schwere Verluste hinter sich, haben ihre schwere Identität, Kind von Menschen zu sein, bei denen es nicht leben kann, zu verarbeiten. Die Erfahrung hat gezeigt, daß es Pflegeeltern meist besser gelingt, Kinder im Jugendalter «auszuhalten», wenn sie vom Alter her noch nicht in der Großelternphase sind.

Menschen, die von ihren erwachsenen Kindern nicht mehr gebraucht werden, sollten sich selbstkritisch fragen, weshalb sie sich nicht auf die zurückgewonnene Freiheit freuen können. Häufig fällt es besonders Frauen, die als Mutter immer zu Hause waren, außerordentlich schwer, sich eine neue Aufgabe zu suchen, wenn die

Kinder groß sind. Auch die Paarbeziehung muß neu organisiert werden: Beide Partner werden in ihrer Elternrolle langsam überflüssig, haben wieder mehr Zeit füreinander. Sie müssen sich daran gewöhnen, miteinander allein zu sein, und sich als Paar oder jeder für sich neue Lebensinhalte suchen. Das haben sie oft verlernt.

Manchmal ist es besser, sich der neuen Lebensphase ohne Kinder bewußt zu stellen, als über ein Pflegekind in der vertrauten Rolle verharren zu wollen.

Wenn große Familien
noch mehr Pflegekinder wollen

Ein Pflegekindvermittler wurde beim Routinebesuch in einer seiner Pflegestellen von den sieben Kindern mit dem Sprechchor empfangen: «Wir wollen noch ein Kind, wir wollen noch ein Kind!» Die Kinder waren Sprachrohr ihrer Pflegemutter, die sich nach einem neuen Kind sehnte.

Es kommt vor, daß Eltern von mehreren eigenen Kindern und Pflegekindern weitere Pflegekinder aufnehmen wollen. Sie sind bereits außerordentlich stark gefordert – zugleich fühlen sie sich kräftig genug, für ein zusätzliches Kind zu sorgen. Diese Eltern sind sich oft nicht im klaren, daß ein neues Kind das ganze Leben, was zur Zeit noch so gut bewältigbar ist, aus der Bahn werfen kann.

Es gibt Menschen, die nähren sich davon, ringsherum gebraucht zu werden. Sie haben oft nicht nur die vielen Kinder, sondern versorgen auch pflegebedürftige Großeltern mit, haben Tiere und sind immer da, wenn andere Menschen Hilfe brauchen. Manchmal übernehmen sie noch ehrenamtliche Aufträge für Vereine die Gemeinde oder die Kirche. Menschen mit dieser ausgeprägten Helferstruktur und einer hohen Belastbarkeit verlocken die Pflegekinderdienste, ein weiteres – oft besonders pflegeintensives – Kind in diese Familie zu vermitteln. Diese Eltern – genauer genommen die Frauen – kennen oft ihre eigene Grenze nicht. Indem sie stets nur anderen geben, kommen sie selbst zu kurz, ohne es zu merken. Und auch das einzelne Kind bekommt oft nicht genug von diesen Erwachsenen, die so viele schwere Aufgaben gleichzeitig erfüllen. Die Kinder bauen eine intensive Beziehung zueinander auf, finden dadurch Halt und fühlen sehr genau, daß sie ihre Eltern nicht zu stark fordern dürfen.

Menschen, die nur für andere da sind, immer nur helfen und pflegen, holen sich zwar auf diesem Wege auch Kraft, doch dies reicht nicht. Manchmal gibt es dann plötzliche radikale Umbrüche in solchen Familien. Entweder ein Pflegekind muß gehen, die Eltern trennen sich, oder ein Elternteil wird schwer krank. Die Kraft reicht einfach nicht für ein ganzes Leben, wenn Eltern sich dermaßen verausgaben, obwohl der äußere Rahmen harmonisch ist. Deshalb sollten solche Helferstruktur-Eltern nicht unablässig mit neuen Pflegekindern belegt werden. Sie sollten ihre Energie für die Kinder einsetzen, die bereits in der Familie leben. Es ist wichtig, daß diese Menschen ihre eigenen Grenzen wahrnehmen lernen. Der Wunsch nach immer neuen Kindern kann zur Sucht werden. Im Ratgeber «Adoptivkinder» habe ich im Kapitel «Wenn Menschen Adoptiveltern werden wollen» Familien mit Suchtstruktur und die Folgen für die Kinder geschildert.

Andere Beweggründe, Pflegeeltern zu werden

Im Ratgeber «Adoptivkinder» werden weitere Beweggründe der annehmenden Eltern ausführlicher besprochen. Was dort erläutert wird, trifft oft auch auf die Annahme von Pflegekindern zu. Folgende Punkte werden hier nur knapp zusammengefaßt, weil sie im Ratgeber «Adoptivkinder» dargestellt sind.

Ein Geschwisterkind wird gesucht

Wenn Sie Hoffnung haben, das Pflegekind könnte den Alltag mit dem leiblichen Kind erleichtern, das eigene Kind würde durch das Geschwisterkind vernünftiger oder es hätte immer einen Spielgefährten, dann sollten Sie sich darauf gefaßt machen: Das Pflegekind wird vielleicht gar nicht gern mit Ihrem Kind spielen. Streit und Eifersucht unter den Kindern könnten überwiegen. Deshalb reicht es als Motiv nicht aus, daß das leibliche Kind der Familie ein Geschwisterkind haben soll. Nur wenn ein Elternpaar ganz unabhängig vom eigenen Kind ein Pflegekind aufnehmen möchte, weil Energie und Kraft für ein zweites Kind und sein schweres Schicksal da sind, dann ist dies ein legitimer Grund.

Wenn ein Kind gestorben ist

Einige Eltern wollen ein Pflegekind aufnehmen, um über den Tod eines verstorbenen Kindes besser hinwegzukommen. Doch dies ist ein schwerer Auftrag für ein Pflegekind. Es wird nie so sein wie das verstorbene Kind und kann über den furchtbaren Verlust nicht hinwegtrösten. Ein Pflegekind trägt selbst viel Trauer und Schmerz in sich. Menschen, die ein Kind verloren haben, benötigen viel Zeit für ihre Trauer und sollten sich diese nehmen, bevor sie sich einem Pflegekind zuwenden.

Wenn die Paarbeziehung in der Krise ist

Manche Paare merken es gar nicht, daß sie sich auseinandergelebt haben oder miteinander in einer Krise stecken. Ein neues Kind soll sie von den inneren Konflikten ablenken. Wenn Sie ein Pflegekind aufnehmen wollen, so gibt es eine ganze Reihe von Fragen, die Sie an Ihre Paarbeziehung stellen müssen. Nur Eltern, die miteinander in ihrer Erwachsenenbeziehung überwiegend zufrieden sind, haben Energie übrig für ein Pflegekind.

Ungewollte Kinderlosigkeit

Paare, die ungewollt kinderlos geblieben sind, haben viele schmerzvolle Erfahrungen hinter sich. Erst wenn sie Abschied genommen haben von der Sehnsucht nach einem leiblichen Kind, werden sie das angenommene Kind nicht mit dem Wunschkind vergleichen, können sie sich auf ein Kind anderer Menschen einlassen.

Wenn Verwandte
zu Pflegeeltern werden

Viele Kinder, die nicht mit ihren Eltern leben können, werden innerhalb der Verwandtschaft bei Onkel oder Tante oder von den Großeltern aufgenommen. Für diese Kinder kann es ein Vorteil sein, daß sie nicht ihre ganze Familie verlieren. Doch sie sind oft auch erheblichen Spannungen ausgesetzt, wenn die Verwandten, bei denen sie sind, über ihre Eltern unglücklich sind. Immer wieder kommt es vor, daß die Pflegeeltern großen Krach mit einem Elternteil des Kindes haben, daß sie der Mutter des Kindes oder dem Vater nicht verzeihen können, daß diese sich nicht um ihr Kind kümmern. Verwandte sind häufig selbst sehr betroffen, daß ihr Bruder, ihre Schwester das Kind vernachlässigt, die Elternrolle nicht übernimmt. Diese Betroffenheit verhindert oft eine versöhnliche Haltung. Auch gibt es Rivalitäten zwischen den Erwachsenen. Es wird viel härter verglichen, wer wie mit dem Kind umgeht, wenn abgebende und annehmende Familie verwandt sind. Die Kinder leben dann unter stärkerem Druck, weil sie den Streit und die Enttäuschungen tagtäglich mitbekommen.

Auch für Kinder in Verwandtenpflege gilt, daß sie nur dann gut gedeihen können, wenn die verantwortlichen Erwachsenen miteinander zurechtkommen und nicht verfeindet sind.

Professionelle Pflegeeltern

Die Zusammenarbeit mit der Herkunftsfamilie und der Umgang mit der ungewissen Zukunftsperspektive gelingen manchmal besser, wenn die Pflegefamilie ein Stück Professionalität entwickeln kann. Deshalb sind viele freie Träger dazu übergegangen, professionelle Pflegefamilien zu gewinnen. Diese bekommen neben dem Unterhalt ein angemessenes Erziehungsgeld oder ein festes Gehalt einschließlich aller sozialen Absicherungen.

Professionelle Pflegefamilien sollen dem Kind ermöglichen, soziale Bindung zu nahestehenden Erwachsenen aufzubauen, ohne das Kind in Loyalitätskonflikte gegenüber seiner Herkunftsfamilie zu stürzen. Und sie sollen möglichst angstfreie, oftmals geschützte Kontakte zur Herkunftsfamilie der Kinder gestalten. Das Kind soll im Familienverband aufwachsen und Hilfe bei der Verarbeitung seines schweren Schicksals bekommen.

Fast in allen Bundesländern gibt es professionelle Pflegestellen, die Sonderpflegestellen oder Erziehungsstellen genannt werden. Voraussetzung für die Erziehungsstelle ist, daß einer der beiden Eltern eine pädagogische Ausbildung (Lehrer, Erzieherin etc.) mitbringt. Doch diese Voraussetzung wird nicht streng gehandhabt. Besonders schwierige, ältere Kinder mit mehrfachen Beziehungsabbrüchen, Kinder mit besonders belastenden Situationen in ihren Herkunftsfamilien oder Geschwisterkinder werden oftmals in professionelle Pflegestellen vermittelt. Auch Kinder, die nicht in Kinderheimen bleiben konnten, weil sie sich nicht in die Gemeinschaft einfügen konnten, kommen manchmal zu Erziehungsstelleneltern.

Erziehungsstelleneltern sollen sich nicht in erster Linie in ihrer Elternrolle sehen, sondern dem Kind pädagogische Begleitung, Bezugsperson sein. Das Zusammenleben mit den Pflegekindern soll als berufliche Aufgabe verstanden werden. Doch auch viele Erziehungsstelleneltern befinden sich in demselben Grundkonflikt wie die Pflegeeltern. Im Rahmen ihres Privatlebens leisten sie «rund um die Uhr» die Betreuung eines oder mehrerer Kinder. Sie bleiben Familie und sind zugleich eine professionelle Jugendhilfeeinrichtung.

Noch stärker von als Pflegeeltern wird von den professionellen Erziehungsstellen erwartet, daß sie mit den vielfältigen Spuren, die die Vergangenheit in der Seele der Kinder hinterlassen hat, tolerant und geduldig umgehen. Vor allem sollen Erziehungsstellen den Kindern ihre Herkunftsfamilien bewahren oder auf Rückführung in die Familie hinarbeiten. Gerade ungewisse Perspektiven sollen Erziehungsstelleneltern aushalten.

Die Konzeption ist von Bundesland zu Bundesland leicht unterschiedlich. Träger der Erziehungsstellen sind – in den meisten Bundesländern – Landschaftsverbände, in Hessen der Landeswohlfahrtsverband, in anderen Bundesländern die Landesjugendämter. Ab 1994 werden die Kosten für die Erziehungsstellen vom örtlich zuständigen Jugendamt getragen. Doch die Erziehungsstellen sind entweder weiter beim überörtlichen Träger oder bei freien Trägern angesiedelt. Mit dem Anspruch an mehr Professionalität verbindet sich ein besseres Fortbildungsangebot sowie Praxisbegleitung und Beratung durch einen Psychologen des Vertrauens der Erziehungsstelle. Auch hierfür werden die Kosten getragen.

Viele Kinderheime der freien Träger haben professionelle Pflegestellen als Außenstellen an ihr Heim angegliedert. Sie heißen Familienwohngruppen. Diese Pflegefamilien sind angebunden an die jeweilige Heimeinrichtung, und ein Elternteil bekommt von ihr ein volles Gehalt. Auch solche Eltern leben in ihrem privaten Rahmen, müssen ihr Zusammenleben mit den Kindern jedoch zugleich als berufliche Aufgabe definieren und sind den Regeln und Rahmenbedingungen der Institution, der sie angehören, verpflichtet.

Kinderdorfeltern und
SOS-Kinderdorfmütter

Noch stärker eingebunden in eine Institution sind Kinderdorfeltern oder Kinderdorfmütter. Hier wird das Privatleben «verlagert» in den öffentlichen Rahmen einer größeren, heimähnlichen Organisation. Das Kinderdorf ist meist ein größeres Gelände. Es gibt Büros, Gemeinschaftseinrichtungen sowie eine größere Anzahl von Einfamilienhäusern, in denen die Kinderdorfeltern zusammen mit den Kindern wohnen. Die Kinderdorfmütter haben ihr Zuhause innerhalb des Kinderdorfes. Die meisten Väter gehen einem Beruf außerhalb des Dorfes nach, der Beruf der Mütter ist das Leben mit den Kindern.

Eine Möglichkeit, als alleinlebende Frau Kinderdorfmutter zu werden, gibt es bei den SOS-Kinderdörfern. Das Konzept von Hermann Gmeiner, Gründer der SOS-Kinderdörfer, sah vor, daß die alleinlebende Frau ganz für die ihr anvertrauten Kinder dasein soll. Deshalb sollte sie unverheiratet sein. Vereinzelt gibt es inzwischen auch verheiratete SOS-Kinderdorfmütter. Frauen, die in den Jahren während ihrer Arbeit als SOS-Kinderdorfmutter einen Lebensgefährten finden, wird deshalb nicht gekündigt. Die Kinderdorfmütter werden in der Mütterschule der SOS-Kinderdörfer ausgebildet. Sie haben einen festgesetzten Jahresurlaub und bekommen ein festes Gehalt.

Die Kinderdorfeltern haben zum einen ihre Privatsphäre und leben zugleich ein Stück weit öffentlich. Am Tag steht ihnen ein umfassendes Helfersystem zur Seite. Es gibt pädagogische Mitarbeiter und Mitarbeiterinnen. Kinderdorfeltern leben innerhalb eines größeren sozialen Verbandes, der hierarchische Strukturen und damit auch sozialen Druck mit sich bringt. Der Dorfleiter oder die Dorfleiterin sind Vorgesetzte. Außerdem gibt es Erziehungsleiterinnen oder Erziehungsleiter und pädagogische und psychologische Fachleute. Kinderdörfer sind eine Mischform von Heim und Familie. Die Familie lebt im Verband einer heimähnlichen Institution. Dies ist für viele Kinderdorfeltern nicht einfach. Das Zusammenleben mit den Kindern muß, mehr noch als in der Erziehungsstelle, als berufliche Aufgabe gesehen werden.

Kinderdörfer werden mit besonders schwierigen und verhaltensauffälligen Kindern belegt. Außerdem finden hier größere Geschwistergruppen ein neues Zuhause, die so nicht getrennt werden müssen. Zunehmend wird auch in den Kinderdörfern auf intensive Zusammenarbeit mit der Herkunftsfamilie der Kinder Wert gelegt. Die Kinderdorfeltern ersetzen die Eltern nicht. Sie sind eine zusätzliche Möglichkeit, soziale Bindungen zu nahestehenden Erwachsenen aufzubauen und zu bewahren und im Familienverband aufzuwachsen. Aufgabe der Kinderdorfeltern ist es, die Kinder emotional zu versorgen, ihre Begabungen zu fördern und ihnen bei der Verarbeitung ihres schweren Schicksals beizustehen.

6. Pflegekinder, die weiter zu ihren Eltern gehören

Tagespflege – Familie des Kindes:
Ein Spannungsfeld?

Carina, zweieinhalb, ist seit einem halben Jahr in Tagespflege. Die Eltern leben getrennt, und ihre Mutter geht arbeiten, seit Carina zwei ist. Carina ist noch nicht sauber und weint, wenn sie auf das Töpfchen gesetzt wird. Carinas Mutter verlangt von der Pflegemutter, sie solle sie nicht auf das Töpfchen zwingen. Sie solle ihr das Tempo der Sauberkeitserziehung überlassen. Die zweieinhalb- und vierjährigen leiblichen Kinder der Pflegemutter waren beide schon mit zwei Jahren trocken. Sie findet es nicht gut, daß Carina in die Windeln macht und nicht mal auf das Töpfchen will. Ihr Jüngstes hat sich schon ein Beispiel an Carina genommen und will auch wieder Windelhöschen anhaben.

Carinas Mutter hat Schuldgefühle gegenüber ihrem Kind. Sie hat ihm schon früh die Trennung der Eltern zugemutet und muß jetzt arbeiten. Sie will, daß Carina in der Tagespflege möglichst wenig abverlangt wird, weil sie denkt, daß es schon schwer ist, den ganzen Tag auf die Mutter zu verzichten. Beide Frauen können nicht gut über ihre Standpunkte reden. Das gibt es oft. Sehr schnell entstehen Ressentiments zwischen beiden Müttern, die sich auf die Kinder auswirken.

Tagespflege wird fast immer für sehr kleine Kinder benötigt. Sehr viele Alleinerziehende können ihr Kleinkind tagsüber nicht selbst versorgen, weil sie erwerbstätig sind. Krippenplätze sind rar. Und viele Mütter oder Väter wollen ihr Kind lieber in Familienpflege geben anstatt in eine Kinderkrippe. Dort hat es eine feste Kontinuität bezüglich der Bezugsperson, den vertrauten Rahmen einer zweiten Familie.

Tagespflegekinder müssen lernen, mit zwei Familien zu leben. Viele Kleinkinder weinen, wenn sie von ihren Eltern gebracht werden. Manche weinen aber auch, wenn sie am Abend wieder von der Tagespflegestelle fortmüssen. Nicht nur zu Menschen benötigen Kleinkinder einen festen Bezug. Sie sind auch angewiesen auf ein hohes Maß an Kontinuität ihrer Umgebung, ihres «Reviers». Deshalb ist der tägliche Szenenwechsel für alle Tagespflegekinder schwer, strengt an. Sie müssen früh schon viel leisten, mit dem täglichen Getrenntsein von ihren elterlichen Bezugspersonen fertig zu werden.

Es ist sehr wichtig, daß Kleinkinder in Tagespflege sehr genau wissen: Hier ist mein Zuhause, dort bin ich während der Arbeitszeit meiner Mutter oder meines Vaters. In der Tagespflege wird es betreut. Es wird nicht zum Kind der betreuenden Familie. Dies muß auch Tagesmüttern bewußt sein.

Ja sagen zur Verschiedenheit

Immer wieder kommt es vor, daß Tagespflegemütter und Mütter Spannungen miteinander haben, die daraus resultieren, daß in jeder Familie unterschiedliches Erziehungsverhalten praktiziert wird. Tagespflege kann nur gutgehen, wenn Tagespflegemutter und Mutter nicht in Konkurrenz geraten, nicht vergleichen, wie sie mit ihren Kindern umgehen. Es gehört zum Aufziehen von Kindern dazu, daß Eltern unterschiedliche Wege gehen. Wir alle sind geprägt von unserer eigenen Kindheit. Was uns nicht gefiel, wollen wir anders machen als unsere Eltern, was uns nicht immer gelingt. Denn wir haben unbewußte Muster mitbekommen, die uns oft gar nicht klar sind.

Ein Kind kann sich in einer Tagespflegestelle nur wohl fühlen, wenn jede der beiden Mütter der anderen zugesteht, anders zu sein, mit den Kindern anders umzugehen. Ja sagen zur Verschiedenheit und gemeinsam Kompromisse finden, das ist der einzige Weg, der dem Kind bekommt. Wichtig ist, daß beide Mütter eine regelrechte Übergabe am Abend machen, zusammensitzen, austauschen. Die Tagesmutter erzählt, was es Besonderes am Tag gab, und beide suchen gemeinsam nach Lösungen, die beide vertreten können. Wichtig ist, daß beide Mütter miteinander klare Absprachen treffen, daß Hol- und Bringzeiten eingehalten werden. Das Kind und die Erwachsenen brauchen ihren Rhythmus. Die Tagespflegefamilie muß wissen, wann sie wieder unter sich ist, Kind und Mutter ebenfalls. Haben beide Mütter den hohen Anspruch, gleich sein zu wollen, denkt jede, ihr Weg sei der einzig richtige, so wird es immer zu Differenzen kommen. Keine Mutter kann der anderen gleichen. Das muß auch nicht sein. Kinder in Tagespflege können die verschiedenen Erziehungsstile gut aushalten, wenn die Erwachsenen zu ihrer Verschiedenheit stehen.

Ein guter Weg für Carina: Die Tagesmutter fragt das Kind bei jedem Windelwechseln, ob es aufs Töpfchen gehen mag. Wenn das Kind sich wehrt, zwingt sie es nicht, sondern sagt: «Es ist okay, vielleicht ein anderes Mal.» Zum eigenen Kind kann sie sagen: «Die Carina hat es schwer, den ganzen Tag auf ihre Mutti zu verzichten. Deshalb kann sie ruhig noch Windeln tragen. Du kannst schon auf die Toilette, und deshalb brauchst du keine.»

Wenn Kinder «ausspielen»

Für das Kind ist entscheidend, ob Tagespflegemutter und eigener Elternteil zu ihrem Anderssein stehen oder ob es die beiden in Rivalität bringen, sie untereinander ausspielen kann. Ähnliche Spannungen gibt es in allen Familien: zwischen den beiden Elternteilen, aber auch zwischen Großeltern und Eltern. Kinder können immer dann «ausspielen», wenn die Erwachsenen selbst sich ihrer Sache nicht sicher sind, wenn sie einander vergleichen, in Konkurrenz stehen, wenn jeder denkt, den besseren Weg zu haben. Sind Vater und Mutter sich ständig uneinig, so sind Kinder gezwungen, um für sich selbst Klarheit zu schaffen, Einfluß zu nehmen. Auch für beide Elternteile in einer Familie gilt: Sie können nicht in allem gleich sein, Verschiedenheit ist erlaubt. Diese kann dem Kind gegenüber vertreten werden: Vater hat andere Ins-Bett-bring-Rituale als Mutter. Wenn das Kind dann sagt: «Mami macht es aber so», kann der Vater sagen: «Und ich mache es so. Das ist auch schön.» Wichtig ist, daß nicht ein Partner das Erziehungsverhalten des anderen abwertet, den anderen vor dem Kind

herabsetzt: Beide Elternteile dürfen nicht – über das Kind – gegeneinanderarbeiten.

Wenn Kinder vergleichen und beispielsweise sagen: «Bei der Tagesmama gibt es immer Nudeln», so kann die Mutter ohne weiteres
sagen: «Und wir essen nicht so oft Nudeln. Bei der Tagesmama ist es
so, und bei uns ist es eben anders. Es ist normal, daß es in jeder Familie anders gemacht wird.» Kinder können sehr gut damit umgehen,
daß Familien verschieden sind, sie reifen daran.

Wochenpflege

Manche Eltern sehen sich gezwungen, ihr Kind in Wochenpflege unterzubringen. Grund ist meist eine sehr unregelmäßige Arbeitszeit, Schicht- oder Nachtdienst. Andere Eltern sind in so heftigen seelischen Notlagen, daß ihnen vom Jugendamt Wochenpflege als Hilfe und Entlastung angeboten wird. Das Kind lebt von Montag bis Freitag bei den Pflegeeltern und verbringt jedes Wochenende von Freitagabend bis Montagmorgen sowie Feiertage und Urlaub bei seinen leiblichen Eltern oder dem leiblichen Elternteil.

Wochenpflege für Säuglinge?

Für Säuglinge und Kleinkinder bis zwei Jahre ist aus entwicklungspsychologischen Gründen von der Wochenpflege abzuraten. Ein Baby hat nicht die seelische Energie und nicht das Gedächtnis, fünf Tage Abwesenheit von einer primären Bezugsperson zu überbrücken. Es wird sich in erster Linie an jene Menschen und jene Umgebung binden, wo es fünf Tage pro Woche lebt. Dort ist sein Zuhause. Abwesenheit von der Wochenpflegestelle belastet das Kind, es hat Heimweh nach seiner vertrauten Umgebung und den vertrauten Menschen. Es kann die Menschen, die es nur an zwei von sieben Tagen bei sich haben, nicht als nahe Bezugspersonen anerkennen. Es leidet unter den Wochenenden bei seinen «fremden Eltern». Es kann nicht erkennen, daß hier seine Zugehörigkeit liegen soll. Wochenpflege ist legitim, wenn es sich um Kurzzeitpflege handelt. Als Dauerzustand wird ein Baby oder Kleinkind von dieser Konstellation überfordert. Es kann kein Urvertrauen bilden, da es regelmäßige Wechsel von Bezugspersonen, Wohnung und Bettchen als beunruhigend erlebt.

Kinder, die solch regelmäßige Brüche im sozialen Umfeld ertragen müssen, werden nervös, ängstlich, unruhig, können kein Selbstvertrauen entwickeln. Wochenpflegeeltern von Kleinkindern erleben oft, daß das Kleinkind, wenn es am Montag gebracht wird, zunächst Stunden verändert ist, weint oder außer sich ist. Pflegeeltern berichten, daß es zwei, drei Tage dauert, bis das Kind wieder einigermaßen im Lot ist. Doch das nächste Wochenende bringt wieder alles durcheinander.

Babys und Kleinkinder in Wochenpflege müssen sich durch das Hin und Her schon früh innerlich von den vertrauten Menschen abkoppeln. Dies führt zu einer eingeschränkten Fähigkeit, Bindungen einzugehen. Wochenpflege eines Säuglings oder Kleinkindes ist nur vertretbar, wenn die mütterliche Bezugsperson sich täglich stundenweise in der Pflegefamilie aufhalten kann. Auch diese Wochenpflege mit täglichen Kontakten muß zeitlich auf einige Monate oder ein knappes Jahr eingegrenzt werden.

Wochenpflege bei älteren Kindern

Die zehnjährige Wiebke verbrachte in der Woche gern und mit Vergnügen die Zeit in der Pflegestelle. Ihre Mutter arbeitete in einer Nachtbar. Wiebke war eng befreundet mit der Tochter der Pflegemutter. Und es gab keinen Zweifel: Sie blieb das Kind ihrer Mutter. Dort ging sie am Wochenende hin, aber auch manchmal am Nachmittag in der Woche. Die Wochenpflegemutter mochte die leibliche Mutter. Beide teilten sich die Erziehung miteinander.

Bevor ein Kind in Wochenpflege kommt, müssen Eltern und Pflegestelle einander gut kennen und mögen. Die Eltern müssen gründlich beraten werden über den schweren Weg, den sie ihrem Kind zumuten. Sie müssen sehr sorgfältig abwägen, ob sie nicht doch Tag für Tag für ihr Kind dasein können und es lieber in Tagespflege geben. Der Verzicht, den sie dem Kind mit der Wochenpflege abverlangen, erschüttert die Eltern-Kind-Beziehung. Für das Kind ist es ein schwerer Weg, sich als Kind seiner Eltern zu fühlen und zugleich den größten Teil seines Lebens anderswo zu verbringen.

Wochenpflege bringt viele Konflikte mit sich. Kinder, die bisher in ihrer Familie gelebt haben, haben ihre primäre Bindung an ihre Eltern. Von diesen fühlen sie sich fortgegeben, allein gelassen. Die Wochenenden zu Hause genügen den Kindern nicht. Eltern und Kinder wollen dann am Wochenende das Versäumte der Woche nachholen. Doch dies geht nicht, und Unzufriedenheit bleibt zurück. Oft geht es Eltern von Kindern in Wochenpflege seelisch oder körperlich schlecht. Sie können die Bedürfnisse der Kinder nicht erfüllen. So kommen die Kinder am Montag morgen unzufrieden in die Wochenpflegestelle zurück.

Für die Pflegefamilie beginnt dann am Montag alles von vorn. Das Kind ist durcheinander, aggressiv, unzufrieden. Die Pflegeeltern spüren, was dem Kind zu Hause alles fehlt, sie werden ärgerlich auf die leiblichen Eltern. Selbst wenn Pflegeeltern darüber kein Wort verlieren, die Kinder spüren ihren Unmut. Sie fühlen sich – durch die Kritik der Pflegeeltern an ihren Eltern – herabgesetzt. Zugleich spüren sie selbst, daß ihre Eltern ihnen an den Wochenenden nicht genug Zuwendung geben können – nicht genug für eine ganze Woche! So fühlen sich die Kinder als Verlierer. Viele Kinder in Wochenpflege haben entweder Heimweh nach ihren Eltern und müssen die Zeit – ähnlich wie in Internaten – an fünf Tagen der Woche überbrücken. Von ihren Eltern haben sie auf Dauer zuwenig. Fangen sie an, sich in der Wochenpflegestelle lieber aufzuhalten, sich wohler zu fühlen, dann bekommen sie Schuldgefühle gegenüber ihren Eltern.

Wochenpflege kann vom Kind nur gut verkraftet werden, wenn der Zeitraum begrenzt und überschaubar ist, bis das Kind wieder ganz nach Hause kommt. Auch dürfen sich die Pflegeeltern – obwohl das Kind die meiste Zeit bei ihnen verbringt – nicht als Eltern begreifen, sondern als zusätzliche Bezugspersonen, Erzieher, Begleiter des Kindes.

Wochenpflege ist eine Konstruktion, die Kindern nur bekommt, wenn beide Familien miteinander einverstanden sind, wenn sie sich untereinander verstehen und die Pflegefamilie der Herkunftsfamilie gern durch die Betreuung des Kindes zur Seite steht. Auch hier gilt, ähnlich wie bei der Tagespflege, für beide Familien: Sie müssen sich gegenseitig zugestehen, daß sie verschiedene Wege in der Kinderversorgung gehen. Ein Kind einem anderen Menschen fünf Tage lang anzuvertrauen, das heißt auch, einverstanden sein, wie diese Menschen leben. Und es heißt, billigen zu können, daß das Kind diese Menschen auch sehr gern hat. Eltern können nicht erwarten, daß ihr Kind zwar die Woche über bei Pflegeeltern lebt, aber keine Gefühle zu diesen Menschen entwickelt. Wochenpflegeeltern hingegen müssen ertragen, daß sie die meiste Arbeit mit dem Kind haben. Dennoch hängt es an seinen leiblichen Eltern und liebt diese. Nur bei dieser hohen Übereinstimmung beider Seiten wird Wochenpflege nicht zum Schaden des Kindes sein.

Die Wochenpflegeeltern bekommen viel ab von der Enttäuschung und der Unzufriedenheit, die eigentlich den Eltern gilt. Hinzu kommt, daß Wochenpflegeeltern fast immer leibliche Kinder oder vielleicht auch Dauerpflegekinder haben, bei denen die Zugehörigkeit zur Pflegefamilie klar geregelt ist. Das Wochenpflegekind fühlt sich ein Stück als Außenseiter, als Gast, als nicht ganz dazugehörig in der Familie. Es hat eine Sonderrolle, die viel Unruhe und Leid in sich birgt. Auch hierfür brauchen die Pflegeeltern Verständnis und viel Geduld.

Kurzzeitpflege

Unter Kurzzeitpflege verstehen wir einen überschaubaren Zeitraum, in welchem die Kinder wegen einer zeitlich begrenzten Abwesenheit der Eltern untergebracht werden müssen. Meist handelt es sich um Kinder, deren Eltern (bzw. Elternteil) ins Krankenhaus oder in eine Kur müssen. Das Jugendamt bemüht sich um eine Pflegestelle, die in der Nähe des Wohnsitzes der leiblichen Eltern liegt, damit dem Kind das soziale Umfeld, Kindergarten, Schule, Freundeskreis etc., erhalten bleiben.

Gut ist es, wenn die Eltern selbst die Kinder in die Pflegestelle bringen und die Kinder beauftragen, für die Zeit ihrer Abwesenheit in der Pflegestelle zu leben. Kinder in Kurzzeitpflege haben je nach Alter Heimweh nach ihrer Mutter, ihrem Vater. Oft machen sie sich Sorgen wegen der Gesundheit ihres Elternteils. Sie benötigen viel Zuwendung. Falls ein Elternteil ins Krankenhaus mußte, sollten die Pflegeeltern mit den Kindern regelmäßig zu Besuchen ins Krankenhaus gehen.

Bereitschaftspflege

Manchmal müssen Kinder sehr schnell untergebracht werden. Eltern haben einen Unfall, müssen plötzlich ins Krankenhaus oder in eine Therapie oder Kinder sind unversorgt geblieben oder mißhandelt worden. Die Allgemeinen Sozialen Dienste haben deshalb in vielen Kreisen und Kommunen auch am Wochenende Rufbereitschaft. Die Kinder müssen dann entweder in ein Kinderheim gebracht werden oder in eine Bereitschaftspflegestelle. Diese Pflegeeltern müssen also bereit sein, plötzlich – und vielleicht auch mitten in der Nacht – ein Kind für einige Wochen oder Monate aufzunehmen. In manchen Städten oder Landkreisen bekommen die Pflegeeltern eine Aufwandsentschädigung dafür, daß sie sich bereithalten, auch wenn kein Kind bei ihnen lebt. Sie müssen sich dafür verpflichten, an bestimmten Wochenenden und nachts erreichbar zu sein.

In der Bereitschaftspflege bleibt das Kind nur so lange, bis seine weitere Lebensperspektive geklärt ist. In manchen Städten und Gemeinden wird die Aufnahme von vornherein auf sechs Wochen oder drei Monate befristet. Ob es in seine Familie oder zu Teilen seiner Familie zurück kann oder ob es auf Dauer fremd untergebracht werden muß, soll in dieser Zeit vom Jugendamt und den Eltern entschieden werden. Auch die Form der Fremdunterbringung – wird es Adoptivkind oder Pflegekind oder soll es in ein Heim – muß sorgfältig abgewogen und in eingehenden Gesprächen zwischen Jugendamt und Eltern des Kindes abgeklärt werden. In diesen schweren Zeiten des Kindes können Bereitschaftspflegeeltern große Dienste tun. Die Kinder stehen oft unter dem Schock der Trennung. Sie brauchen viel Trost. Wenn das Kind über einige Wochen in der Bereitschaftspflege verweilt, ist es wichtig, daß die Pflegeeltern dem Kind immer wieder erklären, daß es nicht bei ihnen bleiben wird.

Manchmal wollen sich Pflegeeltern, die für Bereitschaftspflege da sind, von einem ihnen anvertrauten Kind nach einer Weile nicht mehr trennen. Sie glauben, sie könnten für immer Eltern für das Kind werden. Sie wollen ihm einen weiteren Wechsel ersparen. Doch vor solchem Perspektivenwechsel aus der Situation heraus muß gewarnt werden. Es ist etwas grundlegend anderes, ob Menschen für ein Kind in einer Notsituation sorgen oder für immer Elternrolle übernehmen. Das Kind benötigt einen freien Platz auf Dauer in einer Familie. Wenn eine Pflegefamilie ein Kind in einer Krisensituation aufgenommen hat, so bedeutet dies nicht, daß sie für dieses Kind plötzlich ein ganzes Leben lang Kraft haben wird. Bevor Pflegefamilien ihr ursprüngliches Vorhaben ändern, sollten sie sich sorgfältig prüfen. Sie müssen auch zusammen mit der Jugendamtsmitarbeiterin oder dem Jugendamtsmitarbeiter die neue Perspektive gründlich überlegen. Wir haben erlebt, daß Pflegeeltern, die aus der Bereitschaftspflege zu Dauerpflegeeltern wurden, nach einer Zeit unglücklich und von der Situation überfordert waren. Sie mußten sich wieder vom Kind trennen. Tritt der Alltag ein, können sie nicht ein ganzes Leben durchhalten, was sie sich spontan vorgenommen haben.

Einem Kind, das so viel Schweres erlebt hat, kann ein weiterer Wechsel zugemutet werden. Andere Menschen, die einen freien Platz für ein Kind haben, können dem Kind langfristig mehr geben. Und die Bereitschaftspflegeeltern können das Kind, wenn sie sich ihm auch weiterhin zugezogen fühlen, in seiner neuen Welt durch Besuche begleiten und Anteil nehmen.

Rückführung von Pflegekindern in ihre Ursprungsfamilie

Es kann auch sein, daß eine Mutter, seltener ein Vater, manchmal auch beide Eltern von sich aus die Hilfe des Jugendamtes in Anspruch nehmen, weil sie in einer schweren Lebenskrise stecken und möchten, daß ihre Kinder vorübergehend oder für länger in einer Pflegefamilie bleiben. Kinder, die schon lange Jahre in ihrer Familie gelebt haben, sehnen sich in der Regel danach, zu dieser zurückzukehren. Da wir wissen, wie schwer der Prozeß ist, bis Kinder sich auf neue Menschen einlassen können, sollte zunächst alles getan werden, daß die Kinder wieder zurückgeführt werden. Dieses Bedürfnis des Kindes wird im Kinder- und Jugendhilferecht unterstützt. Dort heißt es: «Durch Beratung und Unterstützung sollen die Erziehungsbedingungen in der Herkunftsfamilie innerhalb eines im Hinblick auf die Entwicklung des Kindes oder Jugendlichen vertretbaren Zeitraums so weit verbessert werden, daß sie das Kind oder den Jugendlichen wieder selbst erziehen kann. Während dieser Zeit soll durch begleitende Beratung und Unterstützung der Familien darauf hingewirkt werden, daß die Beziehung des Kindes oder Jugendlichen zur Herkunftsfamilie gefördert wird.» Ein Pflegekind, dessen Rückführung vorgesehen ist, benötigt Zweiteltern, Menschen, die es liebevoll begleiten, die es aber auch wieder loslassen können.

Wird die Rückführung eines Kindes zu seiner Herkunftsfamilie bzw. zu einem Elternteil von Eltern und Jugendamt realistisch angestrebt, so müssen mehrere Bedingungen erfüllt werden. Zwischen Eltern, Pflegeeltern, betreuenden Sozialarbeiterin oder Sozialarbeitern der Mutter und des Pflegekinderdienstes ist eine klare Vereinbarung über den Zeitraum zu treffen. Dies wird anläßlich der Hilfeplankonferenz erfolgen. Auch ein Hilfeplan für die Mutter (die Eltern) ist aufzustellen. Je jünger das Kind, desto kürzer muß die Unterbringung in der Pflegefamilie sein, damit dem Kind seine Eltern nicht fremd werden.

Für ein Rückführungskind brauchen wir eine Pflegefamilie, die das Kind nicht zu ihrem eigenen Kind machen will, sondern ihm gern ermöglicht, daß es zu seinen Eltern zurückkehrt. Wir brauchen eine

Herkunftsfamilie, die durch dichte Kontakte zum Kind die Beziehung aufrechterhält, damit es die Bindung bewahren kann.

Der Zeitraum der Unterbringung in einer Pflegefamilie sollte so kurz wie irgend möglich sein. Werden die Jahre der Trennung nicht durch dichte Besuche zur Herkunftsfamilie überbrückt, so werden für das Kind die eigenen Eltern fremde Menschen. Das Kind wird durch den Beziehungsverlust und durch den totalen Bruch mit seinem bisherigen Leben sehr stark geprägt.

Beendigung von Pflegeverhältnissen wegen vorher vereinbarter Rückführung

Wenn Pflegeverhältnisse zu Ende gehen, weil dies vorher so vereinbart war und die Kinder zurück zu ihrer Familie kommen, so benötigen alle Beteiligten, Pflegeeltern, Kind und Geschwister in der Pflegefamilie Hilfe, um mit dieser Trennung zurechtzukommen. Als Zeitpunkt sollte ein natürlicher Einschnitt, z. B. Schuljahresende, gewählt werden. Alle Beteiligten sollen schon einige Monate vorher auf die Rückkehr des Kindes eingestellt sein. Für das Kind wiederholt sich, was es schon kennt. Beim Verlassen seiner Familie hat es schon einmal Abschied genommen. Nun hat es seinen Lebensweg mit anderen Menschen fortgesetzt, die es nun auch wieder verlassen muß. Das Loslassen und Losgelassenwerden, das sonst im Jugendalter erfolgt, spielt bei Pflegekindern schon früh im Leben eine Rolle: beim Abschied von der Herkunftsfamilie und beim Abschied von der Pflegefamilie.

Die meisten Kinder, die zu ihren Eltern oder zu einem Elternteil zurückgeführt werden sollen, mit dem sie früher schon gelebt haben, freuen sich auf den kommenden Lebensabschnitt. Die Trennung birgt zugleich die Chance, einen neuen hoffnungsvollen Lebensabschnitt zu wagen.

Schwerer ist es für die Zurückbleibenden: Wenn sie ein gutes Verhältnis mit dem Pflegekind hatten, dann empfinden sie eine Lücke und Trauer. Über diese Prozesse – das Traurigsein, aber auch die neuen Chancen, die in zusätzlichen Beziehungen liegen – muß in den Monaten vor dem Abschied gesprochen werden. In der neuen Lebensphase sollten in jedem Fall Bindeglieder zur Pflegefamilie bewahrt werden. So wie das Pflegekind, das für eine Phase in einer Pflegefamilie lebt, nicht gezwungen werden darf, die Kontakte zu seiner früheren Familie ganz abzubrechen, so benötigt es jetzt klare Besuchsregelungen für die Pflegefamilie. Abschiede schmerzen nicht so tief, wenn Kontakte durch Briefe, Telefonate und Besuche aufrechterhalten bleiben.

Was abgebende Eltern über
die Rückführung wissen müssen

Susi war im Alter von sechs bis acht in einer Pflegefamilie. Ihre alleinerziehende Mutter war ständig in psychiatrischer Behandlung und mit Susi überfordert. Durch eine Psychotherapie besserte sich ihr Zustand. Susi ist die Mutter in den zwei Jahren vertraut geblieben, weil diese Susi oft, wenn es ihr besserging, nach Hause geholt hatte. Doch Susi hat in diesen zwei Jahren auch ein Stück emotionale Unabhängigkeit von ihrer Mutter entwickeln müssen, sonst hätte sie die Trennung nicht überstehen können. Nach ihrer Rückkehr stellte das Kind sich die bange Frage: «Gibt sie mich wieder fort, wenn ich böse bin?»

Wird ein Kind über lange Zeit in einer Pflegefamilie oder in einem Heim untergebracht, so kann es sich nach der Heimkehr nicht ohne weiteres innerlich an seine Eltern anschließen, als ob nichts gewesen wäre. Über einen bestimmten Zeitraum nicht mit den Eltern zu leben hinterläßt immer Spuren in der Seele der Kinder. Oft sind Eltern bitter enttäuscht, daß die Beziehung ihres Kindes zu ihnen sich nach der Rückkehr so schwer gestaltet, daß das Kind nicht mehr verbindlich, nicht zuverlässig ist. Ein Kind, das gezwungen wurde, über längere Zeit in einer anderen Familie zu leben, seine Familie auszutauschen, behält viele Verwundungen zurück.

Es genügt nicht, leibliche Eltern zu sein. Zum Elternsein gehört immer auch die gelebte Beziehung. Wurde diese über Jahre unterbrochen, so wird das Verhältnis kaum jemals noch ganz innig und verbindlich sein. Das Kind ist unsicher, hat wenig Selbstvertrauen. Manchmal tyrannisiert und kontrolliert es die Eltern, damit das Schlimme nicht wieder passieren kann. Das Kind ist oft frech, hört nicht. Es rächt sich unbewußt für die Zeit des Fortgewesenseins.

Eltern bekommen nach einer Rückführung ein durch das Trennungsgeschehen verändertes, psychisch verwundetes Kind zurück. Manche Eltern können das Verhalten ihres Kindes nicht einordnen, nicht verstehen und akzeptieren. Sie müssen dem Kind einräumen, ein Stück autonom, unabhängig von ihnen geworden zu sein.

Das Zusammenleben kann nicht unkompliziert dort fortgesetzt werden, wo es aufhörte. Wenn ihr Kind zwei, drei oder vier Jahre fort war, haben sie es mit einem ganz anderen jungen Menschen zu tun. Dies erfordert viel Einfühlung und Wissen. Zu schnell erwarten Eltern, die sich von ihrem Kind trennen mußten, daß dieses alles versteht, alles verzeiht. Doch das kann das Kind nicht.

Die Kinder benötigen das Okay ihrer Eltern, daß sie anders geworden sind, daß sie schwierig sind. Eltern dürfen sich nicht die Illusion machen, daß nach einer Trennung der Lebenswege der Neubeginn einfach ist. Ich kenne leibliche Eltern, die nach einer Zeit des Zusammenlebens ihr Kind wieder «freiwillig» in die ihm vertraute Pflegefamilie zurückbrachten, weil sich das Kind auf sie nicht mehr gut einlassen konnte.

Es ist eine wertvolle Hilfe für die Kinder, Brücken zu bauen zwischen Pflegefamilie und Eltern. Wenn das Kind die letzten Jahre nicht vergessen, nicht auslöschen muß, wenn das Kind an Wochenenden oder in den Ferien zur Pflegefamilie zurückkehren kann, wenn die Jahre in der Pflegefamilie als wertvolle und gute Zeit für alle Beteiligten anerkannt werden können, dann kann der Übergang für Kinder erträglicher werden.

Rückführung von Babys und Kleinkindern – ein falsches Versprechen

Auch heutzutage machen Sozialarbeiterinnen und Sozialarbeiter abgebenden Müttern manchmal Hoffnung, sie könnten ihr Baby für zwei, drei oder vier Jahre in eine Pflegefamilie geben und dann zurückholen. Abgebenden Eltern ist bei einer Unterbringung eines Babys von Anfang an klar zu sagen: Ein Baby kann nicht nach einigen Jahren zurückkehren, es verwurzelt in seiner Pflegefamilie.

Bei Babys und Kleinkindern bis zu drei Jahren muß mit den Abgebenden schon frühzeitig besonders eindringlich um eine langfristige Perspektive gerungen werden. Es ist wichtig, ihnen begreiflich zu machen, daß jedes Kind sich an die Menschen bindet, mit denen es die ersten Jahre verbringt. Mit Trennungen in diesem jungen Alter beeinflussen wir das Beziehungsverhalten dieser Kinder für ihr ganzes Leben. Ein Säugling hat gar nicht das Gedächtnis, seine leibliche Mutter nach Wochen wiederzuerkennen. Er bindet sich immer an die Menschen, die Tag für Tag um ihn sind. Auch sind Kleinkinder enorm auf ihre Umgebung angewiesen. Wenn Menschen ihre Wohnung umräumen, wenn Kleinkinder in anderen Wohnungen bei anderen Menschen schlafen sollen, reagieren sie außerordentlich beunruhigt. So entspricht es auch nicht dem psychischen Wohl eines Kindes unter einem Jahr, wenn es von einem Elternteil regelmäßig «nach Hause» in die Wohnung geholt wird. Auch Säuglinge im Alter von wenigen Wochen trauern und weinen, wenn die vertraute Bezugsperson verschwindet. Kinder empfinden es in den ersten Lebenswochen oder -monaten als schweren Verlust, wenn sie ihre vertrauten Menschen auch nur kurzzeitig verlieren. Deshalb müssen Besuchskontakte zu den leiblichen Eltern immer in der vertrauten Umgebung der Pflegefamilie oder in Anwesenheit eines ihnen vertrauten nahen Menschen stattfinden.

Müttern oder Vätern muß klar gesagt werden: Rückführungen junger Kinder setzen voraus, daß die leibliche Mutter immer schon intensive – mehrmals wöchentliche – Kontakte zum Kind hatte, daß die Mutter nie fremd geworden ist.

Muß eine Mutter für einige Monate ins Krankenhaus oder in eine

Rehabilitation und ist deutlich absehbar, daß sie dann ihre Mutterrolle wieder vollständig übernehmen kann, dann ist die Rückführung eines sehr kleinen Kindes vertretbar. Seine Rückführung ist nur möglich, wenn die Pflegeeltern die leibliche Mutter nahezu täglich in die Familie kommen lassen. Auch darf der Zeitraum der Unterbringung in der Pflegefamilie nicht länger als ein halbes bis dreiviertel Jahr umfassen. Danach muß die Zugehörigkeit eines Kleinkindes unbedingt festliegen.

Abgebenden Eltern muß auch die Wahrheit über die gängige Rechtssprechung gesagt werden. Sind Pflegeeltern nicht bereit, ein Kind, das als Kleinkind in ihre Familie kam, in späteren Jahren zu den Eltern zurückzugeben, so haben die abgebenden Eltern keine rechtliche Möglichkeit. Sie bekommen ihr Kind nicht wieder, auch wenn sie ihr Leben längst stabilisiert haben.

Diese Erfahrungen müssen jungen Müttern eindringlich dargestellt werden. Mütter, die für längere Zeit nicht mit ihrem neugeborenen Kind werden leben können, sollten ihrem Kind zuliebe darüber nachdenken, ob sie ihm eine dauerhafte Alternative in einer anderen Familie gönnen. Sie müssen entscheiden, ob sie ihr Kind zur Adoption freigeben oder auf Dauer in einer Pflegefamilie lassen. Dann wird ihr Kind zu diesen Menschen «Mama» und «Papa» sagen. Sie werden zwar Mutter für das Kind bleiben, aber sie kommen nicht an erster Stelle.

Die einzige Alternative heißt, selbst auf Dauer für das Kind dazusein und das Kind in einer Tagespflege betreuen zu lassen. Babys benötigen den täglichen Kontakt, damit ihnen Menschen vertraut bleiben. Junge Kinder können nicht mal hier, mal dort leben. Je kleiner sie sind, desto schlimmer gehen sie seelisch daran kaputt. Abgebende Eltern haben oft selbst als Kind Beziehungsverluste erlebt. Oft haben sie vergessen und verdrängt, wie schwer es war. Es ist wichtig, sie wieder daran zu erinnern und sie aufzufordern, ihrem Kind kontinuierliche Bindungen zu ermöglichen, entweder bei ihnen selbst oder bei anderen Menschen.

7. Pflegekinder mit ungewisser Perspektive

Zugehörigkeit zur Pflegefamilie auf Zeit oder auf Dauer?

Silke wurde im Alter von dreieinhalb Jahren von ihrer alleinerziehenden Mutter und deren Lebenspartner getrennt. Dieser trank, randalierte, schlug die Mutter und versetzte das Kind in Angst. Silkes Mutter war passiv, depressiv, nahm Psychopharmaka. Sie erkannte selbst, daß sie für Silke ein geschütztes, geborgenes Aufwachsen nicht mehr gewährleisten konnte. Aber sie schaffte es nicht, sich aus der Abhängigkeit von ihrem Partner zu lösen. Bei einem gemeinsamen Hilfeplangespräch im Jugendamt wurde vereinbart: Silkes Mutter sollte bis spätestens in zwei Jahren ihr Leben so weit geordnet haben, daß Silke wieder zu ihr zurück könne. Zu ihrer Unterstützung wollte Silkes Mutter Psychotherapie machen. Voraussetzung für die Rückführung wäre außerdem, daß Silke an zwei bis drei Wochenenden im Monat in die Wohnung der Mutter käme und daß der Freund an diesen Tagen ausgesperrt bleiben müsse. Könnte sie das nicht gewährleisten, so dürfe sie das Kind nicht mit nach Hause nehmen, sondern solle es in der Pflegefamilie besuchen.

Die Pflegeeltern wollten ebenfalls auf die Rückführung hinarbeiten. Wenn die Mutter allerdings in den zwei Jahren keine wesentlichen Schritte vollzogen hätte, dann müßte neu entschieden werden, ob Silke auf Dauer in der Pflegefamilie bleiben könnte.

Silkes Mutter nahm sich fest vor, im Laufe von zwei Jahren ihr Leben «in den Griff zu bekommen». Sie machte eine Lehre als Bürokauffrau. Zwei- bis dreimal im Monat holte sie Silke zu sich.

Nach den Wochenenden bei ihrer Mutter war Silke den ganzen Montag und oft auch noch am Dienstag ein unruhiges, weinerliches Kind. Die Pflegeeltern trösteten Silke und erzählten ihr, daß sie eines Tages wieder ganz bei ihrer Mutter wohnen würde.

Als die vereinbarten zwei Jahre dem Ende zugingen, hatte sich die Mutter noch immer nicht von ihrem Lebensgefährten getrennt. Die Pflegefamilie wurde unsicher. Würde Silke doch nicht wieder zur Mutter zurückkönnen? Silke näßte mit fünf wieder ein. Die Ungewißheit belastete alle.

Das veranlaßte die Sozialarbeiterin, die Mutter sehr deutlich an den Kontrakt zu erinnern. Sie stellte die Mutter vor die Entscheidung: Entweder Silke müsse bald zurück oder auf Dauer in ihrer Pflegefamilie bleiben. Dann könne nicht mehr am Rückführungsziel festgehalten werden. Sie sagte der Mutter deutlich: «Ein Kind in Silkes Alter benötigt eine klare Zugehörigkeit, will verwurzeln.»

Daß sie so klar vor eine Alternative gestellt wurde, wühlte Silkes Mutter auf. Voller Wut gegen sich selbst, trennte sie sich von ihrem Partner und entschied sich, Silke wieder zu sich zu holen. Silke bekam einen Tagesplatz im Kindergarten. Anfangs häufiger, später etwas seltener besuchte Silke mit ihrer Mutter die Pflegefamilie. Nach diesen Besuchen war Silke besonders vergnügt.

Die zwei Jahre schienen zunächst kaum Spuren in Silkes Wesen hinterlassen zu haben. Anfangs lief alles recht harmonisch. Danach wurde Silke ihrer Mutter gegenüber aufsässig, provozierte, trotzte. Silkes Mutter hatte oft das Gefühl, keinen Zugang mehr zu ihrem Kind zu haben. Junge Eltern, die ihr Kind vorübergehend fortgeben, wissen oft nicht genug über das Bindungsgeschehen kleiner Kinder. Jedes Kind trägt tiefe seelische Verletzungen durch wechselnde Aufenthalte davon.

Oft ist schwer vorherzusehen, ob Eltern wieder selbst für ein Kind bzw. ihre Kinder sorgen können. Es gibt viele Formen elterlichen Versagens und wieder sorgen Könnens. Bei vielen psychischen Problemen oder Suchtproblemen kann nur schwer vorausgesagt werden, ob das Kind wieder zurück kann. Immer wieder gibt es alleinerziehende Mütter, die um Hilfe ansuchen und ihr Kind in Pflege geben möchten. Ein Sorgerechtsentzug steht nicht an. Pflegeeltern, wie die von Silke, gibt es leider viel zu selten. Dabei werden sie dringend benötigt. Die offene Perspektive, bei der für einen bestimmten Zeitraum ungewiß ist, ob das Kind wieder zurück zu seiner Familie kann oder auf Dauer in der Pflegefamilie bleiben wird, ist auch im KJHG § 37 verankert.

Doch diese Offenheit ist sehr schwer. Die Vertragsgrundlage zwischen Pflegeeltern und Kind heißt zunächst, daß das Kind in einem bestimmten Zeitraum zurück zu seinen Eltern soll. Es hat in der Pflegefamilie zusätzlich zu seinen Eltern Gefährtinnen und Gefährten, Begleiterinnen und Begleiter, Ergänzungseltern, Bezugspersonen. In Bildern, Erzählungen, durch Telefonkontakte und Besuche ist dem Kind die Mutter oder der Vater zu bewahren. Deshalb sollten ehemalige Adoptivbewerber möglichst kein Kind mit ungewisser Perspektive annehmen, selbst wenn sie sich zutrauen, dies zu bewältigen. Denn das Kind spürt, wenn eine Pflegefamilie es festhalten möchte. Und so gerät es in Loyalitätskonflikte.

Offen sein bedeutet auch, das Kind bei seiner schweren Situation zu trösten und zu begleiten. Gleichzeitig sollte in der Familie auch ein Platz auf Dauer möglich sein, wenn sich die Situation seiner Eltern verschlechtert oder vergleichbar ungünstig bleibt.

Manchmal gehen offene Perspektiven über in Dauerperspektiven, manchmal zeichnet sich die Rückführung schon bald ab. Kommt ein Kind mit der Zukunftsperspektive «noch ungewiß» in eine Pflegefamilie, so benötigen wir auch hier bestimmte Rahmenbedingungen: Je jünger das Kind, desto klarer muß die Zeit der Ungewißheit von vornherein eingegrenzt werden. Die begrenzt offene Perspektive scheidet – ebenso wie Wochenpflege oder die Rückführungsperspektive – für Babys und Kleinkinder unter zwei Jahren aus. Sie binden sich schon nach kurzer Zeit an die neuen Menschen. Auch Kinder, die älter sind, müssen nach einer Zeit wissen, woran sie sind. Kommt das Kind nach einem vereinbarten Zeitraum zurück, oder soll es Kind der Pflegeeltern werden? Es ist eine Schwäche des KJHG, daß es den Zeitraum zu vage hält. Der abgebenden Mutter oder dem Vater müssen klare Hilfen angeboten werden: Therapieplatz, Nachsorge, Teilnahme an Gruppen, Vermittlung einer Wohnung.

Zeichnet sich ab, daß die Mutter sich doch auf Dauer von ihrem Kind trennt, so benötigt das Kind von seiner Mutter bzw. von seinen Eltern den Auftrag, sich in der Pflegefamilie einzulassen. Dies kann in einem persönlichen Gespräch oder in einem Brief sein. Das Kind benötigt nicht nur die Erlaubnis, sich an die neuen Menschen zu gewöhnen, sondern braucht auch die Beruhigung, daß es nicht schuld ist an der Fortgabe. Abgebende Eltern helfen ihrem Kind sehr, wenn sie ihm klar sagen, daß sie ihr eigenes Leben nicht geregelt bekommen, daß sie mit sich selbst so wenig zurechtkommen, daß sie ihr Kind zu anderen Menschen geben.

Gerade bei der offenen Perspektive ist es unumgänglich, daß die Pflegefamilie die leibliche Mutter verstehen kann und dem Kind wünscht, daß es zu seiner Mutter zurückkann. Es gibt Pflegeeltern, die die Zeit der eventuellen Rückführung auch für länger offenhalten. Sie unterstützen die leibliche Mutter in ihrer Entwicklung und wollen ihr das Kind nicht fortnehmen. Sie ermöglichen häufige Kontakte. Die Zugehörigkeit des Kindes und die Besitzverhältnisse bleiben klar: Sie wollen für das Kind so lange sorgen, bis es wieder zu seiner Mutter zurückgeht. Bei dieser Konstellation gibt es nach Besuchskontakten für das Kind kaum starke Spannungen. Die Verantwortung für das Kind wird geteilt mit Jugendamt und hilfsbedürftiger Mutter. Eine Pflegemutter, die schon Jahre mit dieser offenen Perspektive lebt, sagte: «Ich will doch dem Bub nicht seine Mutter wegnehmen.»

Solange die Pflegeeltern diese Haltung bewahren und sich nicht danach sehnen, das Kind zu ihrem Kind zu machen, fühlen sich die Kinder nicht zerrissen. Allerdings benötigen die Kinder viel Trost und Beistand, wenn sie darüber traurig sind, daß sie nicht bei ihren Eltern zu Hause leben können.

Wenn die Perspektive unklar bleibt

Patrick kam mit zwei Jahren in eine Pflegestelle, weil seine Eltern sich scheiden ließen und seine Mutter mit den Nerven am Ende war. Die Mutter wollte Patrick nur für ein halbes Jahr unterbringen, bis sie die härtesten Zeiten der Scheidung hinter sich gebracht hätte. Eine Kurzzeitpflegefamilie mit zwei kleinen Kindern war bereit, Patrick für dieses halbe Jahr aufzunehmen. Besuchskontakte zur Mutter fanden alle vier Wochen statt.

Patrick wurde drei. Das halbe Jahr war längst überschritten, ohne daß Mutter oder Sozialarbeiter über Patricks Zukunft sprachen. Der Pflegemutter wurde mit drei kleinen Kindern alles zuviel.

Am Anfang war die Perspektive des Kindes und das Bedürfnis der Pflegeeltern stimmig: Patrick sollte kein neues Eltern-Kind-Verhältnis eingehen, sondern vorübergehend in familiärem Klima betreut werden. Nicht stimmig war in diesem Zusammenhang die Besuchsregelung. Ein zweijähriges Kind kann eine Mutter, die es nur alle vier Wochen sieht, nicht als primäre Bezugsperson in seinem Fühlen und Denken bewahren. Das Jahr bei der Pflegefamilie kommt einem Beziehungsabbruch von der Mutter gleich. Doch der Sozialarbeiter wollte den Pflegeeltern nicht zuviel zumuten. Deshalb schlug er am Anfang den vierwöchigen Rhythmus vor.

Verdeckte und offene Perspektiven

Der Sozialarbeiter ließ aus dem halben Jahr ein Jahr werden, ohne bei der Mutter zu intervenieren. Er war inkonsequent. So erweckte er bei der Mutter den Eindruck, es komme nicht so sehr genau darauf an, wann sie ihr Kind wieder zu sich holen würde.

Seine Inkonsequenz hatte eine Ursache. Er wollte Patrick noch nicht zur Mutter zurückgeben, denn mit dieser ging es weiter abwärts. Es kam also eine geheime Perspektive hinzu, die der Absprache entgegenlief: Der Sozialarbeiter war froh, daß die Mutter Patrick nicht zurückforderte.

Doch er hatte eine Pflegefamilie ausgewählt, die Patrick nicht auf Dauer behalten konnte. Diese hatte ihn nie als «ihr» Kind angenommen, und dies war ja auch nicht ihr Auftrag. Patrick hätte eigentlich Pflegeeltern benötigt, die für eine ungewisse Perspektive offen sind: für Rückführung oder dauerhaften Verbleib.

Immer wieder gibt es in der Sozialarbeit offene und geheime Perspektiven, die miteinander nicht identisch sind. Zunächst wird Eltern gesagt, sie sollen ihr Kind vorübergehend unterbringen. Doch in Wirklichkeit ist dies nur ein erster Schritt für eine dauerhafte Unterbringung. Solche ungenauen Absprachen und Unklarheiten bezüglich der Zukunft des Kindes müssen jedoch Pflegeeltern und Kinder ausbaden.

Es wird immer solch unklare Perspektiven geben. Doch sie sollten als solche auch benannt werden. Es gehört zum Leben, daß nicht alles vorhersehbar ist. Deshalb werden so dringend Pflegeeltern für die offene Perspektive gebraucht.

Konfrontation der Mutter

Aber auch Eltern haben oft eine geheime und eine reale Perspektive. Manche spüren, daß es für ihre Kinder besser ist, sie langfristig unterzubringen. Doch sie getrauen sich nicht, ihren Kindern und ihrem Sozialarbeiter dies offen zu sagen. Sie klammern sich an eine Rückführungsvereinbarung, an die sie selbst nicht mehr glauben. Sie fühlen sich unter dem moralischen Druck der Sozialarbeiterin oder des Sozialarbeiters und ihrer übrigen Umwelt. So können manche Eltern sich selbst und ihren Kindern nicht eingestehen, daß es eine Loslösung auf Dauer sein wird.

Solche doppelten Perspektiven müssen aufgedeckt werden. Dies erfordert ein hohes Maß an Offenheit und Bereitschaft, auch über schmerzliche Fragen miteinander ehrlich zu sprechen. Mit den abgebenden Eltern muß ohne Taktik um eine realistische Zukunftsperspektive gerungen werden. Dies kostet oft einen großen Krafteinsatz. Doch dieser lohnt sich für die Zukunft des Kindes.

Als Patricks Mutter erfuhr, daß die Pflegeeltern nicht weiter für Patrick sorgen konnten, wünschte sie sich, Patrick könne für ein weiteres Jahr in einer anderen Pflegefamilie leben. Bis dahin hätte sie es, so hoffte sie, geschafft.

Patrick in seinem jungen Alter für ein weiteres Jahr befristet in eine andere Familie zu vermitteln würde ihm schaden und seine Fähigkeit, Bindungen einzugehen und zu bewahren, erheblich erschüttern. Auch seiner Mutter gegenüber würde er dann erhebliche Schwierigkeiten entwickeln, sich wieder eng auf sie einzulassen. Der Mutter ist von ihrem Sozialarbeiter eindringlich klarzumachen, daß, wenn sie Patrick nicht in Kürze zu sich zurücknehmen kann, sie sich dem Kind zuliebe durchringen muß, ihn auf Dauer in einer neuen Pflegefamilie zu lassen. Auch daß es für Patrick ein schlimmer langfristiger seelischer Schaden wäre, wenn er nach einem weiteren Jahr noch einmal aus seiner vertrauten Welt herausgerissen würde.

Auch wenn die Mutter dies nicht einsieht, sollte vom Pflegekinderdienst diesmal eine Pflegefamilie gefunden werden, die sich auf die ungewisse Perspektive einläßt. Allerdings spätestens nach einem Jahr müssen Pflegefamilie und Patrick wissen, woran sie sind. Das Jahr muß genutzt werden, die Mutter zu einer klaren Entscheidung zu bringen.

Aufgrund der bisherigen Erfahrung mit der Mutter, daß auch ihr letztes Vorhaben, das Kind zurückzunehmen, nicht geklappt hat, wird Patrick voraussichtlich Dauerpflegekind werden. Seine Mutter wird sich schmerzlich eingestehen müssen, daß es für ihr Kind besser ist, in einer Pflegefamilie groß zu werden.

Patrick und seine Mutter sind kein Einzelfall. Oft gestaltet sich die Planung der Lebensperspektive des Kindes so schwer. Eltern müssen bei der Lebensplanung für die Kinder schon früh schmerzlich offen und ehrlich konfrontiert werden. Sonst kommt es zu Illusionen, zu Fehleinschätzungen, zu falschen Hoffnungen, die sie den Kindern mit auf den Weg geben. Dann sind Spannungen und Loyalitätskonflikte zwischen beiden Familien vorprogrammiert.

8. Pflegekinder, die zu ihrer Pflegefamilie gehören: Dauerpflege

Anbahnungszeit – Prüfungszeit

Der zehnjährige Sebastian wurde von seinen künftigen Pflegeeltern das erste Mal vom Kinderheim abgeholt. Sie gingen zusammen in ein Gartenlokal zum Essen. Die Pflegeeltern trafen zufällig alte Nachbarn, die sie seit fünf Jahren nicht gesehen hatten. Die fragten: «Habt ihr Kinder?» Sebastian antwortete: «Ja, mich.»

Noch bevor es zu einem ersten Kontakt kommt, werden den künftigen Pflegeeltern von den betreuenden Sozialarbeitern und Sozialarbeiterinnen alle Informationen über ein bestimmtes Kind gegeben: alles über die Eltern, die Familie des Kindes. Auch über die Kindheit und Jugendzeit der abgebenden Eltern viel zu wissen trägt zum Verstehenkönnen der abgebenden Eltern bei. Hinzu kommen alle Ereignisse um Schwangerschaft und Geburt, die ersten Wochen, die ersten Jahre. Wie hat das Kind gelebt, was hat es an Zuwendung bekommen, welche Stärken hat es, welche seelischen Verletzungen hat es erlitten, welche Mangelsituationen erfahren? Sind Entwicklungsrückstände vorhanden? Wurden deren Ursachen diagnostiziert? Auch über die gesundheitliche Situation des Kindes muß alles, was bekannt ist, den künftigen Pflegeeltern mitgeteilt werden. Oft berichten Pflegeeltern später, bei der Anbahnung sei ihnen vieles nicht gesagt worden.

Die Jugendamtsmitarbeiterinnen und Jugendamtsmitarbeiter hingegen beteuern, nichts verschwiegen zu haben. Am sichersten ist es, alles Wichtige schriftlich zu fixieren. Denn natürlich sind künftige Pflegeeltern zur Zeit der Anbahnung oft so aufgeregt und neugierig auf das Kind, daß sie sich viele Informationen nicht merken oder ganz anders gewichten.

Herkunftseltern kennenlernen

Es hat sich für das spätere Pflegeverhältnis als sehr hilfreich erwiesen, wenn schon, bevor die Bewerber das Kind zum erstenmal sehen, ein erstes Treffen zwischen Herkunftseltern und künftigen Pflegeeltern stattfindet. Hier können – in Anwesenheit der betreuenden Sozialarbeiterin oder des betreuenden Sozialarbeiters – die Erwachsenen wichtige Fragen miteinander klären. Als künftige Pflegeeltern sollten Sie wissen: Die abgebende Mutter, der abgebende Vater haben vor einem solchen Gespräch viel Unbehagen und Schmerz. Sie sitzen als die Versagerinnen und Versager vor den aus ihrer Sicht «intakten», heilen, besseren Eltern. Sie fühlen sich als die Unterlegenen, die Verlierer, als die Schuldigen, auch wenn sie dies zu überspielen suchen. Pflegeeltern können dieses Unbehagen ansprechen. Sie können sagen, daß es bestimmt ein bitterer Augenblick ist, daß die Mutter, der Vater den künftigen Pflegeeltern gegenübersitzt und daß es schwer ist, sich von seinem Kind trennen zu müssen.

Sprechen Sie über den Anlaß, weshalb das Kind zu Pflegeeltern soll. Fragen Sie nach, nehmen Sie Anteil, haben Sie Mut, über das schwere Thema zu sprechen. Leiten Sie ein: «Ich weiß nicht, ob Sie darüber sprechen wollen, aber mir wäre wichtig zu erfahren, weshalb Jimmy von Ihnen fortmuß...» Ist der Entschluß freiwillig zustande gekommen, so sollten Sie betonen, daß dies bestimmt keine einfache Entscheidung war und wie verantwortlich Sie diesen Schritt finden. Wurde das Kind gegen den Willen der Eltern fortgenommen, so sollten Sie aussprechen, daß dies für die Eltern sicher ein harter Eingriff ist, der viel Wut und Scham ausgelöst hat. Doch Sie wünschen sich, daß die Eltern ihre Wut nicht auf Sie, die künftigen Pflegeeltern, übertragen.

Betonen Sie, daß die Eltern ihr Kind besonders gut kennen und daß sie Ihnen erklären sollen, was Sie alles beachten müssen. Lassen Sie sich möglichst viel konkret über das Kind erzählen. Wie war es als Baby, was hat es für Gewohnheiten? Was ißt es gerne, was nicht? Was spielt es gern, welche Spielsachen mag es? Was kann es besonders gut?

Wenn es die Situation erlaubt, können Sie die Mutter, den Vater nach der eigenen Kindheit fragen. Begründen Sie es damit, daß Sie dem Kind ja viel über seine Eltern erzählen wollen.

Auch die geplante Perspektive können Sie ansprechen: Ist es richtig, daß sie ihrem Kind ermöglichen wollen, auf Dauer bei seiner neuen Familie zu leben?

Fragen Sie, wie die Eltern sich die Besuchskontakte vorstellen. Dies muß zwar in erster Linie von den Mitarbeiterinnen und Mitarbeitern des Jugendamtes abgeklärt werden. Doch es ist wichtig, daß die Pflegeeltern dies auch direkt mit den Eltern thematisieren. Wenn Besuchskontakte in der Lebensplanung des Kindes vorgesehen sind, sollten Sie zum Abschied den ersten Besuch vereinbaren.

Nach dem Zusammentreffen mit den Eltern sollten Sie mit Ihrem Partner, Ihrer Partnerin klären: Können Sie sich vorstellen, unabhängig von der Häufigkeit der geplanten Kontakte, mit diesen Menschen gemeinsam ein Kind zu haben? Können Sie nachvollziehen, weshalb diese Eltern «gescheitert» sind, Elternrolle zu übernehmen? Können Sie Ihre Wut über das, was passiert ist, umwandeln in Trauer? Werden Sie imstande sein, dem Kind Hilfen und Erklärungen zu geben, weshalb es bei seinen Eltern nicht leben kann, ohne diese Eltern abzuwerten? Das alles ist Voraussetzung für das Gelingen des Pflegeverhältnisses.

Kind kennenlernen

Meist ist das Kind in einem Heim untergebracht oder in einer Bereitschaftspflege. Dort können Sie es zum erstenmal besuchen. Je nach Alter des Kindes weiß das Kind sehr genau, worum es geht. Wichtig ist Klarheit und Offenheit von Anfang an. Sagen Sie dem Kind, nach einer kurzen Anwärmphase, daß Sie wissen, daß es Pflegeeltern bekommen soll, weil es nicht nach Hause zurückkann. Sie wollen Pflegeeltern werden und schauen, ob Sie einander mögen. Bei geplanter Rückführung lautet die Botschaft selbstverständlich anders: Sagen Sie dem Kind, daß es für eine gewisse Zeit bei Ihnen leben wird, weil seine Mutter krank ist, in einer Krise ist etc. Sagen Sie zum Kind: «Ich weiß, wie bitter es für jedes Kind ist, wenn es sein Zuhause für lange Zeit verlassen soll. Wir wollen dir helfen, daß es dir in dieser schweren Zeit gutgeht.»

Sich selbst und dem Kind Zeit lassen

Die Kennenlernbesuche sind außerordentlich aufregend – für das Kind ebenso wie für die Pflegeeltern. Immer wieder neigen Pflegeeltern dazu, nach ein oder zwei ersten Kontakten das Kind schon ganz zu sich holen zu wollen. Oft geht dies auch gut. Auch die Kinder sind häufig ungeduldig und vom Reiz des Neuen hingerissen. Doch auch Kinder müssen aushalten lernen, daß eine Beziehung erst wachsen muß und nicht überstürzt werden kann. Manche Kinder haben ja gerade das Problem der Distanzlosigkeit. Sie gehen mit jedem gern mit.

Auch das Kind benötigt Zeit, sich in seiner Gefühlswelt mit Ihnen zu befassen und sich innerlich von seinem früheren Zuhause in einer ersten kleinen Dosierung zu lösen. Geben Sie sich und dem Kind die Chance, eine echte Probezeit miteinander zu haben, bei der beide noch überlegen dürfen.

Das Kind benötigt Hilfe bei seinen Erzieherinnen und Erziehern, um die Eindrücke von den neuen Menschen zu bearbeiten. Auch die Pflegeeltern benötigen viel Raum, um die Erlebnisse mit dem Kind zu verarbeiten. Häufig gibt es nach ersten Anbahnungsbesuchen auch verschiedene Reaktionen der beiden Pflegeelternteile. Ein Elternteil ist begeistert, der andere eher reserviert. Die Zeit zwischen den Besuchen ist unbedingt notwendig, damit Sie spüren können, ob Ihr Interesse für dieses Kind wächst oder ob Vorbehalte überwiegen.

Nein sagen erlaubt

Klaus lebte mit elf seit einem halben Jahr in einem Kinderheim. Von seiner leiblichen Familie mußte er mit fünf fort. Seine Pflegefamilie, bei der er fünf Jahre war, hatte er von heute auf morgen verlassen müssen. Klaus fühlte sich im Heim sehr wohl. Er war ständig mit anderen Kindern in Aktion. Zum pädagogischen Leiter hatte er eine herzliche Beziehung. Der zuständige Pflegekinderdienst suchte sorgfältig nach einer geeigneten Pflegefamilie. Doch innerhalb von drei Monaten ließ Klaus zwei Anbahnungen platzen. Es gelang ihm, sich an den Besuchswochenenden außerordentlich unbeliebt zu machen. Er selbst äußerte eindeutig, er wolle dort nie wieder hin. Als seine Betreuerinnen und sein Betreuer nicht lockerließen und ihn ein zweites Mal zu einer Familie zum Besuchswochenende brachten, hinterließ Klaus einen Haufen auf einem Teller im Kühlschrank.

Klaus hatte ganz offensichtlich die Kränkung, daß er aus seiner letzten Pflegefamilie abrupt fortmußte, noch nicht überwunden. Klaus weigerte sich, sich neuen möglichen Verletzungen auszusetzen, er ließ keine Familie mehr an sich heran. Für ihn war es leichter erträglich, die nächste Zeit im Kinderheim zu bleiben, als sich auf das ihn vielleicht seelisch vernichtende Abenteuer einzulassen, noch einmal Kind in einer Familie zu sein und dort vielleicht wieder fortzumüssen. Klaus' Nein war seine einzige Möglichkeit, sich zu schützen.

Es ist schwer für die pädagogischen Begleiterinnen und Begleiter, herauszufinden, was die Beweggründe für ein solches Kind sind. Es ist sehr wichtig, die Signale der Kinder ernst zu nehmen und ein Kind, das kein zweites Mal zu einer Bewerberfamilie zum Besuch will, nicht zu zwingen.

Ob Eltern und Pflegekinder einander annehmen können, hängt von den bisherigen Erlebnissen und Prägungen des Kindes ab und davon, was Pflegeeltern für innere Wünsche an ein Kind haben. Beide Seiten müssen ein Stück zueinander passen. Die Anbahnungszeit kann große Überraschungen bringen. Nicht alle Kinder passen zu allen Pflegeeltern. Es gibt Kinder, die machen es den Pflegeeltern leicht, alle Liebe auf sie zu übertragen. Andere Kinder sind so schwierig, so wenig charmant, so fordernd oder hektisch oder auch schon so vereinsamt, daß es Pflegeeltern schwerfällt, sie spontan zu mögen. Wenn Sie sich ambivalent fühlen, beraten Sie sich ausgiebigst mit Ihrer Vermittlerin oder Ihrem Vermittler. Wenn Vorbehalte und Bedenken da sind, so dürfen diese nicht verdrängt oder verleugnet werden. Daß sich alles mit der Zeit gibt oder daß das Kind sich ändern wird – darauf können Sie nicht rechnen. Im Gegenteil. Die Erfahrung hat gezeigt, daß Pflegeverhältnisse, die mit Unsicherheit und Unbehagen begannen, häufig langfristig ambivalent bleiben und sich die Kluft eher verschärft. Gibt es Aversionen, so ist es ein Zeichen von Verantwortungsbewußtsein, es sich noch einmal anders zu überlegen.

Es hängt mit sehr tiefen Mustern aus unserer eigenen Kindheit zusammen, ob wir ein Kind spontan liebhaben können oder nicht. Und es spielen die Sehnsüchte und Wünsche, die wir unbewußt an das Kind haben, eine große Rolle. Es gibt Kinder, die sich mit dem inneren Bild, das wir in uns tragen, nicht vereinbaren lassen. Dies ist ein normaler, ein erlaubter Prozeß.

Ich habe immer wieder Familien begleitet, bei denen die Zweifel, die Widerstände, die am Anfang gegenüber einem Kind da waren, nie gewichen sind. Sie hatten die tiefe Ambivalenz schon am Anfang gespürt, aber nicht auf sie gehört. Sie wagten nicht, dieses Kind zurückzuweisen, es zu verletzen. Sie haben aus Verantwortung und Verpflichtung heraus das Kind entgegen ihren inneren Gefühlen aufgenommen. Diese Pflegeverhältnisse wurden zu einem langjährigen inneren Kampf, begleitet von vielen Schuldgefühlen. Die Kinder spüren unterschwellig, daß sie innerlich von einem Elternteil nicht so akzeptiert werden, wie sie sind. Manchmal stecken Pflegeeltern eine riesige Energie in solche Kinder, sie zu verändern. Wenn sie merken, daß dies nicht gelingt, geben sie oft nach Jahren dann doch noch auf. Dies sind die Pflegeverhältnisse, die nicht ein Kinderleben lang halten, wo Trennung oft schon in den Jugendjahren der letzte Ausweg ist, nicht ganz miteinander zu verzweifeln. Zurück bleibt dann oft ein Berg von Schuldgefühlen. Pflegeeltern und Kinder sind die Leidtragenden, die Verlierer. Alle behalten Wunden zurück aus diesen schmerzlichen Prozessen.

Die Pflegeeltern sollten gut gewichten, ob sie mit diesen ambivalenten Gefühlen, die sich im Lauf der Zeit eher verstärken können, leben wollen. Gefühle kann niemand erzwingen. Deshalb sollten Pflegeeltern – auch um spätere Abbrüche zu vermeiden – den Mut haben, am Anfang nein zu sagen.

Es ist für ein Kind besser erträglich, in der Anfangsphase von Pflegeeltern zurückgewiesen zu werden, als dauerhaft bei einem oder beiden Elternteilen auf subtile oder offene Ablehnung zu stoßen. Außerdem bekommt das Kind so eine Chance, von anderen Menschen emotional ganz angenommen zu werden. Oder es ist ein Kind wie Klaus, das aufgrund unerträglicher Erfahrungen gar nicht mehr für eine Familie geeignet ist, dem die Nähe und die Abhängigkeit in einer Familie zu viel Angst machen. Es ist angemessener für dieses Kind, in einer professionellen Pflegefamilie oder einem Kinderdorf zu leben.

Phase des Aneinandergewöhnens

Die erste Zeit: Trauer oder Sonnenschein?

Kommt ein Kind als Baby in eine Familie, so beginnt es schon nach ein bis zwei Wochen, in denen es sich noch fremd fühlt, Kontakt und Beziehung aufzunehmen. Wenn das Kind schon anderswo Beziehung hatte, dann befindet sich auch ein sehr kleines Kind in heftiger Trauer, die es auf ganz verschiedene Weise ausdrückt. Entweder durch Unruhe und viel Weinen oder durch besonders ruhiges Verhalten, viel Schlaf. Es schaltet sich selbst erst einmal ab und ist gleichmäßig freundlich.

Viele sehr kleine Kinder kommen ohne Zwischenaufenthalt, ohne Anbahnungsphase in die Pflegefamilien, entweder von einer Krisenpflegestelle oder direkt aus seinem früheren Zuhause. Alle Kinder, nahezu unabhängig vom Alter, befinden sich zunächst in einer Schock- und Trauerphase, wenn sie ihre Umgebung und die Menschen verlieren, auf die sie bisher angewiesen waren. Nur Kinder, die schon seit Monaten oder Jahren immer wieder kurzfristig oder längerfristig bei verschiedenen Menschen untergebracht waren – und das gibt es öfters bei Pflegekindern –, kennen diesen Zustand des Wechsels schon, reagieren nicht mehr verzweifelt. Sie mußten sich selbst unempfindlich machen gegen den immer neuen Schmerz und zeigen sich aufgeschlossen neugierig. Manche von ihnen kennen keine Distanz und sind zu jedem zutraulich. Andere wieder sind still, passiv, resignativ. Fast alle Kinder haben sehr schwere Zeiten hinter sich.

Während die aufnehmende Familie in der Regel begeistert und voller Freude ist, daß endlich ein Kind kommt, kann das Kind diese Freude nicht teilen. Die neue Familie und das Kind befinden sich in ganz unterschiedlicher Lebenssituation. Das Kind ist in Trauer, die annehmende Familie glücklich. So können oder wollen viele Kinder ihre Trauer nicht zeigen, da sie ja spüren, daß ihre Gefühle mit denen der Erwachsenen nicht übereinstimmen. Das führt die Erwachsenen in die Irre. Sie denken, das Kind könne gut mit der Situation umgehen. Seine Freude ist jedoch noch nicht echt. Das Kind kopiert die Freude der Erwachsenen. Unter der Oberfläche sind die neuen Menschen noch fremd. Das Kind muß alle Energie zusammennehmen, um mit den vielen neuen Eindrücken zurechtzukommen.

Wenn wir Erwachsenen eine neue Arbeitsstelle annehmen, dann sind wir sehr angespannt und aufgeregt. Werden wir zurechtkommen? Werden wir von den Kolleginnen und Kollegen akzeptiert? Können wir das viele Neue beherrschen lernen? Können wir unsere Schwächen gut genug verbergen? Unvergleichlich intensiver und bedrohlicher erlebt ein Kind den Neuanfang in einer Familie.

Auch Kinder, die ihre Pflegeeltern zunächst besuchsweise kennengelernt haben, sind in heller Aufregung, wenn sie dann ganz in die Pflegefamilie kommen. Kinder, die schon eine Phase anderswo untergebracht waren, haben schon ein gewisses Quantum Abschiedsschmerz und Verlustschmerz hinter sich. Doch auch sie befinden sich in den ersten Monaten in der neuen Familie tief innen noch in der Trauerphase. Auch sie wollen dies oft sich selbst und den Pflegeeltern nicht eingestehen. Nach außen verbreiten sie Sonnenschein, passen sie sich an und strengen sie sich an, sich wie ein Kind der neuen Eltern zu verhalten.

> Die dreizehnjährige Öslem lebte nach einigen Anbahnungskontakten gerade eine Woche in ihrer Pflegefamilie. Da betonte sie: «Ich bin der Welt beste Pflegetochter, und ich werde ab heute zu euch Mama und Papa sagen.»

Öslem wollte selbst daran glauben, der Tausch der Eltern sei schon vollzogen. Kinder versuchen eine Zeitlang dem Harmoniewunsch der neuen Welt zu entsprechen, reißen sich zusammen und spielen, sie seien schon immer Kind dieser Eltern gewesen. Das Kind bekommt auf diesem Weg viel Zuwendung, und es hat ein Mittel, sich selbst von seiner Trauer und seinem Schmerz abzulenken. Es ist sehr wichtig, daß Pflegeeltern dann gegensteuern, dem Kind erklären, daß es noch nicht «Mama» und «Papa» zu sagen braucht, da sie sich alle ja noch gar nicht richtig aneinander gewöhnt haben.

Abschied oder Bindeglieder zur Vergangenheit?

Sandra kam mit neun Jahren in ihre Pflegefamilie. Von ihrem Vater war sie mißhandelt worden, und ihre Mutter hat sich aufgrund ihrer psychischen Notlage nicht regelmäßig um sie gekümmert. Mit sieben Jahren kam sie ins Kinderheim. Dort lebte sie mit ihrer älteren Schwester. Ihre ältere Schwester fühlte sich zuständig für sie, bemutterte sie. In den zwei Jahren im Kinderheim hatte die Mutter die Kinder öfters besucht, und beide Mädchen hofften, wieder nach Hause zurückzukehren. Doch die Eltern hatten sich inzwischen getrennt. Die Mutter lebte mit einem neuen Partner in so chaotischen Verhältnissen, daß an eine Rückkehr nicht mehr gedacht werden konnte. Die Mutter hatte sich nicht von den Kindern verabschiedet, sie hatte zu viel Angst davor. Andere Menschen sollten den Kindern sagen, daß sie nicht zurück zur Mutter könnten. Sie hatte ein schlechtes Gewissen. Und sie redete sich ein, wenn sie Sandra einfach nie mehr wiedersähe, könnte diese sie besser vergessen.

Die Fachleute des Heims entschieden, die Kinder in zwei verschiedene Pflegefamilien zu geben, da sie sich gegenseitig in ihrer Entwicklung behindern würden.

Sandra sagte am ersten Tag: «Ich bleibe nur auf Urlaub bei euch, dann gehe ich zurück zu meiner Mutti.» Sandra aß kaum, erbrach oft und näßte ein. Ihren Stofftieren und Puppen schnitt sie in den ersten vier Wochen die Köpfe ab. Wenn ihr die Pflegemutter zu nah kam, sagte sie: «Wenn ich groß bin, dann schlage ich dich.»

Sandra konnte ihre Mutter nicht vergessen. Und die Trennung von ihrer Schwester – bisher ein Leben lang ihre Leidensgefährtin – hat sie so tief verletzt, daß sie nicht auf die neuen Menschen zugehen kann.

Die Sozialarbeiterin erklärte Sandra, daß sie nicht zu ihrer Mutter zurückkönne. Doch Sandra antwortete: «Du kannst mir viel erzählen.» Sandra lebte drei Monate bei der Pflegefamilie, da lief sie fort und mußte von der Polizei gesucht werden. Sie hatte sich eine Nacht lang in einer Scheune versteckt. Die Pflegeeltern warben weiter geduldig um das Kind. Doch mit all ihrer Zuwendung konnten sie Sandras Schmerz nicht lindern. Sandra blieb in sich zurückgezogen und einsam.

Sandra fühlte sich gleich mehrfach betrogen und verletzt: Ihre Schwester war fort, von ihrer Mutter hatte sie nichts mehr gehört, die vertraute Umgebung des Kinderheims, ihre Freundinnen und Erzieherinnen fehlten ihr.

Bei der Gestaltung dieses Pflegeverhältnisses wurde klar: Es reicht nicht, wenn Kinder Dauerpflegeeltern bekommen. Sandra benötigte Bindeglieder zu ihrem früheren Leben. Es war ein fachlicher Fehler, die beiden Kinder zu trennen, denn die Gemeinschaft der Schwestern hat beide über viel Leid und Abschied hinweggetröstet.

Um Sandras beängstigende und schmerzliche Situation zu lindern, unternahmen die Pflegeeltern folgende Schritte:

Sie besuchten mit Sandra das Kinderheim. Sie organisierten gemeinsam mit der Pflegefamilie der Schwester häufige Besuche, bei denen die Mädchen viel Zeit miteinander verbrachten.

Die zuständige Pflegekindervermittlerin nahm Kontakt mit der Mutter auf, um ihr klarzumachen, daß sie weiterhin gebraucht wird. Kinder benötigen von ihren Eltern Entbindung, den Auftrag, anderswo leben zu können. Wird dieser nicht mit auf den Weg gegeben, so fühlt sich ein Kind – je nach Alter – tief verletzt und desorientiert und kann nicht ohne weiteres neue Bindung auf neue Menschen übertragen. Die Pflegeeltern setzten Sandra ab und zu ins Auto und besuchten spontan die Mutter, da diese sich auf regelmäßige Kontakte nicht einlassen wollte. Im Beisein der Pflegeeltern erklärte die Mutter dem Kind wiederholt, daß sie froh ist, daß Sandra bei der Pflegefamilie lebt. Die Pflegemutter hingegen sagte zu Sandra: «Deine Mutti will ich dir nicht ersetzen, die sollst du weiter liebhaben. Du brauchst auch nie Mutti oder Mama zu mir zu sagen. Ich bin einfach die Irmgard, nicht wahr?»

Die Pflegeeltern von Sandra hatten durch das Kind gelernt: Ein Kind kann nicht sein früheres Leben vergessen, auslöschen. Es will auch weiterhin Kind seiner Mutter, Schwester seiner Schwester sein dürfen, auch wenn es diese nur noch selten sieht. Alle Dauerpflegeeltern sind mit der Realität konfrontiert, daß ihr Pflegekind irgendwo Eltern hat, auch wenn klar ist, daß es zu diesen nie zurückkehren kann.

In der ersten Zeit ist es enorm wichtig, daß das Kind Zeichen, Telefonate, Kontakte mit Menschen seiner Herkunftswelt haben kann. Natürlich wird es nach solchen Kontakten aufgeregt sein oder besonders unter Spannung stehen, vielleicht bitterlich weinen, weil ihm der Einschnitt im Leben neu bewußt wird. Doch das Zulassen von Schmerz und Trauer macht uns alle lebendiger als das Verleugnen, Vergessen.

Es ist erstaunlich, daß wir Menschen immer wieder hoffen, solch harte Einschnitte im Leben eines Kindes könnten ohne Tränen, ohne Unruhe, ohne Verzweiflung, ohne Spuren in der Kinderseele überstanden werden. Oft meinen Fachleute, dem Kind das Eingewöhnen zu erleichtern, wenn es einige Wochen oder ein halbes Jahr keinen Kontakt zur Herkunftswelt hat. Das Gegenteil ist der Fall. Gerade während der Eingewöhnung benötigt das Kind die Sicherheit, daß sein früheres Leben, und damit es selbst, nicht ausgelöscht wird. Selbst wenn es durch den Abbruch zu früher eine äußere Harmonie und Ruhe geben sollte, eine innere Ruhe gibt es nicht. Sind für die Zukunft Kontakte zur Herkunftsfamilie vorgesehen, so ist es wichtig, diese nicht in der Eingewöhnungszeit auszusetzen. Wenn die früheren Menschen auf einen Schlag verschwinden, dann fühlen sich Kinder abgeschoben, vergessen, fühlen sich schlecht oder schuldig. Sie meinen, es nicht wert zu sein, daß die vertrauten Menschen noch nach ihm schauen. Sie werden gezwungen, ihr ganzes früheres Leben abzuspalten, zu vergessen, und es wird ihnen nicht einmal erlaubt zu trauern. Doch Trauern ist der einzige Weg, in einer so schweren Lebenssituation lebendig zu bleiben.

Kann das Kind aufgrund von Mißhandlungen oder anderen extremen Umständen seine Eltern – auch nicht unter dem Schutz von Jugendamtsmitarbeiterinnen und Jugendamtsmitarbeitern – nicht sehen, so ist zu überlegen, welche anderen vertrauten Menschen aus seinem früheren Leben besucht werden können: Großeltern, Verwandte, ältere Geschwister, der frühere Kindergarten, frühere Spielkameraden, die frühere Schule.

Wenn Eltern ihr Kind völlig loslassen

Ich habe immer wieder Pflegeeltern getroffen, die einerseits froh sind, daß sie mit den abgebenden Eltern nichts zu tun haben, zugleich aber enttäuscht von diesen sind, weil sie kein Interesse mehr an den

Kindern zu haben scheinen. Sie sehen nicht, daß diese Eltern bzw. Elternteile aus sich heraus gar nicht die Kraft entwickeln können, nach der Fortnahme aktiv zu werden. Sie haben zuviel mit sich selbst zu tun. Diese Eltern wissen ihre Kinder gut versorgt und wollen oft nicht stören. Sie fühlen sich minderwertig gegenüber der Familie, bei der es ihr Kind besser haben soll als bei ihnen selbst. Lassen Abgebende ihr Kind ganz los, so muß auch dies von den Annehmenden emotional respektiert, verziehen werden können. Sonst können sie das Kind nicht bei der Bearbeitung seiner Ausnahmesituation begleiten.

Beginnt die Anbahnung in einem Heim, so sollten Pflegeeltern auch später mit dem Kind ins Heim zurückfahren. Auch das erleichtert den Übergang. Das Kind braucht Unterstützung, das frühere Leben zu erinnern. Auch Fotos von früher anzuschauen hilft. Und das gerade in der ersten Zeit. Hilfreich ist auch, wenn das Kind Spielsachen, Kleider, vielleicht sogar sein Bett und sein Bettzeug, Schmusekissen und Schmusetiere mitbringen kann. Gerade in der ersten Zeit soll das Kind nicht zum Vergessen ermutigt werden, sondern zum Erinnern: Erinnern an schwere Zeiten und Erinnern an gute Zeiten. Pflegeeltern sollten sich viel von früher erzählen lassen, auch Nebensächlichkeiten, Alltäglichkeiten: «Wo habt ihr eingekauft, was hast du gerne gegessen zu Hause?»

Ein Kind kann sich viel besser an die neuen Menschen gewöhnen, wenn es sich nicht so enorm anstrengen muß, sein früheres Leben zu vergessen. Das Wiedersehen und das Abschiednehmen von früheren Menschen ermöglicht dem Kind erst, sich auf die neue Familie einzulassen.

Ende der Sonnenscheinzeit:
Beginn des Zusammenlebens

Viele Pflegeeltern freuen sich, wie selbstverständlich das Kind in der Familie mitredet, sich beteiligt, dazugehört. Es wirkt in dieser ersten Zeit alles ganz leicht. Und die Erwartung scheint sich zu erfüllen: Gebe einem Kind nur viel Zuwendung und Aufmerksamkeit, und schon fühlt es sich wohl.

Doch dieser Frieden hält manchmal nur ein paar Wochen, manchmal ein Jahr – je nach Vorgeschichte des Kindes. Viele Pflegeeltern sind – gerade weil es so hoffnungsvoll begann – erschrocken und entsetzt, wenn sie erfahren, daß das Kind draußen bei anderen Menschen oder in der Schule andere piesackt, aggressiv, eigenwillig und schwierig ist. Manche Kinder legen Feuer, andere schmieren ihren Kot herum. Die Pflegeeltern sind erschreckt, daß das Kind nur bei ihnen so gut «funktioniert».

Wenn ein Kind besonders intensiv versucht, Sonnenscheinkind zu sein, dann erhöht der ganze nicht ausgelebte Berg Trauer seinen seelischen Druck ganz erheblich. Dieser entlädt sich anderswo – gerade nicht bei den Menschen, die es möglichst schnell zu seinen Eltern machen will.

Die erste schöne Flitterwochenzeit geht langsam oder abrupt zu Ende. Das Kind hält es nicht durch, gute Miene zu einem schweren Spiel zu machen. Und es riskiert dann, sich von einer anderen Seite, der unruhigen, angespannten, verletzten Seite zu zeigen. Nun kommt die Familie in eine Krisenzeit. Das Kind probiert nicht nur aus, ob die neuen Eltern es auch behalten, wenn es «böse» ist. Es läßt zu, daß es noch gar nicht richtiges Kind der neuen Eltern geworden ist. Und es macht sich los vom Zwang, die neuen Menschen zufriedenstellen zu wollen. Dem Kind geht es dabei ein Stück besser, den Pflegeeltern oft sehr schlecht. Es wird ein Stück mehr es selbst mit all seinen Schwächen, fordernd, aggressiv, verletzend, verweigernd. Je nachdem, ob die Pflegeeltern dies dem Kind zugestehen können oder ob sie selbst verletzt und enttäuscht reagieren, wird es zu erheblichen Eskalationen kommen. Dann dauert die Krisenphase viele Jahre mit ungewissem Ausgang: Annäherung oder Bruch. Lernen es Pflegeeltern, mit den Schwierigkeiten der Kinder zu wachsen, folgt auf die Krisenphase eine Zeit von vielen Höhen und Tiefen, bei der sich Pflegeeltern und Kind in kleinen Schritten immer näherkommen. Das wirkliche Vertrautwerden wie Eltern und Kind braucht lange Jahre.

Dauerpflegekinder im Loyalitätskonflikt

Kinder brauchen Entbindung von ihren leiblichen Eltern

> Der siebenjährige Alexander kam als Baby von sechs Monaten in eine Pflegefamilie. Seine Mutter besucht ihn alle zwei Wochen. Jedesmal sagt sie ihm: «Bald kommst du zu mir zurück.» Die Pflegefamilie ist verzweifelt. Alexander hört nicht, entzieht sich und wiederholt: «Bald komme ich zu meiner Mama Ursel.» Dabei war dem Jugendamt und auch den Pflegeeltern klar: Alexander ist Dauerpflegekind. Die Mutter wird für ihn nie sorgen können.

Obwohl Alexander nie den Alltag mit ihr geteilt hat, lebt seine Mutter von der Illusion, sie könne ihn bald zurückholen. Ihr fehlt die Einsicht, daß Alexander in der Pflegefamilie verwurzelt ist. Sie leugnet, daß Alexander an die Pflegefamilie gebunden ist, dort sein Zuhause ist. Sie kann all das nicht wahrhaben, da sie selbst nie im Leben feste Bindungen erlebt hatte.

Alexander fühlt sich hin- und hergerissen. Er hängt an seinen Pflegeeltern, bei ihnen ist sein Zuhause. Andererseits bekommt er immer wieder die Botschaft, daß er dort nicht richtig zugehörig sei. Dies ist eine seelische Tortur für ein so junges Kind.

Alexander benötigt von seiner Mutter die Zustimmung, sich in seiner Pflegefamilie zu Hause zu fühlen. Ist seine Mutter nicht imstande, ihm sein Leben in der Pflegefamilie zuzubilligen, braucht er stellvertretend einen Erwachsenen. Vormund oder die Pflegekindervermittlerin müssen zum Kind in Anwesenheit der Mutter eindeutig sagen: «Deine Mutter sagt immer wieder, sie will dich zurückholen. Sie wünscht sich das. Sie sagt es aus schlechtem Gewissen, und sie glaubt auch jedesmal daran. Aber wir, das Jugendamt, wissen, daß sie nicht mit dir leben kann. Wir haben entschieden, daß du in der Pflegefamilie bleiben sollst, bis du groß bist.» Und zur Mutter gewandt: «Bitte machen Sie dem Alexander nicht immer wieder Versprechungen. Sie sollen ihn weiter besuchen. Aber es muß Ihnen klar sein: Er kann leider nicht zurück.»

Dies gilt nicht nur für Alexander. Können die Eltern selbst ihr Kind nicht entbinden, so muß dies – stellvertretend – eine Autorität, ein verantwortlicher Erwachsener tun. Dabei müssen diese Erwachsenen den Balanceakt vollbringen, dem Kind zu begründen, daß es nicht bei seinen Eltern leben kann, ohne ihm die Eltern schlechtzumachen. Wenn Eltern trotzdem weiter verwirrende Botschaften geben oder das Kind gegen die Pflegeeltern einnehmen wollen, so brauchen Kinder geschützte Kontakte. Dann müssen sie bei den Besuchen durch eine Fachkraft begleitet werden. Manchmal schaffen es auch Pflegeeltern gut, die Ansprüche der Eltern zurückzuweisen. Doch ihnen sollte dies nur dann überlassen werden, wenn sie dies wollen, sich zutrauen. Dann können Pflegeeltern zur Mutter sagen: «Frau Müller, bitte machen Sie dem Kind keine Hoffnungen. Sie wissen doch, daß das Jugendamt entschieden hat, daß Alexander bei uns bleibt.»

Wenn die Pflegeeltern – im Werben um das Kind – dem Kind sagen: «Deine Mutter lügt, sie hat sich doch nie um dich gekümmert», dann werten sie nicht nur die Mutter ab, sondern auch das Kind, das sich als Teil dieser Mutter sieht. Kinder benötigen Trost dafür, daß sie nicht bei ihren Eltern leben können, keine Schuldzuweisungen an diese. Sonst fühlen sich die Kinder als Verlierer und zwischen beiden Welten erst recht zerrissen.

Alexander braucht konkrete Gründe. So kann ihm von einer professionellen Autorität gesagt werden: «Deine Mutter weiß insgeheim selbst, daß sie dich nicht zurückholen kann. Sie mag es nur nicht zugeben, weil sie sich dafür schämt. Du weißt doch, daß deine Mutter selbst noch gar nicht wie eine Erwachsene lebt. Sie kann einem Kind kein festes Leben bieten. Das kommt daher, daß sie als Kind auch niemanden hatte, der gut auf sie aufgepaßt hat. Deshalb wollen wir vom Jugendamt, daß du in der Pflegefamilie bleibst.»

Mit den abgebenden Eltern ist immer wieder zu erarbeiten, daß sie zulassen und ertragen, daß ihr Kind in einer anderen Familie Wurzeln geschlagen hat. Wenn dies unterbleibt, so ist dies eine schwere Beunruhigung und Zerreißprobe für das Kind. Kinder können sich dann gut in ihrer Pflegefamilie einlassen, wenn sie spüren, daß ihre Eltern dem zustimmen.

Wenn Kinder treu bleiben

Als Semra neun war, starb ihre Mutter. Zuvor schon hatte sie in ihrer Pflegefamilie gelebt. Doch die Mutter hatte bis zu ihrem Tod nicht einsehen wollen, daß Semra sich der Pflegefamilie zugehörig fühlen soll. Das Kind hielt über Jahre emotional Abstand in seiner Pflegefamilie und erfüllte so den Auftrag seiner verstorbenen Mutter.

Hat ein Kind diesen Auftrag, zu seiner Pflegefamilie zu gehören, nie erhalten und kann dieser auch nicht durch andere Menschen – Vormund, Sozialarbeiterin etc. ersetzt werden, so tun sich vor allem Kinder über fünf und noch älter sehr schwer, sich wieder fest zu binden. Sie bleiben oft unbewußt ihren Herkunftseltern treu. Daran ändert sich nichts, wenn sie keine Kontakte mehr haben. Manche Kinder, die nicht von ihren früheren Bindungen «freigelassen» wurden, führen ein regelrechtes Doppelleben, warten insgeheim über Jahre, wieder zu ihren Eltern zurückzukönnen.

Kinder, die ihren leiblichen Eltern treu bleiben, benötigen Pflegeeltern, die Zusatzeltern, nicht Ersatzeltern sein wollen. Die Kinder brauchen viele Jahre, bis sie selbst merken, daß sie die festeren Bindungen zu den Pflegeeltern entwickelt haben. Kinder, die ihren Eltern treu bleiben, können in einer Pflegefamilie dann zufrieden sein, wenn sie von dieser offen das Okay bekommen, daß sie ihre Eltern nicht vergessen können.

Kontakte zur Herkunftsfamilie aussetzen –
Abbau von Loyalitätskonflikten?

Achim lebte, bis er sechs war, bei seiner Mutter. Dann ließ sie ihn
bei ihrem Lebensgefährten und kehrte nicht mehr zurück. Dieser
brachte Achim zum Jugendamt. Er wurde sehr rasch in eine Pflegefamilie gebracht. Dort sagte er schon nach wenigen Tagen: «Ich will
so heißen wie ihr. Ihr seid mir meine liebsten Papi und Mami.»
    Achim wurde ein unruhiges, unkonzentriertes Kind. Von früher
erzählte er furchtbare Erlebnisse. Seine Mutter hat sich nach einem
Jahr wieder gemeldet, wollte Besuche. Achim wurde gefragt, ob er
seine Mutter wiedersehen wollte, und lehnte dies entschieden ab:
«Wenn die kommt, dann laufe ich weg.» Die Mutter paßte ihn eines
Tages an der Schule ab. Er reagierte ihr gegenüber haßerfüllt. Über
Jahre beteuerte Achim, daß er seine Mutter nie wiedersehen wolle.

Der Schock, damals von heute auf morgen verlassen worden zu sein,
saß tief. Achim hatte unendliche seelische Anstrengungen vollbracht,
die alte Schmach zurückzuzahlen, indem er nun seine Mutter nicht
sehen wollte.

Auf Wunsch der Mutter wurde er vom Vormundschaftsrichter angehört. Er blieb bei seiner Position. Danach war er noch ruheloser
als zuvor, flog von der Schule, lief seiner Pflegefamilie oft davon.

Wenn Kinder sagen, sie wollen ihre Eltern nicht sehen, so kann dies
ein Signal für einen schweren Loyalitätskonflikt sein. Achims Haß auf
seine Mutter war Treue mit negativem Vorzeichen. Er blieb in Abhängigkeit von ihr, konnte nie seinen inneren Frieden finden. Er hatte
sich nie abgelöst.
    Kinder können sich auch von destruktiven Eltern nicht einfach lö-
sen, bleiben ihnen treu, getrauen sich nicht, Bindung auf die neue
Familie zu übertragen. Das Kind benötigt die Einwilligung seiner abgebenden Eltern, sich an neue Menschen zu binden, und die Erlaubnis seiner Pflegeeltern, die leiblichen Eltern weiter liebzuhaben.
    Wenn ein Kind Jahre in seiner Familie gelebt hat, ist das Aussetzen
von Kontakten kein geeigneter Weg, um Loyalitätskonflikte zu lösen.

Denn es ist keine echte Konfliktlösung, sondern ein Weg, der das Kind ebenfalls belastet. Sehr junge Kinder kann man nicht allein entscheiden lassen. Bei ihnen besteht die Chance, daß sie Schritte der Aussöhnung mit ihrem Schicksal gehen können, wenn sie in Begleitung zuverlässiger Erwachsener geschützte Kontakte zu ihren früheren Bezugspersonen haben. Ist ein Kind erst älter, wie Achim, ist es besonders schwer, es davon zu überzeugen, daß es eine Entlastung sein könnte, seiner Mutter das Aufgestaute zu sagen.

Meist werden Besuche viel zu schnell – auf Kosten des Kindes – ausgesetzt. Zwar kehrt äußerlich Ruhe ein, aber die Spannungen bleiben innerpsychisch bestehen, setzen sich in den Kindern fest. Sie bleiben unter seelischem Druck, weil sie sich für ihre früheren Eltern mitverantwortlich fühlen oder einfach noch an ihnen hängen. Viele Kinder bleiben unter der Oberfläche ihren Eltern gegenüber treu, wagen nicht, dies ihren Pflegeeltern zu zeigen, weil sie um deren Zuneigung fürchten. Sie haben Angst, die neuen fürsorglichen Menschen zu kränken, wenn sie noch Interesse an ihren Eltern zeigen.

Deshalb sollten Loyalitätskonflikte an ihrer Wurzel angegangen werden. Oft ist das Versäumnis einer rechtzeitigen Perspektivenklärung die Ursache für Spannungen zwischen beiden Familien. Deshalb sollten nicht die Besuchskontakte eingestellt werden, sondern die ungeklärte Perspektive muß nachträglich für alle Beteiligten in Einklang gebracht werden.

Das Kind kann am besten in seiner Pflegefamilie leben, wenn es bei klarer Regelung seiner Zugehörigkeit geschützte Kontakte zu den Menschen haben darf, denen es früher nahegestanden hat. Geht dies nicht, muß ihm geholfen werden, sich von seinen Eltern zu verabschieden, sich entbinden zu lassen, sich ablösen zu dürfen. Wenn abgebende Eltern in all ihrem Chaos ihren Kindern erlauben fortzugehen, so entlasten sie das Kind. Auch wenn sie erst nach Wochen oder Monaten im Heim oder im Jugendamt dem Kind noch einmal erklären können, daß es das Gericht so gewollt hat und daß auch sie selber es einsehen. Dann kann ein Kind beruhigter die neue Chance in einer neuen Umgebung annehmen.

Nur so können Pflegekinder im Lauf ihres Heranwachsens selbst entscheiden, wie nah sie ihrer Mutter, ihrem Vater noch sein wollen, ob sie den Eltern verzeihen oder ob sie sich von diesen lösen wollen und wie stark sie sich ihrer Pflegefamilie zugehörig fühlen.

Oft wollen Pflegeeltern Kindern bei der Ablösung von ihrer Herkunftsfamilie helfen, indem sie dem Kind klarmachen, daß seine leiblichen Eltern es nicht liebten und sich nicht um es kümmerten. Damit erreichen sie das Gegenteil, und sie verletzen das Kind. Sie stoßen es erst richtig in seine Niederlage hinein. Das Kind benötigt Trost darüber, daß es Eltern hat, die sich nicht um es kümmern. Es benötigt Erklärungen, wie es dazu gekommen ist, Erklärungen, die die Ursachen nicht nur individuell bei den Eltern suchen, sondern dem Kind zeigen, daß viele Menschen im Lauf ihrer Kindheit und Jugend seelisch kaputtgehen, weil sie in Lebenszusammenhängen gelebt haben, die ihnen geschadet haben.

Wenn Eltern nicht aufhören, um ihr Kind zu kämpfen

Haben wir Eltern, die, obwohl ihr Kampf aussichtslos ist, unversöhnbar bleiben, so benötigen wir als Gegenpart Pflegeeltern, die starke Nerven haben und große Toleranz. Es geht dem Kind nur gut bei ihnen, wenn sie das Nichteinverständnis der leiblichen Eltern ertragen können. Sobald sie über die Eltern wütend sind oder Schuldgefühle ihnen gegenüber haben, so spürt dies das Kind und wird in unerträgliche Spannungen gestürzt. Eine so tiefe Kluft zwischen Bedürfnissen der Herkunftseltern und denen der Pflegeeltern kann sogar dazu führen, daß die Pflegeeltern das Kind tief innen nicht richtig annehmen und lieben können. Es ist sehr schwer und dennoch erforderlich, daß Pflegeeltern auch mit solch kämpfenden Eltern ihren Frieden schließen – wenn es unmöglich ist in der direkten Auseinandersetzung, dann wenigstens in Phantasie. Nur dann kann das Kind relativ spannungsfrei aufwachsen.

9. Wenn die Perspektive wechselt

Erst Kurzzeitpflege, dann Dauerpflege?

Die Eltern vom fünfjährigen Rainer leben miteinander in dauerhafter Krise, haben ständig schwere Auseinandersetzungen, aber sie hängen beide intensiv am Kind. Die Mutter litt phasenweise unter schweren Depressionen und mußte in Abständen immer wieder teils zwangsweise, teils freiwillig für einige Wochen in die Psychiatrie. Dann blieb Rainer beim Vater. Als Rainer vier war, hatte er einen Kindergartenplatz. Für die Nachmittage hatte sich Rainers Mutter eine Tagesmutter gesucht, denn sie ging arbeiten, wenn sie nicht zu krank war. Die Tageseltern hatten drei große Kinder, die jüngste Tochter war zwanzig. Rainer war ein sensibles, folgsames Kind. Seine Tagesmutter nannte er bei ihrem Nachnamen. Mehr als einmal erklärte Rainer: «Frau Lehmann, meine Mama braucht mich. Nur weil es mich gibt, hat sie sich noch nicht selbst umgebracht.» Auch am Vater hängt Rainer. Von diesem sagte Rainer: «Mein Papa bleibt nur bei meiner Mama, weil er mich liebhat.» Einmal waren die Auseinandersetzungen so dramatisch, daß Rainer nicht aufhören konnte, zu weinen und zu schreien. Er wurde in die Kinderklinik gebracht. Als Rainer sechs war, spitzte sich die Situation zu. Die Eltern trennten sich. Der Vater bekam einen Job im Ausland und kam nur noch alle drei Monate, um Rainer zu sehen. Die Phasen, die die Mutter in der Psychiatrie verbrachte, verlängerten sich. Rainer blieb dann die ganze Zeit bei Lehmanns. Frau Lehmann verstand sich überhaupt nicht mit Rainers Mutter. Sie konnte es nicht fassen, daß diese sich derart «gehenließ».

Im Lauf der Zeit hat sich die Verantwortlichkeit für Rainer allmählich verschoben. Zuerst sorgten Lehmanns nachmittags ein paar Stunden für Rainer. Dann blieb er bei ihnen, wenn die Mutter für Wochen ausfiel. Sie wurden – auch wenn die Mutter zu Hause war – zur Wochenpflegestelle. Rainer verbrachte nur noch die Wochenenden bei der Mutter.

Rainer spürte, daß weder die Mutter noch die Pflegeeltern für ihn volle Verantwortung tragen konnten. Er mußte erleben, wie sein eigenes Zuhause zunehmend zerfiel. In keiner der beiden Familien konnte er Kind sein. Er schonte die Pflegeeltern, war artig wie ein Erwachsener. In seiner eigenen Familie trug er Verantwortung für eine Mutter, die ihn vor ihren eigenen Problemen nicht beschützen konnte.

Rainer wurde oft krank. Er wandelte nachts im Schlaf. Als Rainer acht war, wandten sich die Pflegeeltern um Hilfe an das Jugendamt. Die Sozialarbeiterin wollte Rainer einen Wechsel ersparen und Lehmanns gewinnen, Dauerpflegeeltern für Rainer zu werden. In mehreren Klärungsgesprächen wurde klar: Lehmanns mochten Rainer. Zum Aushelfen und für Notfälle waren sie bereit, doch eigentlich wollten sie nicht noch ein Kind großziehen. Die Pflegemutter war auch deshalb so wütend auf Rainers Mutter, weil diese sich immer mehr aus der Verantwortung zog. Frau Lehmann hatte zunehmend gesundheitliche Probleme. Die Pflegeeltern hatten ihre Elternphase längst abgeschlossen. Die eigenen Kinder waren aus dem Haus.

Rainers Geschichte ist typisch. Der schleichende Perspektivenwechsel wurde hingenommen, ohne ihn offenzulegen, ohne neue Klärungsphase mit allen Beteiligten. Die Pflegeeltern fühlten sich zunächst moralisch verpflichtet, weiter für Rainer zu sorgen. Doch auf Dauer reichte ihre Kraft hierfür nicht aus. Die Sozialarbeiterin erkannte eigentlich viel zu spät, daß mit Rainers Mutter um eine langfristige Lebensplanung für ihr Kind gerungen werden mußte.

Nicht alle menschlichen Entwicklungen sind planbar. Unvorhergesehene Entwicklungen bei Eltern oder Pflegeeltern, Unfälle, Krankheit, Trennung und Scheidung oder Tod führen immer wieder dazu, daß das Leben eines Kindes neu geplant werden muß. Wir haben es mit menschlichen Schicksalen zu tun, nicht alles kann vorhergesehen werden.

Doch oft werden spätere Perspektivenwechsel mitverursacht, weil während der Weichenstellung nicht genau genug gearbeitet werden konnte. Wenn eine Absprache, eine anfängliche Vereinbarung nicht mehr eingehalten werden kann, müssen alle Beteiligten frühzeitig beratschlagen, wie es weitergehen soll. Gründliche Konfrontation und Klärung mit allen Beteiligten während der Planungsphase ist die beste Prävention vor späteren oft bitteren Überraschungen.

Es ist immer wieder schwer, wenn Kurzzeitpflegeeltern plötzlich vor die Entscheidung gestellt werden, doch zu Dauerpflegeeltern für ein Kind zu werden. Auch für Kinder ist es eine schlimme Enttäuschung, wenn sie im Alter von sechs oder acht Jahren zur Überbrückung in eine Pflegefamilie kommen und der Zeitpunkt der Rückkehr sich mehr und mehr verschiebt.

Viele Kurzzeitpflegeeltern fühlen sich verpflichtet, nun auf Dauer für das Kind dazusein, weil sie dem Kind einen weiteren Wechsel ersparen wollen. Doch dies ist langfristig oft keine gute Basis. Kinder, die nicht mehr zu ihren Eltern zurückkönnen, benötigen Menschen, die einen Platz für sie in der Familie frei haben, die sich Kinder wünschen, die Elternrolle übernehmen wollen. Das Kind soll nicht aus moralischer Verpflichtung aufgenommen werden. Deshalb ist es ein Zeichen von Verantwortungsbewußtsein und legitim, wenn Kurzzeitpflegeeltern darauf bestehen, daß dann für ein Kind geeignete Dauerpflegeeltern gesucht werden. Ist das Kind noch klein, so ist es zwar vom Umgebungswechsel wiederholt tief getroffen, doch die schlimmere Trennung war die von den Eltern. Gerade ein kleines Kind hat einen Anspruch auf eine sorgfältige, langfristige Planung für sein Leben, bei Menschen, die auf Dauer ganz für es dasein wollen.

Sind Kinder schon älter, so ist ein weiterer Wechsel ohnehin vertretbar, denn das Kind hat sich in der Kurzzeitpflege noch nicht tief eingelassen. Ein freundliches Eingewöhnthaben darf nicht mit Bindung verwechselt werden. Der Verlust von der «ersten Familie» wiegt am schwersten.

Nur um kurzfristig dem Kind einen weiteren Wechsel zu ersparen, dürfen langfristig keine Fehler in der Auswahl der Familie gemacht werden. Äußere Rahmenbedingungen, die Fähigkeit, das Kind mit seiner schweren Geschichte zu begleiten, emotionale Aussöhnung mit der Herkunftsfamilie, Übereinstimmung der Bedürfnisse bezüglich Besuchskontakten, Alter, Geschwister in der Familie usw.: Der Prüf- und Klärungsprozeß muß gründlich von Beginn an aufgerollt werden, um festzustellen, ob dieses Kind mit seiner speziellen Geschichte auf Dauer in diese Familie paßt.

Erst Dauerpflegekind,
dann Rückführungskind?

Der schlimmste Fall im Pflegekinderwesen ist folgender: Ein Kind lebt mit der Perspektive Vollzeitpflege auf Dauer in einer Familie. Doch seine leiblichen Eltern überlegen es sich anders. Diese Fälle beschäftigen immer wieder die Gerichte und belasten beide Familien und die Kinder bis zum Äußersten.

Rein rechtlich gibt es durch den Paragraphen BGB 1632, Abs. 4 den Schutz des Pflegekindes, bei den Pflegeeltern zu bleiben. Hat das Kind eine langjährige Bindung zu seinen Pflegeeltern und ist schon in frühen Jahren in die Familie gekommen, greift dieser Paragraph im Interesse des Kindes. Ist das Kind schon älter, wird es vor Gericht angehört oder psychologisch begutachtet. Doch die seelischen Begleitumstände solcher Prozesse sind außerordentlich bedrückend für ein Kind. Hinzu kommt, daß die abgebenden Eltern dem Kind dann als Feinde, als existentielle Bedrohung erscheinen. Und dies tut ihrem Selbstbild und ihrem Selbstwertgefühl schlimmen Abbruch. Kinder können nach vielen Jahren nicht mehr gezwungen werden, ihre Pflegefamilien zu verlassen, denen sie sich zugehörig fühlen. Anders sieht dies aus, wenn Kinder vor Gericht, bei Gutachterinnen und Gutachtern oder im Jugendamt äußern, daß sie zu ihren Eltern zurückwollen. Und das kommt immer wieder vor.

Familie Moser wartete schon lange auf ein Adoptivkind. Um überhaupt mit einem Kind leben zu können, hatten sie dem Jugendamt auch ihre Bereitschaft signalisiert, für Pflegekinder offen zu sein. Allerdings betonte Frau Moser, daß sie nur ganz sichere Pflegekinder, die für immer bei ihnen bleiben können, aufnehmen möchte.

Frau Roth, junge Mutter von Jochen und Jens, drei und fünf Jahre alt, hatte beim Jugendamt Hilfe zur Erziehung beantragt. Sie wollte ihre Kinder in Dauerpflege geben. Die Kinder waren bisher entweder von ihr selbst oder von ihrer Mutter betreut worden. Frau Roth schaffte es nicht, tagtäglich für die Kinder zu sorgen. Sie geriet in viele Krisen, Höhen und Tiefen, war alkoholgefährdet, hatte wechselnde Partnerbeziehungen. Mit ihrer Mutter verstand sie sich nicht, deshalb wollte sie lieber Pflegeeltern. Die Oma war nicht einverstanden, die Kinder zu fremden Menschen zu geben. Sie hätte lieber selbst für die Enkel gesorgt.

Frau Roth und die Pflegeeltern trafen sich zu Beginn, um über die Zukunft der Kinder miteinander zu sprechen. Frau Moser sagte zur Mutter klar, daß sie die Kinder nur aufnehmen würde, wenn sie für immer bei ihr blieben. Dies sicherte ihr Frau Roth zu. Von einer Freigabe zur Adoption wollte sie nichts wissen. Sie bestand auf regelmäßigen Besuchskontakten. Die Kinder siedelten zur Familie Moser um. Sie schienen nicht besonders stark zu trauern. Der Ältere fragte: «Habt ihr ein Kinderzimmer?» Der Kleinere forderte die Pflegeeltern auf, mit ihm zu spielen. Die Mutter holte die Kinder ein Wochenende im Monat zu sich.

Vier Jahre später bekam die Mutter ein Baby und zog mit dem Vater des Kindes zusammen. Von ihrer Mutter hörte sie immer wieder: «Hol die Kinder zurück, es sind unsere.» Der neue Mann versprach ihr: «Wir werden eine richtige Familie, und die Kinder kommen zurück.» Die Mutter nahm sich einen Anwalt und forderte die Rückführung.

Für die Pflegeeltern brach die Welt zusammen. Auch sie nahmen sich einen Anwalt. Sie wollten die Kinder nicht mehr hergeben. Jens sagte bei der Anhörung beim Gericht: «Können wir nicht zwei Monate bei Papa und Mama (Pflegeeltern) leben und dann wieder zwei Monate bei unserer Mutti?» Das zeigt ihren tiefen Wunsch, zu beiden Familien gehören zu dürfen.

Das Gericht beauftragte einen Gutachter. Der riet, daß die zwei Parteien sich einigen müßten, weil die Kinder zu beiden Familien innige Bindungen haben. Die ehemals adoptionswilligen Eltern waren nun gezwungen, ihr ganzes Lebenskonzept zu ändern. Sie liebten die Kinder, doch Jens und Jochen sind Kinder zweier Familien geblieben. Für die Kinder wäre es so oder so ein schwerer Verlust, eine der beiden Familien zu verlieren.

Der bestmögliche Weg für die Kinder wurde von den Beteiligten tatsächlich beschritten: Jens und Jochen lebten weiter in der Pflegefamilie und durften oft zu Besuchen und in den Ferien zu ihrer Mutti. Frau Roth gestand den Kindern zu, in der Pflegefamilie zu leben. Roths und Mosers gingen einmal monatlich gemeinsam mit den Kindern zu einer Beratungsstelle, um ihre schwierige gemeinsame Elternschaft zu bewältigen.

Durch intensive Beratung beider Seiten über die Konsequenzen für das Kind können diese Extremfälle manchmal gelöst werden, indem die eine oder die andere Seite im Interesse des Kindes nachgibt. Die Kinder leiden unter den Auseinandersetzungen am meisten. Sie fühlen sich tief innen zwischen beiden Welten zerrissen. Kinder sind sehr unglücklich, wenn ihre beiden Welten miteinander in Streit geraten.

Wenn Eltern ihr Kind aus einer Dauerpflege zurückholen

Eine heute dreißigjährige Frau berichtet: «Ich war Pflegekind und habe mich sehr glücklich bei meinen Pflegeeltern gefühlt. Meine Mutter hat mich im Alter von fünf Jahren zurückgeholt. Sie hat sich große Mühe gegeben, kam damals ein halbes Jahr jeden Tag in die Pflegefamilie und steigerte die Zeiten des Zusammenseins langsam. Meine Pflegeeltern haben mir geschrieben, und ich durfte in den Ferien hin. Aber ich hatte noch Jahre Heimweh nach meiner Pflegefamilie und lief meiner Mutter immer wieder davon. Ich konnte ihr nie verzeihen, daß sie mich von den vertrauten Menschen fortgeholt hatte. Ich bin meiner Mutter gegenüber ein Stück distanziert geblieben, auch heute noch im Erwachsenenalter.»

Eltern, die ihr Kind wieder zu sich holen wollen, dem es in seiner Dauerpflegefamilie gutgeht, sollten wissen: Die ersten Jahre des getrennten Lebens lassen sich nicht mehr aufholen. Die Spuren der Jahre, die nicht miteinander verbracht wurden, bleiben. Umgekehrt kommt es immer wieder vor, daß Kinder, die die ersten Jahre in ihrer leiblichen Familie verbracht haben, sich später nach dieser zurücksehnen. Die sozialen Bande der ersten Jahre zählen.

Abbrüche: Wenn Pflegeeltern und Dauerkind sich trennen

Fehler bei der Weichenstellung

Hind ist das Kind eines marokkanischen Vaters und einer deutschen Mutter. Der Vater brachte Hind im Alter von vier Monaten in ein Kinderheim, weil die Mutter in die Psychiatrie mußte. Die Mutter wurde schon nach zwei Monaten entlassen, doch beide Eltern besuchten das Kind nicht. Deshalb entschied die zuständige Sozialarbeiterin, als Hind zehn Monate alt war, das Kind in einer Pflegefamilie unterzubringen.

Die Eltern erklärten sich mit Kurzzeitpflege einverstanden, doch sie betonten, daß Hind ihr Kind sei und daß sie ihn bald zurückholen würden. Das Kind kam zu einem kinderlosen Paar, das sich ursprünglich für ein Adoptivkind beworben hatte. Den Pflegeeltern wurde gesagt, die Eltern würden zwar noch hoffen, das Kind zurückzubekommen, das Jugendamt sei jedoch der Meinung, daß es ein Dauerpflegekind werde. Die annehmenden Eltern erklärten sich bereit, das Kind trotz der ungewissen Perspektive aufzunehmen, in dem Glauben, daß die Prognose des Jugendamtes eintreten würde.

Die Eltern setzten bei Gericht regelmäßige Besuchskontakte durch. Einmal im Monat trafen sich Eltern, Kind und Pflegeeltern auf einem Spielplatz. Diese Besuchskontakte verliefen sehr unbefriedigend.

Als Hind zwei Jahre alt war, bekam seine Mutter wieder ein Baby. Dieses lebte bei seinen Eltern. Die Mutter weinte viel zu Hause und wurde immer wieder depressiv, da Hind nicht bei ihnen leben konnte. Der Vater stellte Anträge beim Vormundschaftsgericht, doch den Eltern wurde auferlegt, das Kind in der Pflegestelle zu lassen, da es dort inzwischen primäre Bindungen entwickelt habe, die ihm nicht mehr genommen werden dürfen.

Bei den Besuchskontakten warf er im Alter von drei Jahren Legosteine nach seinen Eltern. Die Pflegemutter bekam nach jedem Besuchskontakt Weinkrämpfe. Hind träumte schlecht und schrie im

Schlaf auf. Er wurde ein unkonzentriertes, nervöses Kind. Als Hind dreieinhalb war, stellte die zuständige Sozialarbeiterin Antrag beim Vormundschaftsgericht, die Besuchskontakte auszusetzen. Begründung: Die Pflegeeltern sind inzwischen die faktischen Eltern geworden. Die Kontakte bringen so viel Unruhe in die Familie und belasten das Kind so sehr, daß sie ausgesetzt werden sollen. Dem wurde entsprochen.

Als Hind vier Jahre alt war, erschien seine leibliche Mutter eines Tages an der Tür der Pflegeeltern, weinte und schrie vor Hind die Pflegemutter an: «Sie haben mir mein Kind gestohlen, Kinderdiebin.» Danach tauchte sie nie wieder auf. Es gab keine Kontakte mehr zwischen Hind und seiner Herkunftsfamilie.

Die Pflegeeltern suchten verschiedene Psychologen auf. Hind bekam im Alter von sechs Jahren Kindertherapie. Doch seine schlechten Träume, sein nächtliches Aufschreien, aber auch mehr und mehr provokative Verhaltensweisen gegenüber den Pflegeeltern blieben. Er störte in der Schule, war ein hyperaktives, aggressives und freches Kind, entzog sich immer wieder der Ansprache. Der Pflegemutter ging es immer schlechter. Sie hatte schwere Migräneanfälle und fühlte sich Hind gegenüber machtlos. Als Hind zehn Jahre alt war, konnten die Pflegeeltern nicht mehr. Sie baten die Sozialarbeiterin, Hind woanders unterzubringen. Als die Sozialarbeiterin spontan sagte: «Sie können doch Ihr Kind jetzt nicht einfach weggeben», antwortete die Pflegemutter: «Sie haben gesagt, ‹Ihr Kind›! Hind war nie mein Kind.»

Die schwere Dissonanz der ersten Jahre zwischen Herkunftseltern und Pflegeeltern hat das seelische Gedeihen von Hind stark eingeschränkt. Hind kam in eine heilpädagogische Kinder- und Jugendeinrichtung und besuchte seine Pflegeeltern einmal im Monat ein Wochenende.

Pflegeeltern, die besonders hart um ihr Pflegekind kämpfen mußten, die vors Gericht ziehen, psychologische Begutachtungen über sich ergehen lassen müssen, entwickeln unbewußt eine hohe Erwartungshaltung an das Kind. Sie sind schneller verletzt als andere Pflegeeltern, denn sie haben unendlich viel Schweres für das Kind durchgestanden, nervenaufreibende Prozesse ertragen.

Seine Pflegeeltern hatten nie ihren eigenen Frieden mit Hinds Herkunftseltern gemacht. Sie waren verunsichert, verlangten einerseits zuviel von Hind, setzten ihm andererseits aus Schuldgefühlen keine Grenzen. Sie wagten unbewußt nicht, Hind ganz als ihr Kind anzunehmen. Der schlimme Auftritt von Hinds psychisch gefährdeter Mutter hatte nicht nur Hind erschreckt, er hatte vor allem der Pflegemutter zugesetzt. Sie war nie imstande, mit Hind spannungsfrei über seine Herkunftsfamilie zu sprechen.

Selbst hilflos und von den Geschehnissen belastet, konnten die Pflegeeltern Hind nicht genug Halt, Schutz und die Unterstützung bieten, die er für die Bearbeitung seiner schweren Situation benötigt hätte. Hind hätte im frühen Alter dringend Entlastung und Hilfe benötigt etwa mit folgenden Worten: «Zuerst hatten dich deine Eltern in ein Kinderheim gebracht, weil deine Mutter krank war. Als du schon lange bei uns warst und dich an uns gewöhnt hattest, forderten deine Eltern dich zurück. Deine Eltern wollten dich nicht auf Dauer hergeben. Doch das Gericht und das Jugendamt haben entschieden, daß du bei uns bleiben solltest, weil du deine Eltern ja gar nicht mehr richtig kanntest. Da deine Eltern immer so zornig auf uns waren und dich das als kleines Kind aufgeregt hat, hat das Gericht dann auch die Besuche verboten. Wir verstehen, daß deine Eltern dich nicht für immer hergeben wollten. Aber wir hatten dich schon sehr lieb, und du wolltest ebenfalls nicht zu ihnen zurück, weil du uns auch liebhattest. Wir sind auch traurig, daß alles so gekommen ist. Später haben deine Eltern eingesehen, daß du unser Kind geworden bist. Deshalb sind sie nicht mehr gekommen.»

Eine solche Erklärung hätte für Hind folgende Informationen enthalten: Deine Eltern sind okay. Du warst ihnen so wichtig, daß sie um dich gekämpft haben. Die Pflegeeltern sind nicht schuld an dem Schmerz der Mutter, sondern das Gericht hat im Interesse von Hind entschieden, der zu seinen Pflegeeltern gehören wollte.

Doch solche Worte konnten Hinds Pflegeeltern in all den Jahren nicht finden. So hat sich der harte Kampf auf die Beziehung zwischen Pflegeeltern und Kind übertragen und schließlich zur Trennung geführt.

Trennung konstruktiv bewältigen

Immer wieder müssen Pflegeverhältnisse in späteren Jahren beendet werden, weil schon zu Beginn der Planung Ambivalenzen oder Dissonanzen entstanden sind, die das Zusammenleben in der Familie über Jahre beeinflußt haben.

Ist eine Beziehung zwischen Pflegeeltern und Kind sehr tief erschüttert oder ist sie schon immer negativ besetzt gewesen, dann ist Trennung manchmal unvermeidlich. Ähnlich wie bei Ehescheidungen gibt es ein Unmaß an Affekten, Verletzungen, Schuldgefühlen und Schuldzuweisungen auf beiden Seiten. Es ist von Pflegeeltern mutiger, verantwortlicher und manchmal konstruktiver, eine Trennung zu befürworten, als nur noch das Negative im Kind zu verstärken.

Wenn Pflegeverhältnisse wieder gelöst werden müssen, so steht im Mittelpunkt aller davon Betroffenen das Gefühl, gescheitert zu sein. Die Trennung schlägt unheilbare Wunden. Es ist sehr wichtig, daß Pflegeeltern dem Kind oder Jugendlichen zugestehen, daß es nicht allein auf sein Verhalten zurückzuführen ist, daß es fortmuß, sondern daß auch die Pflegeeltern ihre Anteile am Geschehen hatten, auch sie Fehler gemacht haben. Dies bedeutet einzusehen, daß sie ihr Leben miteinander nicht anders gestalten konnten, daß Kind und Pflegeeltern ihr Bestes gegeben haben.

Tragisch ist das Ende eines Pflegeverhältnisses dann, wenn Pflegeeltern, um den schweren Schritt zu verkraften, alle Schuld beim Kind sehen. Oft geht es dann mit Kindern und Jugendlichen, die als alleinschuldig aus dem Trennungsprozeß hervorgehen, in der neuen Umgebung noch einmal bergab.

Deshalb benötigen Pflegeeltern und Kind eine intensive Begleitung während und nach der Trennung, um einander allmählich zu verzeihen und nicht unendlich viel Schuld mit sich herumzuschleppen. Beide – Pflegeeltern und Kind – müssen sich erst einmal die Billigung dafür geben, daß sie auseinandergehen, daß ein Neuanfang erlaubt ist. Die positiven Anteile, die in der gemeinsamen Lebenszeit lagen, können von Pflegeeltern und Kind oft erst später eingeschätzt werden.

Für Pflegeverhältnisse, die vorzeitig enden müssen, gilt: Der miteinander verbrachte Lebensabschnitt war nicht umsonst. Er war ein Teil des Lebens für Pflegefamilie und Pflegekind und geht nie verloren. Das Kind bleibt Bestandteil des Lebens der Pflegefamilie, auch wenn es anderswo lebt. Vergessen gibt es nicht. Kind, Jugendliche oder Jugendlicher und Pflegeeltern befinden sich nach dem Abbruch in Trauer. Pflegeeltern werden zu abgebenden Eltern mit all ihrer Zerrissenheit, ihren Selbstzweifeln. Und sie müssen sich gegenüber ihrer Umwelt rechtfertigen, daß sie das Kind fortgegeben haben.

Es ist wichtig, daß die Trennung kein radikaler Abschied für immer wird. In der neuen Lebensphase sollten Kind und Pflegeeltern in Kontakt bleiben. Dann kann das einst bittere Geschehen nachbereitet werden. Bei manchen Pflegefamilien und Jugendlichen kommt es nachträglich zur Aussöhnung mit dem schweren Schritt.

Beendigung von Pflegeverhältnissen
auf Wunsch von Kindern und Jugendlichen

Die vierzehnjährige Isabel sagte im Streit: «Dann geh ich eben zu meiner Mutter.» Der Pflegevater antwortete: «Packe doch deine Koffer.» So geschah es, und Isabel zog bei ihrer Mutter ein. Dort war Isabel nicht zufrieden. Sie machte, was sie wollte, tanzte der Mutter auf der Nase herum, verschwand auch über Nacht. Der Rausschmiß des Pflegevaters hatte Isabel sehr tief verletzt. Sie sehnte sich nach ihrer Pflegefamilie zurück.

Wenn ein Kind seine Familie wechseln will, so ist dies ein außerordentlich tiefer Einschnitt in seinem Leben. Manchmal äußert ein Kind, daß es zu seinen Eltern zurückwolle, nur aus einem Konflikt heraus und will in Wirklichkeit prüfen, ob die Pflegeeltern es festhalten. Jugendliche wie Isabel brauchen Erwachsene, die sagen: «Wir wollen aber, daß du bei uns bleibst.» Der Pflegevater hätte Isabel nicht im Streit ziehen lassen dürfen. Wenn Pflegeeltern mit «gleicher Münze» zurückzahlen, dann zieht das Kind den kürzeren. Es denkt, daß die Pflegeeltern es nicht mehr lieben und los sein wollen. Pflegekinder brauchen immer mal wieder neue Beweise, daß sie trotz Ausbruchversuchen und provokativem Verhalten in der Pflegefamilie weiterhin gewollt sind.

Manchmal wollen Kinder, die schon lange in einer Pflegefamilie gelebt haben, im Alter von zwölf, vierzehn oder sechzehn zu ihren Eltern zurück. Die Ursachen hierfür können verschieden sein. Entweder ein Kind ist seiner Herkunftsfamilie, in der es einmal gelebt hat, treu geblieben, und es hat sich immer zurückgesehnt. Oder es hat sich nie ganz als Kind der Pflegefamilie gefühlt. Oder das Kind hat Sehnsucht, weil es «normal» ist, bei einem leiblichen Elternteil zu leben. Manche Kinder haben die Phantasie, sie könnten ihren Eltern helfen, vom Alkohol loszukommen oder Arbeit zu finden.

Oft sind entwicklungsbedingte Ablösungsprozesse Mitursache. Die Jugendliche oder der Jugendliche will – wie viele Familienkinder auch – weg von den nahen Erwachsenen. Sie hinterfragen die Beziehungen, die Bindungen, fühlen sich nicht verstanden und wollen einfach fort. Für Pflegekinder bietet sich dann als Fluchtmöglichkeit die Herkunftsfamilie an.

Wenn ein Kind nach langen Jahren zu seiner Herkunftsfamilie zurückwill, auch um den Preis, daß das Leben dort schwerer ist, so ist dies eine schwere Entscheidung. Das Kind darf mit seiner Entscheidung nicht allein gelassen werden, sie darf ihm auch nicht allein zugeschoben werden. Es müssen gründliche Abklärungen zwischen Jugendamt, Pflegeeltern, Herkunftseltern und Kind laufen. Das Kind benötigt fachkundige Hilfe, um zu gewichten, weshalb es zurückwill: Überwiegen Gefühle der Verpflichtung gegenüber den Herkunftseltern? Hat sich das Kind schon länger in seiner Pflegefamilie nicht gut angenommen gefühlt? Will es sich bestimmten Anforderungen in der Pflegefamilie entziehen? Was ist der richtige Weg, Wechsel oder Verbleib?

Wenn Pflegeeltern am Kind hängen, so benötigen sie viel Kraft, dem Kind dennoch zuzugestehen, daß es diesen ungewöhnlichen Weg gehen will. Dann ist wichtig, daß von Pflegeeltern das Angebot bestehenbleibt, das Kind weiterhin zu begleiten und an seinem Leben Anteil zu nehmen.

Geht es auf Dauer doch nicht bei den leiblichen Eltern gut, so müßte dem Kind erlaubt werden – vorausgesetzt, die Pflegeeltern wollen dies –, das Leben in der Pflegefamilie fortzusetzen. Doch dies geht nur nach sorgfältiger Absprache und Planung mit allen Beteiligten. Kind oder Jugendlicher müssen wissen: Es kann kein Hin und Her auf Dauer geben. Sie müssen sich für einen Weg entscheiden.

10. Leben mit seelisch verletzten Kindern

Tobias – ein Kind, das scheinbar keinen seelischen Schmerz kennt

Tobias lebte, bis er vier war, alleine mit seiner Mutter. Beide waren aufeinander angewiesen. Die Mutter war krebskrank und hatte Probleme mit Alkohol und Tabletten. Tobias verhielt sich – obwohl sehr jung – seiner Mutter gegenüber oft aggressiv. Seine Mutter erzählte ihrer Sozialarbeiterin, sie sei häufig inkonsequent. Je nach Nerven würde sie heute dem Kind etwas erlauben, morgen wieder verbieten. Tobias mache alles kaputt. Sie könne nicht einmal in Ruhe auf der Toilette sitzen und ihn eine Minute aus den Augen lassen. Manchmal würde sie ihn – nicht zu fest – schlagen, was sie dann wieder sehr bereue. Wenn sie sich nicht mehr zu helfen wisse, würde sie Tobias in sein Zimmer einschließen. Die Mutter berichtete, Tobias könne wunderschön mit ihr schmusen und würde ihr dann unverhofft ins Gesicht schlagen.

Tobias' Mutter hatte selbst eine äußerst problematische Kindheit und Jugend mit Gewalterfahrungen. Mit Tobias' Vater lebte sie nie zusammen. Er wollte die Vaterschaft nicht anerkennen. Erst nach durch Blutuntersuchungen erwiesener Vaterschaft zahlte er Unterhalt, besuchte das Kind jedoch nie.

Als Tobias vier war, mußte seine Mutter erneut ins Krankenhaus zu einer Operation. Die Mutter bat im Jugendamt um Tobias' Unterbringung in einer Pflegefamilie. Er kam zu einem kinderlosen

Paar, das bereit war, sich zunächst auf Rückführung einzulassen, sie waren jedoch auch bereit, Tobias ganz zu behalten. Mit der Mutter wurde vereinbart, daß sie sich innerhalb von einem Jahr entscheiden würde, ob sie Tobias wieder zu sich nehmen oder ihn auf Dauer der Pflegefamilie anvertrauen wolle. Dazu wurde ihr in Anbetracht ihrer schweren Krankheit geraten.

Als Tobias zum ersten Mal in die Pflegefamilie kam, lief er neugierig in die Wohnung und verabschiedete sich ganz locker von seiner Mutter. Er verhielt sich ein halbes Jahr recht unkompliziert, war ein lebendiges, wildes, aktives Kind, immer in Bewegung. Die Pflegeeltern besuchten mit ihm die Mutter im Krankenhaus. Nach ihrer Entlassung aus dem Krankenhaus kam diese alle vier Wochen in die Pflegefamilie, worüber Tobias sich freute. Er zeigte keine Tränen, keinen Schmerz, wenn sie wieder fortging.

Die Mutter entschied sich schon vor Ende des gesetzten Zeitraums, Tobias in der Pflegefamilie zu lassen. Sie erklärte dies auch Tobias. Sie sagte ihm, daß er die Pflegeeltern als seine neuen Eltern ansehen sollte. An diesem Tag war der sonst so lebhafte Tobias sehr still.

Die Mutter zog in einen anderen Ort und kam nun seltener zu Besuch und blieb, als er schon zwei Jahre bei der Familie lebte, ganz fort.

Tobias wurde ein schwieriges Kind. Ganz ohne Übergänge verhielt er sich aggressiv, inszenierte Streit und beschimpfte seine Pflegeeltern aufs heftigste. Dann wieder – als ob nichts gewesen wäre – klammerte er sich an sie und suchte die Bestätigung ihrer Zuneigung. Tobias kam in die Schule, wo er sich streitsüchtig benahm. Er knuffte und piesackte die anderen Kinder. Er konnte weich und sensibel sein, zugleich sehr stark und beherrschend. Tobias konnte keine Grenzen anerkennen. Seine Pflegeeltern wurden immer unsicherer, fühlten sich immer stärker von ihm verletzt.

Trennungserfahrung
und Bindungsbereitschaft

Denken wir zurück an unsere Kindheit. Erinnern wir uns an Trennungen: War unsere Mutter einmal im Krankenhaus? Wurden wir von Bekannten betreut? Bin ich als Kind in eine Kur verschickt worden? Habe ich mich von einem nahestehenden Menschen durch Scheidung, durch Tod trennen müssen? Habe ich durch Flucht meine vertraute Umwelt und nahe Menschen verloren? Das alles hat in uns Spuren für unser ganzes Leben hinterlassen. Alle, die im späteren Leben an verlorene Orte der Kindheit besuchsweise zurückkehren, sind ergriffen, tief innen berührt. Sie fühlen sich voller Freude und Trauer zugleich und unendlich viel lebendiger.

Pflegekinder werden durch die Beziehungsabbrüche ihrer jungen Jahre für ihr späteres Leben geprägt. Kinder, die eine radikale Trennung, einen Verlust ihrer Wohnung, ihres Umfeldes, ihrer Bezugspersonen haben, haben vielfältige seelische Verletzungen erlitten. Diese wirken mächtig in das neue Leben hinein. Die kinderlosen Pflegeeltern, eigentlich sehr froh, endlich ein Kind aufnehmen zu dürfen, können sich kaum vorstellen, was für ein heftiger Kampf im Kind tobt, sie als Eltern anzunehmen. Welch tiefe Ängste es peinigen, daß diese Eltern ihm dasselbe zufügen könnten wie die früheren Eltern: Nämlich es wieder fortschicken, wieder verlassen.

Kinder, die schon einmal alles verloren haben, können zwar noch einmal Beziehung eingehen. Zugleich sehen sie sich vor, sind sie mißtrauisch. Wenn sie schon einmal feste Bezugspersonen im Leben hatten – seien es ihre Eltern, Pflegeeltern, Adoptiveltern oder Oma und Opa – egal: Wenn sie fortmüssen, so ist dies ein radikaler Einschnitt in ihrem Leben. Zwar sind die Kinder fähig – es bleibt ihnen gar nichts anderes übrig –, nach einer Phase des Trauerns, die von vielen Kindern dazu noch überspielt wird, sich wieder an neue Menschen anzuschließen. Doch die seelische Verletzung durch die Trennung reißt tiefe Wunden, die auf Dauer Narben hinterlassen. Die Beziehung zu den neuen Menschen ist nicht gleichzusetzen mit der zu den verlorenen Menschen.

Wurden Kinder früh öfter getrennt, dann geht die Fähigkeit, Beziehung auf neue Menschen zu übertragen, immer mehr verloren. Denn sie sind trotz der Sehnsucht, sich zugehörig zu fühlen, ein Stück wie eine Insel geworden, abgegrenzt, einsam, schwer erreichbar. Indem sie sich innerlich nur noch sehr begrenzt einlassen, immer wieder abschotten, schützen sie sich. Bindung macht ihnen angst. Sie müssen immer wieder neu inszenieren, was ihnen als kleines Kind geschehen ist: Sie müssen Geborgenheit und Gefühle von Zusammengehörigkeit erschüttern.

Tobias' Pflegeeltern wußten zwar vom Verstand, daß es sich bei Tobias um ein seelisch verletztes Kind handeln mußte. Doch weil Tobias ohne Not und ohne Heimweh von Anfang an bei ihnen blieb, waren sie der Auffassung, so stark könne ja die Bindung an die Mutter nicht gewesen sein. Für Tobias war der Abschied aber so unerträglich, daß er den Schmerz nicht spüren wollte und konnte. Er täuschte sich und seine Pflegeeltern mit lebhaftem, fröhlichem Verhalten darüber hinweg, daß er sich in einer schlimmen Trauerphase befand. So glaubten die Pflegeeltern, mit viel Liebe könnten sie Tobias zu einem unkomplizierten, zufriedenen Kind machen.

Wir alle haben in unserer eigenen Biographie Erfahrungen mit Trennungen, und wir haben in unseren Familien ganz bestimmte Strategien erlernt, damit umzugehen: Trauer zuzulassen oder Trauer zu verleugnen. Der Pflegevater von Tobias hatte selbst als Kind im Alter von drei seinen Vater verloren. Seine Mutter hatte wieder geheiratet und von ihm erwartet, daß er nach dem alten Vater nie mehr fragte. Noch heute meinte er: «Das hat mir nichts ausgemacht.» Wenn wir selbst in unserem Leben einmal wegdrängen mußten, daß Trennung schmerzt, dann sind wir erst recht gutgläubig und nehmen dem Kind sein unbesorgtes Verhalten ab, unter dem es seine Verzweiflung verbirgt.

Tobias hatte den Abschied von der Mutter und ihr allmähliches Verschwinden in Wirklichkeit nicht verkraftet. Er hatte einen Teil seiner Gefühle, die Trauer, die Entwertung vergraben. Gleichzeitig übertrug er einen großen Teil der unermeßlichen Wut und Enttäuschung auf die Pflegemutter. An ihr ließ er seinen Zorn, seine tiefe Verletzung ab. Beim geringsten Anlaß strafte er sie, eine Strafe, die eigentlich seiner Mutter galt.

Bindeglieder zu früher bewahren

Die Pflegeeltern von Tobias können dem Kind helfen, wenn sie an sein verschüttetes früheres Leben anknüpfen. Sie können in die Stadt fahren, wo Tobias als Kind mit seiner Mutter gelebt hat. Sie können einen Brief an die Mutter schreiben mit der Bitte, Bilder von früher zu schicken, oder die Mutter besuchen. Es ist eine irrige Annahme, Signale aus dem früheren Leben würden das Kind in jedem Falle belasten. Wenn es an früher anknüpfen kann, wenn es erfährt, daß es nicht ganz vergessen wurde, lindert dies alte Schmerzen. Und wenn das Kind bei den Erinnerungen an früher weint, so ist dies nicht um jeden Preis zu vermeiden, sondern eine Möglichkeit, Trauer zu bearbeiten, das Kind zu trösten, ihm zu helfen.

Wenn leibliche Eltern Briefe schicken, so sind viele Pflegeeltern unsicher, ob sie diese den Kindern einfach geben oder vorlesen sollen. Doch es ist für die Kinder wichtig, von den Briefen zu erfahren. Nur wenn Eltern in den Briefen das Kind gegen die Pflegeeltern einnehmen, das Kind über die Maßen mit ihren Enttäuschungen und Schuldgefühlen belasten wollen, dann können Pflegeeltern beim Verlesen des Briefes Passagen überspringen. Doch auch darüber sollen sie das Kind informieren, z. B. mit den Worten: «Hier schreibt deine Mutti Dinge, die sind für ein Kind nicht gedacht. Den Brief lese ich dir vor, wenn du älter bist.» So kommen die Pflegeeltern ihrem Auftrag nach, das Kind zu schützen, und bleiben zugleich bei der Wahrheit.

Das Übertragen alter Muster
in die neue Familie

Alle Kinder, die schon Jahre bei Menschen gelebt haben und dann fortmußten, müssen mit ihrer tiefen Enttäuschung, mit dem unermeßlichen Schmerz irgendwohin. Sie laden ihn bei den neuen Eltern ab. Pflegeelternsein heißt, eine Menge abzubekommen, was ihnen nicht gilt. Doch nicht nur die Bitterkeit und Wut bekommen Pflegeeltern ab. Alle Kinder übertragen die Muster ihrer ersten Beziehungen auf die neuen Menschen.

Wenn Pflegeeltern sich erhoffen, das Kind werde in gute Bahnen kommen, allein, weil sie zu ihm lieb sind, ist die Enttäuschung vorprogrammiert: Gerade Liebe, Nähe und Verbindlichkeit müssen diese Kinder ganz energisch bekämpfen, denn wenn sie sich davon einfangen ließen, könnten sie ja wieder seelisch verletzt werden. Auf diesen Notfall müssen sie sich ständig innerlich gefaßt machen. Damit er nicht eintritt, muß das Pflegekind oft noch über Jahre Höhen und Tiefen inszenieren, muß Liebe zurückweisen. Es will die alte Situation, ungeliebtes Kind zu sein, wiederherstellen. Dies geschieht nicht mit dem Kopf, nicht planmäßig, nicht bewußt, sondern von innen gesteuert. Oft veranlaßt das Kind die Pflegeeltern zu Reaktionen, die sie von sich selbst nicht kennen, zu chaotischen, verzweifelten Reaktionen. Doch diese sind dem Kind aus seinem früheren Leben vertraut.

Für Pflegeeltern ist es schwer, herauszufinden, was auf ihr eigenes Verhalten und was auf die früheren Erfahrungen des Kindes zurückzuführen ist. Sie können dies gar nicht immer beantworten. Niemand kann dies. Sie müssen damit leben lernen, daß die Erfahrungen des Kindes von früher oft unverhofft massiv in ihr Leben mit dem Kind hineinwirken.

Da er von seiner Mutter beauftragt wurde, die neuen Menschen als Eltern anzunehmen, wollte sich Tobias wieder binden. Er bedauerte, nicht aus dem Bauch der Pflegemutter zu sein, und wollte so heißen wie diese. Doch unter dieser Bereitschaft blieb die tiefe seelische Verwundung, fortgeschickt worden zu sein.

Tobias blieb bei den Wechselbädern seines früheren Lebens nichts anderes übrig, als die Mutter schon früh zu beherrschen, zu steuern. Er hatte als Kleinkind bereits die Regie übernommen, um sich vor Unvorhergesehenem zu schützen. Nun versuchte er dasselbe bei den Pflegeeltern. Seine Mutter hatte sich schwach und hilfsbedürftig gezeigt, dann wieder strafte sie ihn hart. Dieses Verhalten versuchte er nun bei den Pflegeeltern zu wiederholen. Auch in tausend Fragen des Alltags nahm Tobias den Pflegeeltern die Entscheidungen ab. Er bestimmte, in welches Restaurant sie gehen sollten, was sie dort essen sollten, er forderte pausenlos irgend etwas, was sie zu erfüllen hätten. Eine Zeitlang bemühten sie sich, doch wenn Tobias keine Grenzen finden konnte, dann brachte Tobias seine Pflegeeltern manchmal so in Rage, daß sie aus Verzweiflung ihm auch schon mal eine knallten. Tobias hatte es geschafft, daß wenigstens etwas vom früheren Leben wieder eintrat: Er hatte die Macht, Erwachsene aus dem Gleichgewicht zu bringen und ihn zu bestrafen.

Tobias ist kein Einzelfall. Alle Kinder übertragen frühe Muster in die neuen Familien, wollen Regeln von früher erproben, wollen dadurch, auch wenn in negativer Form, wenigstens etwas von ihrem altbekannten Leben wiederherstellen.

Es ist eine ganz besondere Kunst, im Zusammenleben mit einem Pflegekind sein ungewöhnliches Bündel von Verhaltensweisen richtig einzuordnen und sie nicht ausschließlich als gegen die Pflegeeltern gerichtet zu erleben. Die negativen Verhaltensweisen richten sich teilweise gegen die früheren Eltern, die dem Kind so weh getan haben, teilweise gegen das Kind selbst, weil es ein negatives Selbstbild hat. Und natürlich lösen auch die Pflegeeltern aktuell im Kind bestimmte Reaktionen aus. Pflegeeltern können die Nöte lindern, wenn sie dem Kind sein Verhalten ein Stück deuten: «Ich glaube, du bist nicht nur auf mich böse, sondern ein bißchen bist du auch deiner ersten Mutter noch böse.» Oder: «Weil du deine erste Mutter verloren hast, hast du manchmal Angst, ich könnte dich auch fortschicken.»

Typisches Verhalten
seelisch verletzter Kinder

Verletzte Kinder können auch in vielen anderen Anforderungen des Lebens nicht mithalten, weil ihre schwere Situation sehr viel seelische Kraft kostet. Viele haben verlernt, aus Erfahrungen zu profitieren. Sie wiederholen tagtäglich alte Fehler. Kinder, die früh verletzt wurden, leben sehr situativ, vergessen sehr schnell. Immer wieder hoffen Pflegeeltern, das Kind möge doch einsehen, daß es sie erst gestern auf dieselbe Weise provoziert hat. Mit Erstaunen schaut das Kind sie dann an und sagt: «Wirklich? Das habe ich schon vergessen.» Das kränkt und macht erst recht wütend. Pflegeeltern können es kaum glauben. Aber das Kind hat tatsächlich vergessen.

Nach heftigen Auseinandersetzungen kann es vorkommen, daß das Kind nach kurzer Zeit so tut, als ob gar nichts gewesen wäre. Viele Pflegeeltern berichten stolz, das Kind sei überhaupt nicht nachtragend. Doch das Kind setzt sich damit auch über die Gefühle hinweg, die die Eltern in solchen Momenten noch haben: Wut und Enttäuschung.

Seelisch verletzte Kinder sind getrieben von einer inneren Dynamik, die schwer beeinflußbar ist. Gefühle von tiefer Minderwertigkeit wechseln mit Machtphantasien, Angst mit Leichtsinn, Nähe mit Distanz, Vertrautheit mit Fremdheit. Das alles bringt Pflegeeltern an ihre Grenzen.

Und wenn es hart auf hart kommt, dann hat das Kind, das schon einmal so tief verletzt und verlassen wurde, Mechanismen, sich durch die sonst geliebten Erwachsenen unerreichbar zu machen. Schon früh signalisieren sie, wenn sie Kritik und Strafe bekommen: Mir ist das alles egal. Tobias sagte mit acht: «Das geht mir am Arsch vorbei.» So machen die Kinder ihre Pflegeeltern machtlos. Reagieren diese dann wütend und verzweifelt, zieht das Pflegekind allerdings daraus den Schluß: «Die mögen mich nicht, so wie meine früheren Eltern mich nicht mochten.» Pflegeeltern können dem Kind nicht beibringen, daß es selbst diesen Zorn provoziert hat. Das Pflegekind denkt: «Wenn die sich von so einem bißchen Frechheit gleich hochbringen lassen, dann haben die sowieso was gegen mich.»

Pflegekinder haben ein geschwächtes Selbstwertgefühl. Die Geringschätzung sich selbst gegenüber sitzt tief. Sie kann von Pflegeeltern, die dem Kind viel Wertschätzung geben, nur zum Teil behoben werden. Schließlich sind Pflegeeltern keine Übermenschen. Auch sie sind verletzbar, sind enttäuscht, daß so viele ihrer Mühen nicht fruchten. Ihre Enttäuschung fällt dann auf den Boden des ohnehin schwachen Ich-Gefühls des Pflegekindes und wirkt somit vernichtend. Dies erklärt, weshalb Pflegekinder häufig so unangemessen auf Kritik reagieren: Entweder sie leugnen, wo immer sie können, ihre Fehler, oder sie sind außerordentlich rechthaberisch, um ihre Schwächen zu verbergen. Das alles gefällt Pflegeeltern nicht, sie lehnen diese Verhaltensweisen ab. Sie können dem Kind keine Wertschätzung geben, wenn es sich so unmöglich beträgt.

Pflegekinder können auf Kritik hin selten etwas positiv verändern. Meist fallen sie noch tiefer in Selbstzweifel. So kommt es zur Verstärkung der Minderwertigkeitsgefühle beim Pflegekind, und eine Entspannung oder Besserung stellt sich nicht ein.

Viele Pflegekinder müssen von ihrer tiefen Spannung und ihrem tiefen Schmerz auch ablenken, indem sie «Suchtverhalten» zeigen. Sie wollen ständig konsumieren, sind stark auf materielle Werte fixiert, können diese gleichzeitig nicht wertschätzen und bewahren. Ob Süßigkeiten, Fernsehen, Video, Spiele oder andere Menschen, sie füllen damit die alte Leere. Sie können kaum von selbst mit irgend etwas aufhören. Hier benötigen die Kinder den ständigen Beistand der Pflegeeltern, Selbstkontrolle zu lernen.

Das Selbstwertgefühl eines seelisch verletzten Kindes ist so gering, daß es Kritik kaum ertragen kann. Es leugnet, es blendet aus, wenn es konfrontiert wird. Auch wir Erwachsenen können nur dann Kritik annehmen oder Fehler eingestehen, wenn wir uns selbst achten, wenn wir Selbstvertrauen haben. Pflegekinder wollen angenommen sein mitsamt ihren Fehlern und vielen Problemen. Das Kind braucht Wertschätzung, obwohl es aus der Schule unbequeme Hinweise gibt, obwohl es gelogen hat, obwohl es sich drückt. Bekommt es trotz Kritik Achtung seiner Person, dann ist dies die einzige Chance, daß es Entlastung erfährt, daß es seelisch ein wenig wachsen kann.

Viele Pflegeeltern haben einen langen Atem. Es gibt Kinder mit seelischen Verletzungen, die in ihren Pflegefamilien wunderbar gedeihen. Die Pflegeeltern tun das Richtige: Sie haben eine gute Mischung aus Verständnis, Geduld und «positiver Disziplin». Sie beharren Tag für Tag und zum wiederholten Male auf unumgänglichen Forderungen und Regeln, ohne sich aus dem Konzept bringen zu lassen. Sie zeigen ihren Ärger über bestimmte Verhaltensweisen des Kindes, ohne das Kind oder sich selbst ganz in Frage zu stellen. Sie trösten ihre Kinder auf selbstverständliche Weise über ihre Geschichte und machen ihnen Mut. Sie setzen selbstbewußt Grenzen und lassen sich nicht auf Machtkämpfe ein. Dann fühlen sich Pflegekinder geborgen und nicht beunruhigt. Erwachsene benötigen viel Kraft, um dies zu leisten. Sie brauchen Energiequellen außerhalb der Kinder, Hilfe, Stärkung ihres Selbstwertgefühls durch Solidarität mit dem Lebenspartner und anderen Erwachsenen.

Statt Steigerung – Abbau von Konflikten

Es ist eine schwere Kunst, sich von einem kleinen, seelisch verletzten Kind nicht aus dem Gleichgewicht bringen, sich nicht verwunden zu lassen. Weshalb geben wir Kindern solch irrationale Macht über uns? Dem Kind helfen heißt, statt Kampf trösten, statt einander hochschaukeln Ruhe bewahren, aber in der Sache konsequent bleiben. Damit zeigen Erwachsene dem Kind, daß sie sich für es verantwortlich fühlen.

> Die siebenjährige Nora hat einen Kinderfilm im Fernsehen geschaut. Obwohl der Pflegevater darauf besteht, sie solle jetzt abschalten, macht sie es nicht. Der Pflegevater schaltet den Fernseher aus. Nora schmeißt, weil ihr die Quelle der Ablenkung und Lust abgestellt wird, vor Wut Gegenstände durchs Zimmer und schreit. Sie schlägt sogar auf den Pflegevater ein. Der ist empört, daß das Kind ihn schlägt, ihn anschreit. Nora wird bestraft. Sie darf am nächsten Tag nicht fernsehen.

Damit legt der Pflegevater den Keim für neue Spannungen und negative Affekte. Das Kind fühlt sich böse, schuldig. Und das fällt beim Pflegekind auf den Boden, daß es sich ohnehin ziemlich wertlos fühlt. Es steigert sein Unbehagen und seine Spannung, und all diese negativen Gefühle kommen bei der nächsten Gelegenheit wieder hoch.

Weil seelisch verletzte Kinder nur schlecht aus Erfahrungen lernen können, werden sie heute bestrafte Handlungen am nächsten Tag wiederholen, ohne daß sie es gleich provokativ meinen. Doch die Pflegeeltern fühlen sich vom Kind genasführt, nicht ernst genommen, vielleicht sogar gekränkt. Das Kind wiederum fühlt sich wegen der Zweifel von den Pflegeeltern abgelehnt.

Pflegeeltern sind seelisch verletzbar, und da unterscheiden sie sich nicht von anderen Eltern. Doch bei Pflegeeltern kommt die Unsicherheit dazu, nicht die «richtigen» Eltern zu sein. So fällt die Provokation des Kindes auf gut bereiteten Boden. Dabei braucht das Kind Menschen, die selbstsicher sind, die sich selbst nicht als Versager fühlen, auch wenn das Kind zum wiederholten Mal dieselben Fehler macht, dasselbe schwierige Verhalten zeigt. Durch ihr Enttäuschtsein fühlt sich das Kind entwertet. Es will erneut beweisen, daß es «unmöglich ist». Und schon haben wir die Eskalation. Kind und Pflegeeltern fühlen sich als Verlierer, wenn Pflegeeltern dem situativ destruktiven Verhalten des Kindes keine positive Wende geben können.

Eine gute Antwort des Vaters auf das protestierende, um sich schlagende und schreiende Kind wäre, sich nicht angegriffen zu fühlen, sondern dem Kind die Hände festzuhalten und mit Nachdruck zu sagen: «Ich kann verstehen, daß du jetzt wütend bist. Die plötzliche Leere, und überhaupt ist es blöd, wenn einem die Erwachsenen den Fernseher abschalten. Deine Wut ist ganz angemessen. Trotzdem ist jetzt Schluß mit dem Fernsehen.» Es ist schwer, in solchen Situationen so bewußt zu reagieren. Wenn der Erwachsene nicht gereizt reagiert, sich nicht aus der Reserve locken läßt, wenn der Pflegevater dem Kind Wut und Frust wegen des abgeschalteten Fernsehers zubilligt und nicht auch noch Vernunft und Einsicht erwartet, fühlt sich das Kind respektiert, und nicht böse und abgewertet. Es wird verstanden, weil der Erwachsene erkennt, wie schwer es ist, wenn das Fernsehen plötzlich aus ist.

Pflegekinder benötigen Akzeptanz, obwohl sie sich «unmöglich» verhalten. Ihr schwieriges Auftreten kann ein Stück entschärft werden, indem Pflegeeltern es liebevoll deuten und vor allem nicht verletzt reagieren. Um bei unserem Fernsehbeispiel zu bleiben: Es wäre ganz falsch, nachzugeben, weil sich der Pflegevater den ganzen Ärger ersparen will. Das Kind benötigt Schutz vor seiner Grenzenlosigkeit. Es kann in vielen Bereichen sich nicht selbst regulieren, nicht spüren, was ihm schadet. Hier braucht es die Festigkeit der Erwachsenen, an denen es sich orientieren kann und die mit ihm kämpfen, um es vor schädlichen Einflüssen zu schützen. Wenn Erwachsene nachgeben, weil ihnen ein Machtkampf zuviel ist, wenn sie sagen: «Dann mach doch, was du willst», wird dies vom Kind als Gleichgültigkeit erlebt.

Pflegekinder benötigen viele klare Regeln. Doch die Pflegeeltern müssen dem Kind dazu verhelfen, daß die Regeln eingehalten werden. Vieles geht nur in kleinen Schritten. Scharfer Druck, Sanktionen, Strafen helfen zwar oft im Moment, doch die Erwachsenen und das Kind fühlen sich dabei schlecht. Wenn Kinder spüren, daß der Erwachsene Umwege und Verweigerung erträgt, ohne wütend zu werden, ohne sich selbst als Versager zu fühlen, dann ist es am ehesten in der Lage, sein Verhalten zu ändern.

Schule und Leistung

Die seelischen Verwundungen von Pflegekindern führen sehr oft dazu, daß sie sich Leistungsanforderungen entziehen. Sie haben verlernt zu lernen. Dadurch haben Pflegeeltern in der Regel mit dem Pflegekind Schulprobleme. Die Schule übt häufig einen hohen Erwartungsdruck auf die Pflegefamilie aus. Lebt ein Kind schon eine Weile in der Familie, so werden schnell in der falschen Erziehung durch die Pflegeeltern Erklärungen für das unruhige, störende oder verweigernde Verhalten gesucht. Hat das Kind Besuchskontakte zu seiner Herkunftsfamilie, so werden die Herkunftseltern meist für das Fehlverhalten verantwortlich gemacht. Doch das schwierige Verhalten in der Schule ist eine Folge der frühen Abschiede und Verluste, der vielen unbefriedigten Bedürfnisse in frühen Jahren. Kinder mit Selbstwert- und Identitätsproblemen entziehen sich Leistungsanforderungen. Viele haben das Gefühl, es nicht zu können, und nicht die Kraft, es erst einmal zu versuchen. Sie sind unkonzentriert und ablenkbar, brauchen sehr viel Hilfestellung und können nur in kleinen Schritten lernen. Die ungelösten Spannungen ihres ganzen Lebens lassen sich nicht einfach reparieren, lassen sich nicht leicht in den Griff bekommen. Alle Beteiligten, auch Erzieherinnen und Erzieher, Lehrerinnen und Lehrer müßten sich eigentlich fachkundig machen und wissen, was ein depriviertes Kind braucht: Lob und Unterstützung auch für kleine Selbstverständlichkeiten, viel positive Kontrolle und Hilfe beim Einhalten von Regeln, Geduld und Wertschätzung trotz schwierigem Verhalten. Auch die professionellen Erzieherinnen und Erzieher müssen lernen, nicht gekränkt und verletzt zu reagieren, wenn das Kind sie provoziert, sie belügt. Sie sollten wissen, daß ein Kind negative frühe Beziehungsmuster auf die Umwelt überträgt, und es nicht persönlich nehmen, wenn dies durch Mogeln, Tricks und Lügen versucht, sich den Leistungen oder dem Kontakt zu entziehen.

Pflegeeltern und Lehrerinnen und Lehrer müssen zusammenarbeiten. Sie sollten sich gegenseitig zugestehen, daß beide mit diesem Kind nicht alles richtig machen können. Sie müssen oft miteinander sprechen, sich bemühen, mit vereinten Kräften dem Kind bei der Bewältigung seiner schulischen Situation zu helfen, klare Absprachen treffen oder Hausaufgabenhefte führen und abzeichnen.

Predigten und Appelle helfen kaum. Im Augenblick sieht das Kind alles ein, zeigt Reue. Doch bis zum nächsten Tag ist eine Ewigkeit. Bis dahin halten die guten Vorsätze nicht. Das Kind muß stündlich liebevoll und geduldig erinnert werden. Es ist sehr schwer, Pflegekinder einerseits so selbständig wie möglich zu erziehen, ihnen andererseits Hilfe und Unterstützung zuteil werden zu lassen, sie zu stärken.

Pflegekinder müssen in vielen Pflichten des Alltags bei der Hand genommen werden. An sie können nicht die altersgemäßen Maßstäbe bezüglich ihrer Selbständigkeit angelegt werden. In manchen Lebensbereichen mußten diese Kinder schon früh selbständiger sein als ihre Altersgenossinnen und Altersgenossen. Deshalb sind sie im Leistungsbereich unselbständiger, hilfsbedürftiger, reifen sie langsamer und gehen viel mehr Umwege als Kinder, die keine Brüche im Leben hatten. Gerade, weil die Kinder sich einerseits schon so abgebrüht, so losgelöst, so wenig angewiesen auf die Erwachsenen verhalten, verlangen ihnen Eltern und Erzieher dann auch im Leistungsbereich Autonomie und Vernunft ab. Doch Pflegekinder sind in ihrer Persönlichkeitsentwicklung teilweise uralt und teilweise noch ein Baby. Im Zweifel müssen sich Pflegeeltern eher am Baby orientieren, dem Kind helfen wie einem jüngeren Kind, um ihm gerecht zu werden. Auch das müssen die Lehrerinnen und Lehrer wissen. Sie müssen den Kindern zugestehen, daß sie nicht normgerecht funktionieren können.

Zu Recht beklagen sich Lehrerinnen und Lehrer, daß sie noch viele andere Kinder in der Klasse haben und nicht alle Kraft auf das Pflegekind konzentrieren können. Doch es ist falsch, den Druck an die Pflegeeltern und die Kinder weiterzugeben. Leider haben wir kein Schulsystem, das schwierigen Kindern, Sorgenkindern oder behinderten Kindern gerecht wird. Nicht die Kinder können sich einfach ändern, das Schulsystem müßte geändert werden und diesen Kindern viel mehr Raum bieten, sich zu entfalten und auf unkonventionelle Weise zu lernen.

Jugendzeit und Ablösung

Pflegekinder haben es besonders schwer, wenn sie heranwachsen. Sie kommen vom Alter her – wie alle Kinder – in die Zeit, da sie sich selbst finden wollen. Sie üben Kritik an den Erwachsenen und nehmen sich vor, einmal anders zu werden als diese. Schon beim Jugendlichen, der nicht zwei Familien und die damit verbundenen Selbstwertprobleme hat, gibt es im Jugendalter eine Unzahl von Krisen, Ängsten, Minderwertigkeitsgefühlen, Probleme der Ich-Findung.

Beim Pflegekind verlaufen die Entwicklungsphasen asynchron. In Teilen ist das Pflegekind schon erwachsen, in anderen Teilen noch Kleinkind. Dies macht die Jugendzeit besonders schwer. Hinzu kommt, daß es die Ablösung doppelt vollziehen muß: von den Pflegeeltern und von den leiblichen Eltern. In beiden Familien fehlen dem heranwachsenden Pflegekind viele Jahre, die eigentlich die Voraussetzung für das Ablösungsgeschehen sind. Jugendliche Pflegekinder kommen in die Ablösungsphase, bevor sie noch ganz gebunden waren. So kämpfen jugendliche Pflegekinder einerseits immer noch um Geborgenheit und Bindung und wollen sich gleichzeitig loslösen. Folglich verlaufen die Konflikte heftiger, verworrener, weil die verschiedenen Entwicklungsstadien teilweise gegeneinanderlaufen und so die Jugendlichen durcheinanderbringen.

Es gibt jugendliche Pflegekinder, die eine ruhige Entwicklung im Jugendalter nehmen. Doch sie sind die Ausnahme. In den meisten Familien geht es hoch her. Das wichtigste ist, daß Pflegeeltern in Anbetracht der täglichen Konflikte nicht aufgeben und dem Kind weiter Orientierung geben. Das Kind wird keine geradlinige Entwicklung nehmen. Es gehört ein Stück zum Heranwachsen eines Pflegekindes dazu, daß es versucht, sich der Leistung zu entziehen. Viele halten ihr Pensum nicht durch, wechseln öfter die Lehrstelle. In der Familie fällt es ihnen schwer, altersgemäße Pflichten zu übernehmen. Sie halten sich nicht an Absprachen, kommen nicht zur vereinbarten Zeit nach Hause. Aufgrund ihrer deprivierten Struktur leben sie nach dem Prinzip «Bedürfnisbefriedigung jetzt». Sie können ihr Geld nicht einteilen. Manche sind suchtgefährdet, andere geraten mit dem Gesetz in Konflikt. Immer wieder laufen heranwachsende Pflegekinder davon.

All diese jungen Menschen benötigen Erwachsene, die trotzdem zu ihnen halten, die sie mitsamt ihrer Problematik annehmen. Wenn ein Erwachsener zu einem Jugendlichen, der gestohlen hat, sagen kann: «Was du getan hast, finde ich nicht gut, aber ich achte dich trotzdem», dann hat er eine Chance, den Teufelskreis zu unterbrechen. Pflegeeltern müssen damit rechnen, daß ihr Kind trotz größtem Engagement als Jugendliche Schule schwänzen, in Prüfungen durchfallen und täglich motzen. Menschen, die einmal Pflegekind waren, brauchen oft lange, um sich zu stabilisieren. Das Engagement von Pflegeeltern trägt vielleicht erst Früchte, wenn der junge Mensch dreißig ist. Deshalb ist es wichtig, daß Pflegeeltern sich nicht entmutigen lassen, sondern zum jungen Menschen sagen können: «Wenn nicht jetzt – irgendwann wirst du einen für dich guten Weg gehen.»

Jugendliche benötigen Erwachsene, die das Chaos sortieren können. Es ist keine Hilfe, wenn eine Pflegemutter immer wieder nachgibt, z. B. Entschuldigungen für die Schule schreibt, wenn die Jugendliche geschwänzt hat. Es gibt Hilfen, die junge Menschen schwächen, z. B. wenn ich ihnen Aufgaben abnehme, die sie längst können, oder wenn ich situativ jeden Wunsch erfülle, weil ich hoffe, daß das Kind sich dann bessert. Hilfe heißt, Grenzen zu ziehen, kein Suchtverhalten zu stärken, immer wieder auf der Erfüllung von Pflichten zu bestehen, auch wenn es enorme Energie kostet.

Pflegeeltern von Heranwachsenden geraten immer wieder in Verzweiflung, fühlen sich ohnmächtig und hilflos. Was sie empfinden, ist angemessen. Zugleich benötigen schwierige Heranwachsende keine hilflosen Eltern, sondern Klarheit, Auseinandersetzung, Beziehen von Positionen und trotz Niederlagen – Ermutigung. Es ist schwer für Pflegeeltern, ihre Werte und Normen zu erweitern. Doch vielen gelingt es auch auseinanderzuhalten, was den jungen Menschen real gefährdet und wo er wirbeln muß, um viel Zuwendung zu bekommen, wenn auch mit negativem Vorzeichen.

Es ist wichtig zu erkennen, daß jeder Mensch gute Anteile hat und solche, die ihn selber in Gefahr bringen. Diese guten Anteile gilt es hervorzuheben – gerade in Momenten, wo die negativen überhandzunehmen scheinen. Auch straffällige Jugendliche benötigen Erwachsene, die sich von dem Delikt nicht umhauen lassen. Natürlich ist zunächst einmal Wut, Enttäuschung und Kränkung da. All die Kräfte, die wir in dieses Kind gesteckt haben, waren sie umsonst? Lassen wir ausschließlich unsere Enttäuschung am Jugendlichen ab, so fühlt er sich doppelt schlecht: einerseits, weil er gesellschaftliche Normen übertreten hat, andererseits, weil er seinen Pflegeeltern damit weh getan hat. Also ist er und bleibt er ein schlechter Mensch. Er gibt sich selbst keine Chance mehr. In solchen Konflikten sollten Pflegeeltern sich nicht scheuen, sich durch Beratung Hilfe zu holen.

Es ist wichtig, daß Pflegeeltern lernen, dem jungen Menschen zu zeigen, was unter ihrem Ärger und ihrer Enttäuschung steckt, nämlich Verzweiflung und Sorge, und dies auch zu sagen: «Wir machen uns Sorgen. Mit deinem Verhalten gefährdest du dich selbst. Wir glauben fest daran, daß du auch Kraft hast, aus der Krise wieder rauszukommen.» Das sollten Pflegekinder nicht nur einmal hören. Gerade weil ihr Boden des Selbstvertrauens so dünn ist, benötigen sie Menschen, die ihre positiven Seiten – auch wenn sie kaum zu sehen sind – stärken.

Selbst wenn Pflegekinder erwachsen sind, befinden sich etliche von ihnen in einer ähnlichen Dynamik. Sie bekommen ihr Leben nur schwer selbständig auf die Reihe. Viele können nicht mit Geld umgehen, machen Schulden, sind suchtgefährdet. Sie gehen anders durch ihr Leben. Einige von ihnen brauchen viele Jahre, bis sie ein Stück Ordnung in ihr Leben bekommen. Sie brauchen oft Hilfestellung weit über ihr 18. Lebensjahr hinaus.

Ehemalige Pflegeeltern müssen hier sehr genau unterscheiden zwischen den Hilfeformen: Stärken sie die jungen Menschen, oder befriedigen sie nur deren Suchtverhalten? Wenn es darum geht, Suchtverhalten zu befriedigen, müssen sie deutlich nein sagen. Ist ein junger Erwachsener hingegen in Not, Krisen und Konflikte geraten, dann schaden wir ihm, wenn wir auf seine Schwäche einschlagen mit Worten wie: «Das hast du nun davon. Das hast du dir alles selber zuzuschreiben...» Hier hilft nur eine konstruktive Reaktion: «Da hast du dir selber jetzt sehr geschadet. Ich wünsche dir, daß du aus dieser schweren Lage wieder herauskommst. Dabei will ich dir auch helfen und dich unterstützen.» Die Dosierung der Hilfe ist nicht immer einfach. Voraussetzung ist bei den Erwachsenen, daß sie einen jungen Menschen in der Weise loslassen können, daß sie sein Versagen nicht als ihr eigenes Versagen empfinden. Dies ist ein langer, schwerer Weg.

11. Zusammenleben in der Pflegefamilie

Die Geschwistersituation in der Pflegefamilie

«Johanna soll wieder ins Heim», schrieb der achtjährige Felix auf einen großen Zettel und schob ihn der Mutter zu. Diese war enttäuscht und ratlos. Denn Felix war treibende Kraft, als es vor einem Jahr um die Aufnahme der damals fünfjährigen Johanna ging. Doch jetzt stritt er immerzu mit ihr, aber auch Johanna war oft sehr gemein zu Felix.

Situation des leiblichen Kindes in der Pflegefamilie

Pflegeeltern, die sich vorgenommen haben, ihr Kind durch ein Pflegekind zu einem Geschwisterkind werden zu lassen, landen oft schnell auf dem Boden der Realität. Bevor ein Pflegekind in die Familie kommt, freuen sich leibliche Kinder, sie tragen den Entschluß mit. Schon in der Anbahnungsphase – wenn sich plötzlich alles um das neue Kind dreht – fühlen sich die leiblichen Kinder dann zurückgesetzt. Ein Pflegekind beansprucht durch seine Persönlichkeitsstruktur besonders viel Aufmerksamkeit. Dadurch zwingt es das leibliche Kind dazu, seine eigene Position in Frage zu stellen.

«Ich hatte euch jetzt neun Jahre, dann kümmert euch jetzt nur ganz um Jessika, die braucht euch. Ich brauche euch nicht mehr», sagte der neunjährige Mattias.

Statt auf seine Eltern wütend zu sein, verlangte er sich selbst den Verzicht ab.

Gibt es leibliche Kinder in der Familie, so fühlt sich das Pflegekind in einem Sonderstatus. Doch auch die leiblichen Kinder haben es schwer, ihre Eltern mit dem neuen Kind zu teilen. Aufgrund der existentiellen Umschichtungsprozesse und der neuen Dynamik brauchen alle Kinder in der Familie viel Hilfe.

Geschwisterbeziehungen bleiben oft ein ganzes Leben, selbst wenn Geschwister, die die Kindheit miteinander verbracht haben, sich als Erwachsene über Jahre nicht gesehen haben. Das Vertrautheitsgefühl stellt sich sehr rasch wieder ein, wenn sie einander treffen. Deshalb sind Rolle und Position in der Geschwisterreihe existentielle Bestandteile unseres Lebens.

Wird ein Geschwisterkind in eine Familie geboren, so dauert es eine lange Zeit, bis das erste Kind lernt, seine Eltern zu teilen. Das Neugeborene ruft bei ihm nicht nur Eifersucht hervor, sondern auch Bedürfnisse, das kleine Geschwisterchen zu bemuttern. Das zweite Kind wächst in die Geschwisterbeziehung hinein.

Durch das Hinzukommen eines Pflegekindes, das ja meist dem Säuglingsalter längst entwachsen ist, verändern sich die Beziehungen innerhalb der Familie sehr plötzlich. Eltern und Kinder bewegen sich auf neue Positionen zu. Die bisherigen Kinder müssen einem neuen Kind in ihrer Familie Platz machen. Das Pflegekind bringt ein ganzes Repertoire an Verhaltensmustern mit, das der bisherigen Familie unbekannt ist. Das Pflegekind verändert Regeln und Normen, Gewohnheiten aller. Es stellt Dinge an, die die bisherigen Familienkinder nie gewagt hätten. So verlieren die Kinder in der Familie zunächst ihre Orientierung. Das ganze Leben ist aus der Bahn geraten. Nicht nur das neue Kind muß enorm viel leisten, die Gesetze und Familienregeln zu erkennen. Auch die bisherigen Familienkinder kommen durcheinander, sind konfrontiert mit ganz anderen Möglichkeiten, müssen einen neuen Platz in der Familie finden. Ihr ganzes Leben verändert sich.

Oft verzweifeln die Eltern, daß die bisherigen Familienkinder – nach einer ersten Zeit der Begeisterung – außer sich geraten, eifersüchtig werden. Dazu noch entwickeln sie neue Verhaltensweisen. Viele leibliche Kinder fühlen sich gegenüber dem Pflegekind zunächst unterlegen. Denn sie erleben die Macht des Pflegekindes, die Eltern zu verändern in einer Weise, wie es dem Kind, das schon lange in der

Familie lebt, gar nicht einfallen würde. Nicht nur das Pflegekind vergleicht sich mit dem bisherigen Kind in der Familie, auch das bisherige Kind vergleicht sich mit dem Pflegekind, erweitert durch dieses seine bisherigen Normen und Werthaltungen: Das leibliche Kind kämpft, gerät selbst aus den Fugen über die vielen Veränderungen, die durch das Pflegekind in der Familie passieren. Das wieder bringt die Eltern ins Schleudern. Leibliche Kinder benötigen viel Verständnis und besonders viel Zuwendung, wenn ein Pflegekind in die Familie gekommen ist. Das übersehen viele Pflegeeltern.

Es ist schwer für leibliche Eltern, zu ertragen, daß dem eigenen Kind nun ganz andere, konfliktreichere Aufwachsbedingungen zugemutet werden. Viele Eltern bekommen Schuldgefühle gegenüber dem eigenen Kind, daß sie es in eine schwere Lage gebracht haben. Und gegenüber dem Pflegekind haben die Eltern ebenfalls Gewissensbisse, wenn es vom leiblichen Kind abgelehnt wird. Pflegeeltern müssen dann ihrem leiblichen Kind ein Stück weh tun und ihm klar sagen: «Wir wissen, wie schwer es für dich ist, uns zu teilen, und daß sich durch Johanna der Alltag total verändert hat. Aber egal, wie schwierig Johanna ist, sie bleibt bei uns. Wir alle wollen lernen, miteinander zurechtzukommen. Es gehört dazu, daß das nicht gleich von Anfang an klappt.»

Pflegekind – leibliches Kind – Adoptivkind

Der unterschiedliche Status verschiedener Kinder in einer Familie, leibliche, Adoptiv- und Pflegekinder, beeinflußt das Selbstwertgefühl und die Dynamik unter den Geschwistern noch einmal auf andere Weise als bei «Normalfamilien». Leben in einer Familie ein oder mehrere leibliche Kinder und nur ein Pflegekind, so fühlt sich das Pflegekind, auch wenn es schon länger in der Familie lebt, nicht so selbstverständlich dazugehörig. Es muß mit seiner Ausnahmesituation zurechtkommen. Gibt es noch ein weiteres Pflegekind oder noch ein Adoptivkind in der Familie, so lindert dies das Gefühl, Außenseiter zu sein. Dann können sich die Kinder gegenseitig in ihrer ungewöhnlichen Situation identifizieren und bestärken. Es gibt nicht die Rangordnung leibliches Kind, angenommenes Kind. Sobald auch andere Kinder anderswo leibliche Eltern haben, ist das Pflegekind nicht allein mit dieser Situation. Ist das andere Kind ein Adoptivkind, so verursacht dies jedoch auch eine Unmenge Fragen: Sind dessen Eltern noch schlechter als die meinen, denn sie haben ihr Kind für immer fortgegeben? Oder sind es die besseren, denn sie ersparen dem Kind das Hin und Her? Ist dieses Kind «sicheres Kind» in dieser Familie, weil es wie die Eltern heißt? Ist es als Pflegekind besser dran, weil es seine Eltern kennt, sie besucht, oder ist es schlechter dran, weil es eben nicht das «gesetzliche Kind» der Pflegeeltern ist, weil es deren Namen nicht bekommt?

Pflegekinder spüren, wie gut sich leibliches Kind und Eltern verstehen, was für ein eingespieltes Team sie sind. Diese Vergleiche schmerzen. Sie lösen im Kind Mißmut, Minderwertigkeitsgefühle, aber auch Wut und Aggressionen aus. Diese richten sich gegen das leibliche Kind, das es so viel besser hat. Hinzu kommt Scham über die eigenen Eltern, die ihm das nicht geben konnten, was es hier täglich vor Augen hat. Und es richtet auch Ärger gegen die Pflegeeltern, denn diese können ihm nur begrenzt helfen, mit seiner verzweifelten Lage zurechtzukommen. Sie sind nun einmal die, die ihre eigenen Kinder nicht fortgegeben haben, die alles besser machen als die eigenen Eltern. Und das tut eben weh.

Eltern mit leiblichen und angenommenen Kindern müssen die angenommenen Kinder immer wieder neu ermutigen, daß sie trotz ihres anderen Status und trotz ihrer anderen Herkunft einzigartige und wertvolle Menschen sind. Die Entlastung für das Pflegekind liegt im Benennen der Wirklichkeit und im Ernstnehmen seiner Gefühle.

Gleichbehandlung verschiedener Kinder?

Jede Anstrengung, die Kinder gleichmachen zu wollen, ist ein Energieaufwand in die falsche Richtung, und die Kinder fühlen sich dabei betrogen. Werden die Kinder bestraft, weil sie rivalisierendes Verhalten zeigen, oder versuchen die Pflegeeltern sie noch «gerechter» zu behandeln, so wird sich die Rivalität nicht abbauen. Die Kinder fühlen sich nicht verstanden. Die beste Hilfe für jedes Kind ist, seine individuelle Geschichte hervorzuheben, jedem Kind das Gute und das Traurige an seiner Situation aufzuzeigen. So können die Eltern zum Pflegekind sagen: «Ich kann gut verstehen, daß du dich mit Felix vergleichst. Er lebt schon immer bei uns. Und das erinnert dich daran, daß du deine Eltern verloren hast und nicht mit ihnen leben kannst.

Das tut weh. Wir können auch nie ganz und gar deine Eltern ersetzen. Den Schmerz, daß du es mit deinen Eltern viel schwerer hast als Felix mit uns, den können wir dir nicht nehmen. Leider sind deine Eltern in einer schweren Krise. Deshalb bist du jetzt bei uns, und darüber freuen wir uns.»

Die Kinder untereinander

Nicht alle Familienkinder können einfach mit dem Pflegekind spielen. Pflegekinder bringen ein anderes Verhaltensrepertoire mit. Was ihnen widerfahren ist – plötzliche Abbrüche – hat sie bitter gemacht, und das wiederholen sie im Spiel: Pflegekinder brechen das Spiel oft ab, wenn es für das Familienkind am schönsten ist, geben dem Spiel eine andere Wende, auch tricksen sie andere immer wieder gern aus. Das Familienkind merkt, daß das Pflegekind nach anderen Regeln spielt, als bisher in der Familie üblich. Es ist verwirrt und enttäuscht. So kann es auch im Spiel öfter zu Streit kommen. Doch hier machen die Kinder oft schnelle Prozesse. Sie lernen sich im Spielverhalten kennen und gehen auf ihre spezifischen Erfahrungen bald ein. Sie passen sich jeder, so gut sie können, an die Muster des anderen an. Das Pflegekind bemüht sich um mehr Ausdauer, das Familienkind lernt, mit dem Frust, daß kein Verlaß auf das Pflegekind ist, bald besser umzugehen. Es entwickelt Strategien, damit zurechtzukommen.

Eigenes Kind, fremdes Kind

Pflegeeltern kommen immer wieder ins Wanken, wenn es darum geht, die richtige Dosierung von Nähe und Distanz gegenüber den eigenen und den Pflegekindern zu finden. Es ist eine Gratwanderung, die Nähe zu den eigenen Kindern zu wahren, sie zugleich aber so weit loszulassen, daß das Pflegekind einen guten Platz in der Familie bekommt.

Viele Pflegeeltern sind von sich selbst enttäuscht, gegenüber dem Pflegekind nicht dieselben Gefühle zu haben wie zum eigenen. Im schlimmsten Fall fühlen sie nur noch zwei Extreme: Nähe und Vertrautheit zum eigenen Kind und Entfernung zum Pflegekind. Natürlich gibt es zum Pflegekind häufiger Gefühle von Distanz. Die gehören dazu und sind angemessen, werden vom Kind auch immer wieder herausgefordert. Es ist schwer, diese verschiedenen Gefühlsqualitäten zu handhaben und zuzulassen.

Das Pflegekind kann nicht die Qualität an Vertrautheit, Verbindlichkeit und Nähe herstellen wie Kinder, die schon immer in der Familie gelebt haben. Doch das Pflegekind bekommt nur eine Chance, wenn Pflegeeltern deshalb nicht täglich neu das andersartige Lebensbündnis anzweifeln, sondern zu ihren verschiedenen Gefühlen und deren Wirklichkeit ja sagen. Nur wenn die Erwachsenen ihre eigenen inneren Wertmaßstäbe und Ansprüche an Nähe ein Stück lockern und ertragen, daß auch zeitweilige Distanz nicht das Ende einer Beziehung bedeutet, nur dann können sie ein Pflegekind in einer Familie mit leiblichem Kind gut begleiten.

Doch dies ist ein schwerer Schritt, den viele Pflegeeltern nicht wagen. So kommt es oft zur gegenteiligen Entwicklung: Weil das Pflegekind so viele Enttäuschungen bereitet, halten in manchen Familien leibliche Geschwister oder Eltern und leibliches Kind im Lauf der Zeit immer mehr zusammen.

Manche Pflegeeltern bedauern ihr leibliches Kind, bereuen, was sie ihm durch das Pflegekind zumuten. Sie ergreifen Partei für das leibliche Kind und wollen es gegen das Pflegekind beschützen. Sie schließen das Bündnis mit dem vertrauten, leiblichen Kind immer enger. Eltern und leibliches Kind werden dann emotional wieder zur symbiotischen Einheit wie zu den Zeiten, als sie noch unter sich waren. Das Pflegekind kann sich anstrengen, wie es will, es kann das Bündnis der alten Familie nicht sprengen. Es wird immer schwieriger und fühlt sich als Außenseiter.

Diese Dynamik macht es für das Pflegekind unmöglich, sich ebenfalls wertvoll zu fühlen. Es leidet besonders stark an seinem anderen Status und muß besonders viel inszenieren, den Zusammenhalt der anderen zu trüben und zugleich zu fördern.

Eltern eines früheren Einzelkindes tun sich sehr schwer, diesem das tägliche Leid, die tägliche Unruhe zuzumuten, die mit dem Pflegekind eingekehrt ist. Doch sie müssen bereit sein, für das Kind nicht alles zu regeln, sondern diesem zuzutrauen, daß es mit der schwierigen Situation zurechtkommen wird. Eltern, die ein Pflegekind aufnehmen, können diesem nur gerecht werden, wenn sie von ihm nicht dasselbe erwarten wie vom leiblichen Kind und wenn sie dazu noch bereit sind, auch ihr leibliches Kind ein wenig loszulassen. Zum leiblichen Kind muß ein wenig von der Distanz hergestellt werden, die beim Pflegekind so schmerzt. Eltern eines bisherigen Einzelkindes können dies nicht vor allen Problemen schützen. Mit ihrer Entscheidung, das Pflegekind aufzunehmen, haben sie auch entschieden, ihrem Kind etwas vom bisherigen Paradies zu nehmen. Das leibliche Kind könnte folgende Botschaften gut gebrauchen: «Ich muß damit leben, daß ihr Kinder oft Wut aufeinander habt. Wenn ihr streitet, so ist das in Ordnung. Das gehört jetzt zu unserem Leben. Ihr müßt versuchen, eure Streitigkeiten untereinander zu lösen. Und ich bin sicher, du schaffst es, mit der schweren Situation auch irgendwann zurechtzukommen.»

So zu sprechen und zu handeln bedeutet aber, sich vom bisherigen Kind ein Stück abzunabeln, ihm Verantwortung zu übertragen, es selbständig werden zu lassen. Nur so bekommt auch das Pflegekind seine gute Position in der Familie.

Das Zusammenleben aller in der Pflegefamilie ist dann gut bewältigbar, wenn für jeden in der Familie ein Stück Autonomie einerseits und ein Stück Nähe andererseits gelebt werden kann. Auch die Erwachsenen müssen aushalten lernen, daß sie innerhalb ihrer Familie völlig eigenständige Menschen sind, streckenweise allein und selbstverantwortlich.

Die Elternebene

Wenn ein Pflegekind in eine Familie kommt, so ändern sich zugleich auch alle bisherigen Beziehungsmuster in der Familie. Damit das neue Kind seine Position in der Familie bekommt, werden zwischen Vater und Mutter sowie zwischen den in der Familie lebenden Kindern Veränderungen eintreten.

> Hanna, sieben Jahre, inszenierte mit ihrer Pflegemutter einen dicken Streit. Die Pflegemutter sagte: «Es ist Bettzeit.» Sie wollte durchsetzen, daß Hanna sich wusch und fertigmachte. Hanna jammerte: «Laß mich doch noch ein bißchen auf.» Da schaltete sich der Pflegevater ein und sagte zu seiner Frau: «Gib doch nach, laß die Hanna doch noch ein bißchen draußen.» Da wies Hanna ganz schnell den Pflegevater zurecht: «Laß doch, die Mama hat recht, es ist Bettzeit.»

Hanna wollte nicht, daß der Pflegevater die Regel außer Kraft setzte. Erst recht nicht wollte sie, daß die Eltern in dieser Frage unterschiedliche Positionen haben. Das würde sie verwirren. Lieber ging sie widerstandslos ins Bett.

Selten stimmen beide Elternteile in ihren Auffassungen über das, was im Umgang mit den Kindern richtig oder falsch ist, überein. In einem Pflegeelternseminar übten wir einmal mit einem Elternpaar, das ganz unterschiedliche Erziehungsansichten hatte, wie aus einem Munde zum Kind zu sagen: «Hör auf!» Es ist entscheidend für das Gedeihen der Kinder, ob beide Elternteile in wichtigen Fragen zusammenhalten oder sich gegenseitig in Frage stellen, sich vor dem Kind in den Rücken fallen, sich vom Kind auseinanderdividieren lassen.

Einer der häufigsten Konflikte zwischen beiden Eltern ist, daß sie uneinig sind, wo einem Kind Grenzen zu stecken sind. Manche Mütter können ihrem Kind nichts entgegensetzen, wollen ihm nicht abverlangen, sich an bestimmte Regeln des Zusammenlebens zu halten, sie geben immer nach. Doch Kinder brauchen Grenzen. Frustration schadet ihnen nicht, wenn sie zugleich Wertschätzung bekommen. Frustration und Grenzen schaden dem Kind dann, wenn es Angst vor seinen Eltern haben muß, wenn es sich allein fühlt, wenn Eltern es zu häufig strafen und abwerten.

Immer wieder erlebe ich, wie Eltern sich gegenseitig in Gegenwart der Kinder offen oder unterschwellig entwerten. Manchmal gibt ein Elternteil dem Kind viel zuviel Macht über sich. Der andere Elternteil ist wütend darüber. Beide können sich nicht verständigen. Kinder können die Polarisierung der Eltern auf Dauer nicht aushalten. So bilden sie mit einem der beiden Elternteile eine Koalition und helfen im Streit gegen den anderen. Glücklich sind diese Kinder damit nicht. Denn die enge Solidarisierung mit einem Elternteil nimmt ihnen die Möglichkeit, sich auch dem anderen Elternteil nah zu fühlen. Und da es sich mit diesem ebenfalls identifiziert, muß es sich in Teilen der eigenen Persönlichkeit ablehnen.

Ein besonders strenger Elternteil, der den anderen abwertet, und ein gutmütiger Elternteil, der dem Kind im engen Zusammenschluß alles erlaubt, das ist die klassische Konstellation, die eine Abhängigkeitsstruktur bei Kindern fördert. Mit so verteilten Rollen behindern Eltern ihr Kind, sich selbständig zu entwickeln und angemessen Verantwortung für sich zu übernehmen. Damit ist der Keim für eine spätere Suchtgefährdung gelegt.

Eltern, die sich über die Kindererziehung ständig streiten, sollten den Ursachen hierfür auf den Grund gehen. Manchmal stecken Paarkonflikte dahinter, oft auch Erfahrungen aus der eigenen Kindheit. Es ist für beide Elternteile schwer, das Erziehungsverhalten des anderen zu respektieren, sich einander anzunähern. Gerade Pflegekinder benötigen aufgrund ihrer oft chaotischen Aufwachsbedingungen und ihrer deprivierten Persönlichkeit Eltern, die beide selbstbewußt und konsequent mit den Kindern umgehen und sich auch bei unterschiedlicher Position gegenseitig nicht abwerten. Das gibt den Kindern Sicherheit und Halt.

Fühlt sich ein Partner vom anderen in der Erziehung hintergangen, entwertet oder allein gelassen, dann multiplizieren sich die Probleme mit den Kindern. Kinder wollen sich an beiden Erwachsenen orientieren können, auch wenn sie verschieden sind. Unterschiedlichkeit ist nicht das schlimme, wenn beide Elternteile sie bewußt handhaben können. Schlimm wird es dann, wenn die Eltern auf Kosten der Kinder gegeneinanderarbeiten.

Die Paarebene

Nur Menschen, die miteinander eine gute partnerschaftliche Beziehung führen, können gute Eltern sein. Kinder registrieren, ob sich die beiden Elternteile als Paar verstehen oder ob Spannungen in der Luft liegen. In jeder Paarbeziehung gibt es im Lauf der Jahre herbe Enttäuschungen, Verletzungen, Entwertungen und Gefühle von Alleingelassenwerden. Hat das Paar sich bereits in Belastungsproben bewährt? Gibt sich das Paar untereinander Wertschätzung? Wer «nährt» wen, wer versorgt wen? Können die beiden Partner streiten und sich wieder versöhnen, können sie Konflikte erkennen und austragen? Wie wurden andere Krisen, z. B. Tod von Verwandten, Krankheit, Arbeitslosigkeit usw. bewältigt? Kann das Paar sich gerade in der schweren Situation, Pflegefamilie zu sein, untereinander Halt, Wärme, Geborgenheit geben? Oder neigen beide Elternteile dazu, ihre emotionalen Bedürfnisse stark über die Kinder zu befriedigen? Auch hier gibt es beim Pflegekind oftmals eine Unterbrechung des Regelkreises: Das Pflegekind wird den Elternteil, der viel seelische Nahrung von einem Kind holen will, enttäuschen.

Die Familie hat in unserer Gesellschaft mehrere Aufträge gleichzeitig zu erfüllen: Sie soll ökonomische Versorgung und Sicherheit gewährleisten, sie soll emotionale und sexuelle Bedürfnisse erfüllen, sie soll das Aufziehen und Versorgen der Kinder sicherstellen. Das sind sehr viele schwer erfüllbare Aufträge zugleich. Die Institution Familie ist also von Mammutanforderungen ohnehin schon überbelastet. Kommt dann noch ein Pflegekind mit seinen spezifischen Problemen hinzu, so müssen Eltern schon stabil sein, um nicht aus dem Gleichgewicht zu geraten.

Gibt es auch Autonomie? Gibt es «soziale Energiequellen» außerhalb der Paarbeziehung? Kann der Erwachsene auch für sich selbst gut sorgen? Oder benötigt sie oder er immer andere Menschen, den Partner, die Kinder, die Eltern, um sich zufrieden zu fühlen? Viele Pflegemütter können enorm gut für andere sorgen, funktionieren, helfen. Doch sich selbst gönnen sie nicht, sich ebenfalls zu verwöhnen. Können Sie auch das Ganzfürsichsein wenigstens stundenweise oder tageweise genießen? Oder befinden Sie sich selbst in engen Abhängigkeitsstrukturen, die kaum mehr Eigenleben und Individualität innerhalb des Familienverbandes erlauben?

Eine Paarbeziehung ist dann befriedigend, wenn sich beide Erwachsenen einerseits Nähe, Anteilnahme und Wertschätzung geben, andererseits Verschiedenheit, Grenzen des anderen, Schwächen des anderen ertragen können. Nur wenn Partner nicht die Befriedigung aller Bedürfnisse voneinander erwarten, wird eine Paarbeziehung nicht überfordert.

Die individuelle Ebene: Eigene Kindheit von Pflegemutter und Pflegevater

Das Zusammenleben mit Pflegekindern ist oft deshalb so schwer, weil diese Kinder durch vielfältige Not Mechanismen entwickelt haben, die den Pflegeeltern aus der eigenen Sozialisation nicht vertraut sind und die das Kind, trotz Anstrengungen und guten Vorsätzen, nicht ändern kann. Zwei einander fremde Welten prallen aufeinander.

Wir alle sind umfassend geprägt von unseren frühen Jahren. Haben wir durch harte Arbeit an uns selbst Veränderungen ermöglicht, so werden wir – öfter, als uns lieb ist – in neuen Varianten von unseren alten Mustern und den uralten Spielregeln unserer Kindheit eingeholt. Wie war unsere eigene Kindheit? Welche Erfahrungen mit Leistung, Geliebt- und Geachtetwerden haben wir gemacht, woher bekamen wir seelische Nahrung? Wo haben wir selbst Mangel erlitten? Wo haben wir Minderwertigkeitsgefühle, und wo sind wir stark? Gab es Erfahrungen mit Alleinsein, Beziehungsabbrüchen, Abschieden? Welche Abhängigkeitsverhältnisse gab es in unserer Kindheit, welche Macht-Ohnmachts-Strukturen haben wir bei unseren Eltern und an uns selber erlebt?

Indem wir bei unseren Kindern vieles anders machen wollen, holen wir für uns selbst auf, versorgen wir uns selbst ein Stück mit dem, was uns in der eigenen Kindheit gefehlt hat: Geborgenheit, Wärme, Erfolg. So sind wir in der Elternrolle nie nur Gebende, sondern immer auch Empfangende. Und gerade wenn wir selbst viele frühe Mängel und ungestillte Sehnsüchte in uns tragen, spüren das unsere Kinder. Nur seelisch verletzte Kinder können das nicht so gut. So sind Pflegeeltern durch ihre schwierigen Kinder gezwungen, sich mit ihrer eigenen Lebenssituation sehr intensiv auseinanderzusetzen. Durch die Kinder haben Pflegeeltern die Chance zu neuen persönlichen Wachstumsprozessen.

Großeltern – Verwandte und Nachbarschaft – Öffentlichkeit

Pflegeeltern haben nicht nur innerhalb ihrer Familie viel zu bewältigen. Der Druck von außen kommt hinzu. Sie fühlen sich oft von ihren Eltern und von ihrer Verwandtschaft allein gelassen. Oft haben Pflegeeltern eine große Portion von emotionalen Sorgen und Problemen mit ihren Pflegekindern. Doch die Umwelt versteht sie nicht. Ich kenne Pflegeeltern, die sehr darunter litten, daß ihre Pflegetochter nicht imstande war, mehr Nähe zu ihnen herzustellen. Doch die Großeltern verkündeten: «Wir können dich nicht verstehen, sie ist doch völlig okay.» Oft genug allerdings ist es gerade umgekehrt: Großeltern und soziales Umfeld wissen wenig über die Verhaltensweisen von seelisch verletzten Kindern. Das außergewöhnliche Verhalten des Kindes wird von Verwandten oft den Pflegeeltern «in die Schuhe» geschoben. Schnell vermutet Verwandtschaft und Nachbarschaft, die Pflegeeltern machten irgend etwas nicht richtig mit dem Kind.

Sind die Pflegeeltern ihren eigenen Eltern gegenüber noch in der Rolle der Kinder, so kommt es mit der Aufnahme des Pflegekindes oft zu schmerzlichen Abnabelungsprozessen. Oder es bedarf intensiver Klärungsprozesse mit den Eltern der Pflegeeltern: Können sie das Pflegekind mitsamt seinen Problemen annehmen, oder werden sie es ablehnen? Werden sie es den leiblichen Enkeln gegenüber benachteiligen? Die Einstellung von Großeltern und Nachbarschaft zum «Kind fremder Leute» beeinflußt sehr stark das Klima in der Pflegefamilie. Die Pflegefamilie fühlt sich unter Beobachtung, denn nur zu gern mischen sich alle ein. Die Tatsache, daß die Pflegeeltern nicht die «richtigen» Eltern des Kindes sind, veranlaßt viele Menschen der Umgebung, sich ein Stück mit zuständig, mitverantwortlich zu fühlen. Doch konstruktive Unterstützung, Hilfe und Solidarität bleiben oft aus. Bekommen Pflegeeltern keine Solidarität, so haben sie die Berechtigung und dem Kind gegenüber sogar die Verpflichtung, sich von den Kritikerinnen und Kritikern abzugrenzen. Wenn sie selbstbewußt für gute Rahmenbedingungen ihrer Kinder eintreten, sind sie zugleich Modell für das Kind.

Pflegeeltern müssen in vielen Lebensbereichen mutig und kampflustig sein, dürfen sich dem verschärften Druck ihrer Umwelt nicht beugen. Wenn sie sich ausliefern und ohnmächtig fühlen, dann haben sie verloren. Sie haben eine schwere Aufgabe übernommen. Viel Hilfe, Unterstützung und Solidarität erfahren Pflegeeltern von anderen Betroffenen, von Menschen in derselben Situation. Im Austausch in Pflegeelterngruppen fühlen sie sich verstanden. Hier bekommen sie Hoffnung, Anregung oder Impulse, etwas anders als bisher zu machen. Hier erhalten sie die moralische Unterstützung, ihren schweren Weg, den sie gewählt haben, weiterzugehen.

12. Kind zweier Eltern: Identität und Selbstwert von Pflegekindern

Pflegefamilie und Herkunftsfamilie im Erleben des Kindes

Die siebenjährige Vanessa, seit drei Jahren von ihren Eltern getrennt, sagt zu ihrer Pflegemutter: «Warum kann die Mama nicht mit uns hier im Haus wohnen?» Die vierjährige Nurdan: «Aber lieb ist sie doch.» Der sechsjährige Marcel: «Wenn ich nur könnte, würde ich wieder beim Papa wohnen.» Die sechsjährige Petra: «Meine Mama ist die beste.» Der siebenjährige Mario: «Die haben mich schlecht behandelt.» Die neunjährige Miriam: «Die lügt mich immer an.» Die zehnjährige Doris: «Ich schäme mich für meine Eltern.» Die vierzehnjährige Tanja: «Jetzt brauche ich sie auch nicht mehr.» Der fünfzehnjährige Daniel: «Mit denen bin ich fertig.»

Jüngere Kinder zeigen oft noch ihre Sehnsucht, fragen wehmütig nach ihren leiblichen Eltern. Ältere Kinder sprechen häufiger abwertend, zeigen ihre Scham, ihre Wut und ihre Verzweiflung. Sie versuchen, sich von ihren Eltern loszureißen, sich abzulösen. Manche sinnen auf Rache für das Erlittene. Wenn sie selbst Mißerfolge haben, scheitern, Kritik ernten, dann sind auch sie tief innen der festen Überzeugung, daß sie ihren schlechten Eltern gleichen.

Ist das Kind nicht als Säugling vermittelt worden, sondern erinnert sich noch an seine Eltern, so hat es häufig belastende Erfahrungen mit ihnen gemacht. Es vergleicht die Beziehung zu den Pflegeeltern mit der Beziehung zu seinen leiblichen Eltern und muß feststellen, was ihm bei seinen eigenen Eltern alles fehlte oder noch fehlt. Im Vergleich zu seiner eigenen Situation muß es erkennen: Von meinen Eltern bekomme ich nicht, was hier in dieser Familie die Kinder tagtäglich bekommen. Bei meinen Eltern und mir gibt es ein vergleichbares Einanderverstehen nicht. Diese Erfahrung schmerzt. Daß es von den Pflegeeltern liebevoll versorgt wird, kann diese Verwundung nicht wettmachen. Es erlebt es als Mangel, als Defizit, daß seine «richtigen» Eltern nicht können, was die Pflegeeltern vollbringen.

Die seelische Entwicklung von Pflegekindern wird nicht nur vom psychischen Klima in der Pflegefamilie, sondern davon beeinflußt, wie die Realität, zweimal Eltern zu haben, vom Kind verarbeitet wird. Die Pflegeeltern eines Dauerpflegekindes sind die primären Bezugspersonen, ihnen fühlen sich die Kinder verbunden trotz geheimer oder offener Phantasien über die leiblichen Eltern. Was Pflegeeltern über die abgebenden Eltern denken und fühlen, ob sie vor Besuchen durch die Eltern aufgewühlt sind oder gelassen, beeinflußt die Kinder oft stärker als das, was sie mit ihren Eltern real erlebt haben.

Manche Kinder idealisieren ihre leiblichen Eltern, verzeihen ihnen alles, vor allem wenn sie noch klein sind. Es ist für Pflegeeltern nicht leicht, dem Kind die Wirklichkeit zu spiegeln und zugleich dem Kind sein Wunschbild nicht schonungslos zu zerstören. Je älter das Pflegekind, desto klarer wird es die Realität erkennen.

Kinder brauchen Wahrheit

Kinder wollen wissen: Von wem komme ich, wer bin ich wirklich, wem sehe ich ähnlich, weshalb konnten diese Menschen mich nicht gebrauchen? Kinder können die Wirklichkeit, daß «ihre Eltern» nicht die leiblichen Eltern sind, am besten verarbeiten, wenn sie dies so früh wie möglich erfahren. Je kleiner ein Kind, desto selbstverständlicher kann es damit umgehen. Dennoch wird es sich ein Leben lang mehr oder weniger stark mit dieser Realität auseinandersetzen. Wir können Pflegekindern den Schmerz, getrennt worden zu sein, nicht ersparen, nicht im nachhinein ungeschehen oder unwirksam machen.

Kinder benötigen nicht nur die Information, nicht aus dem Bauch der Pflegemutter zu sein. Sie wollen auch etwas über ihre Entstehungsgeschichte erfahren und die Umstände, weshalb sie nicht bei ihren Eltern aufwachsen können. Am besten ist es, wenn die Pflegeeltern die Lebensgeschichte des Kindes aufschreiben, die schon in der Kindheit der Eltern beginnt. Die Geschichte soll äußere Daten enthalten: Name und Alter der Eltern, Geburtstag des Kindes. Sie darf die Schwächen der abgebenden Eltern enthalten, muß aber zugleich Entlastung und Erklärungen anbieten für deren Handeln. Immer soll darin enthalten sein, daß die abgebenden Eltern selbst einst Kinder waren, die so viel Not erlitten haben, daß sie nicht gelernt haben, später ihre eigenen Kinder zu versorgen.

Wurde das Kind gegen den Willen der Eltern in der Pflegefamilie untergebracht, so ist auch das in der Geschichte anzudeuten mit Worten wie: «Deine Mutter war selbst als Kind allein und wurde nicht von ihren Eltern beschützt. Sie hat nie gelernt, wie man auf ein Kind aufpassen muß. Deshalb hat das Jugendamt entschieden, daß du zu anderen Menschen kommen sollst.» Im «Ratgeber Adoptivkinder» habe ich genaue Vorschläge für die Ausgestaltung der persönlichen Lebensgeschichte der Kinder herausgearbeitet. Der Bereich Aufklärung und Identität von Kindern mit doppelter Elternschaft wird dort ausführlich behandelt und hier deshalb kurz zusammengefaßt.

Es gibt keinen richtigen Zeitpunkt

Viele Pflegeeltern schieben die Aufklärung hinaus, weil sie auf den richtigen Zeitpunkt warten wollen. Pflegeeltern eines Kleinkindes sollen nicht abwarten, bis das Kind fragt, ob es im Bauch der Pflegemutter gewachsen ist. Nicht alle Kinder stellen diese Frage. Manche gehen davon aus, daß dies so sei. Wenn Kinder die Reife haben, diese Frage zu stellen, dann ist es manchmal schon zu spät. Denn die Antwort: «Nein, du warst nicht in meinem Bauch» wird dann als Überraschung, vielleicht als Schock erlebt. Es reicht nicht, dem Kind nur einmal zu sagen, daß es nicht das leibliche Kind in der Pflegefamilie ist. Es muß zu vielen Gelegenheiten daran sanft erinnert werden, damit es wie selbstverständlich in die außergewöhnliche Situation hineinwächst.

Kleinkinder schauen gern ihr Fotoalbum an. In diesem Fotoalbum sollte ein Bild von der leiblichen Mutter, dem leiblichen Vater, vielleicht von Großeltern und Geschwistern enthalten sein. Gibt es keine Fotos, so kann dort eine schemenhafte Zeichnung eingefügt werden, versehen mit der Information: Deine Mutter hieß..., dein Vater hieß... Leider haben wir kein Bild von ihnen. Bei deiner Geburt war deine Mutter, dein Vater ... Jahre alt. Es hat sich auch bewährt, mit Pflegekindern den Ankunftstag in der Familie neben dem Geburtstag als persönliches Fest zu begehen. Auch dieser Tag bietet dann schon früh Gelegenheit, über die Wirklichkeit, daß das Kind anderswo leibliche Eltern hat, zu sprechen. Dieser Tag ist ein Freudentag, aber auch ein Tag des Verlustes, der Trauer.

Kennen die Pflegeeltern die Mutter oder den Vater, dann sollten sie dem Kind davon erzählen. Dann können sie dem Kind auch beschreiben, wie diese Menschen ausgesehen haben. Gleichzeitig braucht das Kind eine Erklärung, weshalb es später keine Kontakte mehr gab. Haben die Eltern sich von sich aus nicht mehr gemeldet, so ist die erste Erklärung für das Kind: «Deine Mutter und dein Vater wußten, daß es dir bei uns gutgeht. Sie merkten selbst, daß sie sich nicht um dich kümmern konnten. Sie merkten, daß du sie nicht mehr kanntest und sie nicht mehr brauchtest. Deshalb kamen sie nicht mehr. Es hat nichts mit dir zu tun, daß sie nicht mehr kamen, sondern mit ihren eigenen Problemen.»

Immer wieder gibt es Pflegeverhältnisse, bei denen es Besuchskontakte gibt, aber die Kinder wissen nicht, daß die Besucherin die leibliche Mutter ist. Oft kennt das Kind die Mutter beim Vornamen und hält sie für eine Bekannte der Familie. Da auch diese Erwachsenen oft warten, ob das Kind fragt oder etwas merkt, versäumen sie die frühe Information. Plötzlich ist ein Kind fünf oder sechs Jahre, ohne seine besondere Situation zu kennen. Dann wird es immer schwerer. Je älter das Kind, desto ungeheuerlicher empfindet es dann die Information, nicht das leibliche Kind in «seiner» Familie zu sein und nicht gewußt zu haben, daß die Besucherin die leibliche Mutter ist. Je älter, desto schlimmer fühlt es sich verletzt, betrogen und belogen. Dies hat Folgen für sein seelisches Gleichgewicht über viele Jahre.

Die Identität von Pflegekindern

Ausnahme

> Die sechsjährige Clarissa erzählte überall im Dorf, daß sie ein Pfle-
> gekind sei. Der zehnjährige Thomas hingegen will, daß niemand
> weiß, daß er ein Pflegekind ist.

Beide Kinder versuchen auf ganz unterschiedliche Weise mit der Realität fertig zu werden, Kind von Menschen zu sein, bei denen es nicht
leben kann, und in einer neuen Familie ein Zuhause zu haben. Tho-
mas empfindet es als beschämend, fortgegebenes Kind und nicht das
«richtige» Kind seiner Pflegeeltern zu sein. Clarissa tritt die Flucht
nach vorn an, erzählt jedem Fremden das Ungewöhnliche, um sich
selbst daran gewöhnen zu können.

Wer nicht selbst adoptiert ist oder Pflegekind war, kann es sich
kaum vorstellen, wie es ist, daß anderswo Menschen existieren, die
einen ins Leben geschickt haben. Wer aufgrund von Scheidung oder
Nichtehelichkeit oder Tod einen Elternteil verloren hat oder nie kennengelernt hat, weiß, wie stark dies das Leben beeinflußt, wie schwer
es ist, mit dieser Lücke im Wissen über sich selbst zu leben. Noch viel
schwieriger ist es, wenn Kinder beide Elternteile, die ganze Familie
verloren haben. Pflegekinder erfahren tagtäglich, daß sie in einer besonderen Situation sind: im Kindergarten, in der Schule, vor allem
auch in der Pflegefamilie. Die gesellschaftliche Normalität, daß Kinder bei ihren leiblichen Eltern oder wenigstens bei einem leiblichen
Elternteil aufwachsen, gilt für diese Kinder nicht. Und das quält sie,
das beschäftigt sie.

Sie unternehmen oft ungeheure Anstrengungen, um sich wertvoll
fühlen zu können. Oder sie gehen vor sich selbst auf die Flucht, sind
nicht imstande, für sich selbst Verantwortung zu übernehmen.
Manchmal wechseln beide Strategien einander ab. Vor allem in den
Jugendjahren sind Pflegekinder erschütterbar, kommen sie mit ihrer
ungewöhnlichen Biographie nur schwer zurecht.

Teil schlechter Menschen?

> Die fünfjährige Beate, seit zwei Jahren in einer Pflegefamilie, emp-
> fing ihre Sozialarbeiterin mit den Worten: «Meine Mutti ist böse.
> Und deshalb muß ich auch oft böse sein.»

Pflegekinder müssen oft noch als Erwachsene lebenslang an ihrer
Identität, Kind schlechter Eltern zu sein, arbeiten. Sie wurden von
ihren Eltern verlassen oder ihnen fortgenommen. Pflegekinder tragen in sich den Schmerz, die Wut, die Trauer, daß die Eltern gescheitert sind. Sie bekommen früh mit, was alle Welt über jene Menschen, die nicht für ihre Kinder sorgen, denkt: daß sie Pack seien,
völlige Versager, unmögliche Menschen, böse Menschen, schlechte
Menschen.

Die Kinder hören das Zittern in der Stimme der Pflegemutter und
den verächtlichen Ton in der Stimme des Pflegevaters. Sie hören
ringsum: Ihre Eltern verletzen Regeln, sind ungezogen, tun nicht,
was sie sollen, halten sich nicht an Verabredungen, sind unzuverläs-
sig.

Pflegekinder müssen tagtäglich für sich klären, daß alle Welt ihre
Eltern unmöglich findet. Wenn sie aufgrund ihrer seelisch verletzten
Persönlichkeit immer wieder mit ihren Pflegeeltern in Konflikte kommen, so setzt sich bei ihnen tief innen fest: Sie kommen auf ihre Eltern
heraus. Und deshalb kann an ihnen nicht viel Gutes sein.

Selbst schuld?

Viele junge Kinder sind überzeugt, selbst etwas falsch gemacht zu
haben. «Was war an mir nicht richtig, daß sie mich nicht wollten?»
fragen sich Pflegekinder immer wieder. Kinder sehen sich selbst als
Verursacher des Übels. Sie haben die Phantasie, hätten sie sich nur
angestrengt oder lieb verhalten, dann wäre es zu der ganzen Misere
nicht gekommen. Entwicklungspsychologisch ist das junge Kind ego-
zentrisch, erlebt sich selbst als Mittelpunkt der Welt, kann noch nicht
begreifen, daß andere unabhängig von ihm und seiner Person gehan-
delt haben könnten. Es bezieht alle Handlungen auf sich. So setzt sich
in ihm fest, daß es selbst die Situation verursacht hat, daß an ihm
selbst etwas nicht stimmt. Folglich kann das kleine Kind auch von der

Phantasie beherrscht werden, daß es selbst die Situation wieder ändern könnte. Wenn dies in der Realität dann nicht gelingt, fühlt es sich ohnmächtig und minderwertig. Kindern muß klar gesagt werden, daß die Erwachsenen, nicht die Kinder die Verantwortung für das Auseinandergehen haben.

Namensänderung?

Viele Pflegekinder machen es am Namen fest, daß sie nicht das «richtige Kind» in der Pflegefamilie sind. Sie möchten so heißen wie die Pflegeeltern. Und viele Pflegeeltern sind schnell bereit, eine Namensänderung zu beantragen, damit das Kind sich nicht mehr tagtäglich an seine Ausnahmesituation erinnert fühlt. Auch ist ihnen willkommen, das Kind auf diese Weise stärker zu integrieren, es schneller zu ihrem Kind machen zu können.

Doch die Namensänderung bringt nur vordergründig Linderung von den schmerzlichen Identitätsproblemen. Zwar kann das Kind jetzt nach außen und gegenüber Fremden demonstrieren, daß es Kind seiner Pflegeeltern ist. Es wird nicht mehr auf seinen anderen Namen angesprochen, doch seine Identität hat es damit nicht ausgetauscht. Im Gegenteil: Es ist bestärkt worden, daß es Teil einer schlechten Familie ist, so schlecht, daß es nicht mehr so heißen soll wie diese, so schlecht, daß die Außenwelt nicht merken soll, daß es deren Kind ist.

Deshalb ist die Namensänderung keine langfristige Hilfe für das Kind und seine Minderwertigkeitsgefühle. Und sie erweckt den Eindruck eines anderen rechtlichen Standes, nämlich leibliches oder adoptiertes Kind zu sein. Doch die Pflegeeltern haben diesen Rechtsstatus nicht. Mit der Namensänderung wird die Pflegesituation von Pflegeeltern und Kind gemeinsam verleugnet. Selbst wenn das Kind sich äußerlich gestärkt fühlt, daß es so heißen darf wie die Pflegefamilie, so wirkt sich die Verleugnung auf sein Selbstwertgefühl wieder nachteilig aus.

Viele Pflegekinder freuen sich und wollen ihren Namen nicht mehr ändern, wenn sie ein eigenes Schild an der Haustür bekommen. Dann kommt es auch nicht vor, daß Post an das Pflegekind nicht ankommt. Auch dies ist ein beliebtes Argument, weshalb Kinder den Namen der Pflegefamilie haben wollen. Von außen kann oft niemand erkennen, daß sie überhaupt bei der Pflegefamilie wohnen.

Immer wieder gibt es noch junge Pflegeverhältnisse, in denen Pflegeeltern und Kinder sich schnell einigen, den Namen ändern zu wollen. Dann soll die Namenserteilung die noch nicht vorhandene Bindung ersetzen. Der gemeinsame Name soll die Wirklichkeit zudecken, daß es schwer ist, miteinander ein Eltern-Kind-Verhältnis aufzubauen. Kind und Pflegeeltern strengen sich an, den Austausch komplett zu machen. Doch das echte Zusammenwachsen von Eltern und Kindern braucht – gerade wenn die Kinder erst spät in die Familie kamen – viele Jahre.

Die Kinder brauchen Erwachsene, die sie sanft an die Realität erinnern, Erwachsene, die sagen: «Du wünschst dir, so zu heißen wie wir. Auch wir fänden es gut. Aber der Name ist ein Teil von dir, und diesen Teil wollen wir nicht wegmachen. Ich finde deinen Namen gut.» Oder: «Deinen Namen, den hast du von deiner Mama (deinem Papa). Vielleicht willst du ihn nicht mehr, weil Mama und Papa dich fortgegeben haben. Aber du bleibst das Kind deiner Mama, und zugleich bist du unser Kind geworden. Für uns ist es okay, daß du so heißt wie deine Mama.»

Wenn Pflegeeltern und Kind schon Jahre zusammenleben, dann können sie dem Kind informell ermöglichen, beide Namen zu tragen. Der Name symbolisiert dann die Zugehörigkeit zu beiden Familien, der früheren und der heutigen.

Heranwachsende Pflegekinder hängen oft wieder an ihrem Namen. Manche Jugendliche, deren Name früh geändert wurde, verlangen ihn in den Jahren des Heranwachsens wieder zurück. Unser Name ist Teil unserer Identität. Er macht uns einmalig. Er zeigt, wessen Kind wir sind. Ihn auszutauschen ändert nicht die Realität, kann Flucht sein und bestärkt das Kind, Teil einer schlechten Welt zu sein. Wenn ein Kind Hilfe bekommt, auch gute Seiten bei seinen Herkunftseltern sehen zu können, nicht nur die furchtbaren, kann es mit einem Doppelnamen gut zurechtkommen und kann sich wertvoller fühlen, als wenn es seinen ersten Namen und damit Teile von sich selbst auslöschen soll.

Neue Chance

Wenn Kinder über Jahre schlecht behütet und emotional vernachlässigt mit ihren Eltern gelebt haben, so gibt es trotzdem auch gute Erinnerungen. Es ist wichtig, über die Not, die Ängste, den Schmerz zu sprechen. Aber es ist auch sehr wichtig, mit den Kindern gemeinsam nachzudenken, was früher schön war, woran sie sich gern erinnern.

Wenn ihnen erklärt wird, daß auch ihre Eltern einst Kinder waren, die durch eine schwere Kindheit unfähig wurden, Eltern zu sein, dann ist immer auch hinzuzufügen: «Du hast als Pflegekind jetzt eine neue Chance. Du lebst jetzt mit anderen Menschen und hast die Wahl und die Möglichkeit, ganz anders zu werden: Zum Teil wie deine Pflegeeltern, zum Teil wie deine Eltern, zum Teil noch ganz anders, nämlich du selbst. Ein eigener neuer Mensch.»

Ich-Stärkung und Hilfen bei der Persönlichkeitsentwicklung

Pflegekinder benötigen Lob und Anerkennung für recht selbstverständliche Leistungen. Damit sie sich selbst als wertvoll fühlen, sollten sie ermutigt werden, ihre eigene Persönlichkeit zu entwickeln. Dies geschieht durch Förderung von Begabungen, Produktivität und Kreativität. Sind Kinder musikalisch, so sollte dies gefördert werden. Das Spielen eines Instruments stärkt das Selbstvertrauen und ist ein kleiner Schritt zur Selbstverwirklichung. Auch Kontakte zu anderen Menschen helfen uns, uns selbst zu finden, in Kontakt mit uns selbst zu kommen. Deshalb ist es wichtig, Pflegekindern Freundschaften, Kindergruppen zu ermöglichen. Eine große Hilfe für Pflegekinder ist es, wenn sie mit anderen Pflegekindern zusammentreffen. Schon fühlen sie sich weniger als Außenseiterinnen und Außenseiter. Auch die Verantwortung für Tiere fördert die Ich-Entwicklung. Viele Kinder versuchen über Besitz und materielle Werte ihren Selbstwert aufzubessern. Doch dies gelingt nur begrenzt, bleibt oft Ersatz.

Wir alle haben unsere Persönlichkeit einerseits in Auseinandersetzung mit unseren Eltern, andererseits durch vielfältige Einflüsse wie Erfolg in der Schule, in der Ausbildung, im Beruf entwickeln können.

Wir sind froh, wenn wir unseren persönlichen Stil, unsere Individualität gefunden haben. Deshalb ist es sehr wichtig, Kinder immer zu ermuntern, nicht so sein zu wollen wie die anderen, sondern Mut zu eigenen Wegen und Ideen zu entwickeln. Wir sind geprägt durch unsere Stärken und Schwächen. Es ist erlaubt, gute und schlechte Seiten zu haben.

Das Buch über mich selbst

Eine wertvolle Hilfe für alle Kinder, die schon lesen und schreiben können, mit ihrer doppelten Identität besser klarzukommen, ist nicht nur das Fotoalbum mit Bildern von früher. Sie können ein Buch über sich selbst schreiben.

In diesem Buch – am besten ein Ringordner, dem beliebig viele Blätter hinzugefügt werden können – soll nicht nur die Lebensgeschichte, die die Pflegeeltern früher aufgeschrieben und mit Bildern und Zeichnungen ausgestattet haben, am Anfang enthalten sein. Hier können sehr viele Bereiche, die die Identität des Kindes betreffen, bearbeitet werden. Das Buch kann folgende Themen umfassen:

Name, Geburtstag, Ankunftstag in der Pflegefamilie.
Namen meiner leiblichen Eltern, geboren wann und wo?
Namen meiner Pflegeeltern, wann und wo?
Namen meiner leiblichen Geschwister, wo leben sie?
Namen meiner Geschwister in der Pflegefamilie.
Wo ich früher gelebt habe. Mit wem habe ich von wann bis wann gelebt?
Bei meinen leiblichen Eltern von ... bis ...
Im Kinderheim von ... bis ...
In der Pflegefamilie seit ...
Was erinnere ich als Allerschlimmstes im früheren Leben?
Was ist meine schönste Erinnerung an früher?
Mein Lieblingstier, meine Lieblingsfarbe, meine Lieblingsmusik, mein Lieblingsschauspieler, mein Lieblingsfilm ...
Meine guten Eigenschaften:

Meine Fehler:
Was ich besonders gut kann:
Was ich nicht so gut kann:
Meine besten Freundinnen und Freunde heißen:
Ich mag an ihnen:
Wenn ich groß bin, möchte ich gerne so werden wie:
Wenn ich groß bin, möchte ich folgenden Beruf haben:

Dieses Buch kann gelegentlich fortgesetzt oder in Teilen neu geschrieben werden. Es ist eine wertvolle Grundlage für Kind und Pflegeeltern, über die zentralen Themen im Leben im Gespräch zu bleiben.

13. Kontakte des Kindes zu seiner Herkunftsfamilie

Streitpunkt Besuche

Robert, ein Pflegekind von zehn, seit zwei Jahren in Dauerpflege, war zuvor von einer anderen Pflegefamilie getrennt worden, in der er drei Jahre gelebt hatte. Nach der Herausnahme hatte die Pflegefamilie alle Kontakte abgebrochen. Robert aber hatte Sehnsucht nach den früheren Menschen, dem kleinen Ort, dem Haus und der Umgebung. An einem heißen Sommertag verabschiedete er sich für eine Radtour. Er fuhr heimlich mit dem Fahrrad zur früheren Pflegefamilie. Diese lebte dreißig Kilometer entfernt, und Robert mußte davon mindestens die Hälfte bergauf fahren. In seiner Sehnsucht, zwischen seinem früheren und seinem heutigen Leben Verbindung herzustellen, entwickelte er Bärenkräfte. Völlig erschöpft, aber zufrieden kehrte er am Abend zu seiner jetzigen Pflegefamilie zurück und erzählte ihnen alles.

Kaum ein Thema ist so umstritten, wird so erbittert und heiß diskutiert wie die Besuchskontakte von Pflegekindern zu ihrer Herkunftsfamilie. Oft fällt es Fachleuten ebenso schwer wie Betroffenen, zu klären, wozu Kontakte zwischen Kind und seiner Herkunftsfamilie dienen: Besuche seiner Eltern sollen dem Kind bei der seelischen Bewältigung seiner schweren Situation eine Hilfe sein. Deshalb können Häufigkeit und Rahmenbedingungen nicht in erster Linie an den Bedürfnissen der Herkunftseltern orientiert sein, so schmerzlich dies für diese ist, sondern im Mittelpunkt muß die seelische Situation der Kinder stehen. Beim Regeln von Besuchskontakten werden unendlich viele Fehler gemacht, die einerseits auf Unwissen, andererseits auf Affekten beruhen. Kein Wunder also, wenn Pflegeeltern ärgerlich und verunsichert reagieren, wenn Kinder durcheinandergeraten.

Selbst bei geklärter Perspektive und akzeptierten Grundregeln zwischen allen Beteiligten verläuft nicht alles harmonisch und reibungslos. Oft sind die Kinder nach den Besuchen durcheinander. Dafür gibt es eine ganze Reihe von Ursachen. Wenn Kinder Angst vor den Besuchen haben, dann muß geschaut werden, wo im Regelkreis Pflegefamilie – Kind – Herkunftsfamilie der «Kurzschluß» liegt. Es gibt eine Reihe von angemessenen, «normalen» Konfliktbündeln bei Kind, Pflegeeltern und Herkunftseltern. Das Aufwachsen von Pflegekindern ist begleitet von Schmerz: Verluste, Trauer, sein Sonderstatus in der Pflegefamilie, seine komplizierte Identität, seine oft kindlichen und hilflosen Eltern, das alles geht nicht spurlos am Kind vorbei. Bei den Besuchen prallen zwei verschiedene Welten aufeinander. Kinder spüren die Niederlage ihrer Eltern, mit der ihre neue Chance in der Pflegefamilie verbunden ist. Deshalb können Kinder nach Besuchen ihrer Eltern nicht einfach zufrieden sein.

Die meisten Pflegekinder sind über die Besuche ihrer Eltern froh, wenn sie nicht unter dem Loyalitätskonflikt leiden müssen. Denn ihr Selbstwertgefühl wird gebessert. Sie sind erleichtert, daß die Eltern sie nicht für immer vergessen haben. Zugleich aber wird bei Besuchen immer auch der Schmerz angerührt, von diesen Eltern fortgegeben worden zu sein. Dieser Schmerz gehört zum Leben aller Kinder, die ihre Familie verlassen mußten. Wir können ihn nicht ungeschehen machen. Sonst zwingen wir die Kinder, zu verdrängen und zu verleugnen. Der alte Schmerz wird bewältigbar, und sie wachsen sogar daran, wenn die Pflegeeltern die Kinder nach den Besuchen auffangen und trösten. Doch das können Pflegeeltern nur dann, wenn sie selbst überzeugt sind, daß die Besuche im Interesse der Kinder liegen.

Pflegeeltern und Herkunftseltern benötigen immer wieder Hilfe von ihren betreuenden Sozialarbeiterinnen und Sozialarbeitern oder von Gruppen mit Menschen in ähnlicher Situation.

Besuchsregelungen dürfen nie unabhängig von Vergangenheit, Lebensalter und Zukunftsperspektive des Kindes getroffen werden, sie müssen eingebettet sein in ein ganzes Bündel von Rahmenbedingungen, damit sie vom Kind zu verarbeiten sind.

Soll ein Kind zu seinen Eltern zurückkehren, sind Kontakte ohnehin Voraussetzung, um die primäre Bindung zu den Eltern des Kindes aufrechtzuerhalten und die Rückführung vorzubereiten. Ist die Perspektive noch offen, dienen die Besuche ebenfalls zum Bewahren der primären Bezüge. Gibt es Dissonanzen in der Auffassung von leiblichen Eltern, Pflegeeltern und Jugendamt über die Zugehörigkeit und die Dauer des Pflegeverhältnisses, dann werden auch die Besuchskontakte spannungsvoll verlaufen und die Kinder belasten. Doch es sind nicht die Kontakte an sich, die den Kindern schaden. Die Zerreißprobe ist dann die ungeklärte Zukunftsperspektive.

Alter des Kindes und Besuche der Herkunftsfamilie

Kleinkinder und Säuglinge haben sich nach wenigen Monaten fest an ihre neue Umgebung und die neuen Menschen gebunden. Ein Säugling hat nicht das Gedächtnis, seine Mutter, seinen Vater wiederzuerkennen, wenn diese nur noch besuchsweise kommen und nicht mehr mit ihm zusammenleben. Wenn bei einem sechs Monate alten Kind vierwöchige Kontakte zu seiner Mutter vereinbart werden, so wird es nach diesen vier Wochen seine Mutter kaum mehr kennen. Es wird keine andere Beziehung zu dieser entwickeln können als zu einem Babysitter oder zu anderen Besucherinnen und Besuchern der Familie. Zudem reagieren Kleinkinder mit Angst und Verzweiflung, wenn sie von für sie fast fremden Menschen mitgenommen werden. So ist eine wichtige Regel für Besuche, daß sie nicht mit einem Umgebungs- und Bezugspersonenwechsel verbunden sein dürfen. Herkunftseltern können ihr Kleinkind nicht einfach beliebig mit zu sich nach Hause mitnehmen. Die Besuche müssen in der vertrauten Umgebung des Kindes, also bei der Pflegefamilie stattfinden. Wenn die Umgebung wechselt, muß eine vertraute Bezugsperson des Kindes, Pflegemutter oder Pflegevater, mitgehen dürfen. Das einzusehen fällt leiblichen Eltern oft schwer. Doch bei der Klärung der Perspektive, bei der Lebensplanung für das Kind müssen hier mit den Eltern eindeutige Vereinbarungen getroffen werden. Immer wieder praktizieren Gerichte und Jugendämter ein kinderpsychologisch brutales Vorgehen, indem sie Babys und Kleinkinder von ihren leiblichen Eltern einmal in vier Wochen von den vertrauten Menschen wegholen lassen. Das Kind verbringt ein ganzes Wochenende bei fast fremden Menschen, nämlich seinen Eltern, dazu noch in einer ihm fremden Umgebung. Dies jedoch kann ein Kleinkind nicht verarbeiten, es entwickelt auf Dauer seelische Schäden.

Indem wir den Eltern abverlangen, die Bindung des Kindes, sein Heimweh, seine Trennungsängste zu respektieren, helfen wir ihnen, sich darüber klar zu werden, daß ihre Entscheidung folgenschwer ist für ihr eigenes Leben und das Leben des Kindes.

Bei älteren Kindern sieht dies dann anders aus. Drei- und vierjährige Kinder können schon einige Stunden am Tag ohne ihre nahen Menschen und Bezugspersonen überbrücken, wenn ihnen zugesichert wird, daß sie wieder zurückkehren und sie die Person, mit der sie mitgehen sollen, kennen. Sind Kinder erst im Alter über drei von ihren Eltern getrennt worden, dann ist es selbstverständlich, daß sie diese noch kennen und auch mit diesen fortgehen können, es sei denn die Abstände zwischen den Kontakten sind zu lang oder die Eltern gefährden das Kind seelisch oder körperlich.

Geschützter Rahmen

Kinder, die alt genug sind, können gut zu ihren Eltern oder Elternteilen mitgenommen werden, wenn diese den Aufenthalt des Kindes in der Pflegefamilie respektieren. Sie dürfen dann nicht einfach ihren Eltern mitgegeben werden, wenn diese die Kinder während des Zusammenseins über die Lebensperspektive verunsichern. Kinder sind grundsätzlich vor unbehüteten und chaotischen Situationen zu schützen. Es dürfen keine von der Pflegevereinbarung oder vom Hilfeplan abweichenden Informationen bezüglich seiner Rückkehr zu seinen Eltern gegeben werden. Und vor allem dürfen leibliche Eltern das Kind nicht gegen die Pflegeeltern aufhetzen.

Wenn sie das Kind nicht altersgemäß umsorgen, es grenzenlos fernsehen lassen und es nicht vor körperlicher oder seelischer Gewalt schützen, darf das Kind mit seinen Eltern nicht allein bleiben. Das Kind benötigt dann für die Kontakte mit seinen Eltern einen geschützten Rahmen. Wenn Pflegeeltern es sich zutrauen, können die Besuche bei ihnen stattfinden. Wenn Pflegeeltern leiblichen Eltern keinen Einhalt gebieten können, sobald diese dem Kind etwas erzählen, was dieses verwirrt, sollten Besuche in Gegenwart professioneller Helferinnen und Helfer stattfinden. Manchmal bevorzugen diese einen «neutralen Boden». Dann findet der Kontakt z. B. auf einem Spielplatz oder im Zoo statt.

Aussetzen der Besuchskontakte wegen Mißhandlung

Das Aussetzen der Besuchskontakte ist manchmal notwendig, wenn Kinder von ihren Eltern körperliche, sexuelle und seelische Gewalt erfahren haben. Dennoch ist für das Kind durch den Abbruch nicht alles gut. Auch zu mißhandelnden Eltern haben und hatten Kinder enge Beziehungen. Das Leben hat nicht nur aus Schmerz bestanden, sondern immer auch aus entspannten Momenten, in denen es Hoffnung für das Kind gab. Auch mißhandelte und vernachlässigte Kinder müssen trauern dürfen, brauchen Bindeglieder zum früheren Leben. Meist gibt es im sozialen Umfeld Menschen, die dem Kind nahestanden und es nicht mißhandelt haben, Geschwister, Onkel, Tanten, Großeltern. Zu diesen sollte das Kind dann Kontakte haben dürfen. Auch bei diesen Kontakten muß sichergestellt werden, daß die Zugehörigkeit und Zukunftsperspektive der Kinder nicht in Frage gestellt oder aufgehoben wird.

Doch auch Kontakte zu ehemals mißhandelnden Eltern – in einem therapeutisch begleiteten Rahmen – können für ein Kind hilfreich sein. Haben Eltern ihre Taten bereut, so ist es für Kinder entlastend, wenn sie dies von den Eltern gesagt bekommen. Manchmal genügt auch ein Brief der Eltern. Hier muß allerdings sehr genau unterschieden werden: Wir dürfen nicht zulassen, daß ein Kind einen Brief von seinem sexuellen Mißhandler bekommt, in welchem dieser seine Tat lappalisiert, rechtfertigt oder vor Selbstmitleid zerfließt. Dies würde Realitäten verschieben, das Kind belasten, unangemessene Schuldgefühle erwecken. Und es wäre vor allem der Schwere dessen, was es mitgemacht hat, nicht angemessen. Doch wenn Eltern echte Reue zeigen, nicht verharmlosen, sondern eingestehen können, wie sehr sie ihr Kind verletzt haben, dann kann ein solcher Kontakt oder Brief für das Kind Entlastung von negativer Identität bedeuten. Dabei darf ein Kind, eine Jugendliche oder ein Jugendlicher nicht allein gelassen werden. Ein solcher Brief oder Kontakt dient überwiegend der Entbindung des Kindes, der Verabschiedung von seinem früheren Leben. Er ist das Eingeständnis der Eltern an das Kind, daß es keinen gemeinsamen Lebensweg geben kann, und die Botschaft an das Kind, daß es angemessen und richtig ist, getrennt voneinander zu leben.

Weshalb Besuchskontakte
für Kinder wichtig sind

Beziehungsabbrüche vermeiden

Wenn ein Kind schon Jahre mit seinen Eltern gelebt hat, helfen ihm Besuchskontakte, harte Verluste und Beziehungsabbrüche zu vermeiden. Werden alte Bindungen durch Besuche aufrechterhalten, so kann das Kind sich auf neue Menschen besser einlassen.

Viele Pflegekinderdienste empfehlen, Besuche gerade in den ersten Wochen und Monaten ganz zu unterlassen, um dem Kind das Eingewöhnen in die neue Welt zu erleichtern. Doch diese Erleichterung verschärft in Wirklichkeit die Verletzungen des Kindes. Es muß ungeheuerliche Energie aufwenden zu vergessen. Diese Erleichterung kommt einem Verbot gleich zu trauern.

Bearbeitung von Trauer und Heimweh des Kindes

Immer wieder werden Kontakte von Pflegekindern zu seiner Herkunftsfamilie unterbunden, weil das Kind im Anschluß an die Besuche aufgewühlt ist. Oft ist die Aufregung des Kindes Ausdruck seines wieder erinnerten Trennungsschmerzes. Diesen können und sollten wir Kindern nicht ersparen. Die Kontakte zur Vergangenheit tun weh, sie sind aber auch eine Chance, das unermeßlich Schlimme in Portionen zu bearbeiten.

Die Trauer nach Besuchen, wenn Kinder einmal abhängig von ihren Eltern waren, ist angemessen. Sie zeigt, daß das Kind seine Gefühle nicht abgespalten hat. Weinen Kinder, wenn ihre Eltern wieder fortgehen, so braucht dies kein Grund zu sein, die Besuche zu stoppen. Das Kind hat so eine Chance, seinen Verlust zu fühlen und seinen Schmerz nicht zu verdrängen. Es ist wichtig, daß Pflegeeltern dem Kind dabei durch ihre beruhigende Gegenwart beistehen. Wenn ein Kind nicht trauern darf, berauben wir es seiner Wirklichkeit. Das Erinnern tut weh, doch es hält das Kind lebendig. Wenn Kinder sich selbst zwingen, ihre Gefühle auszublenden, zu verdrängen, dann geraten sie auf vielfältige Weise unter Spannung. Viele Kinder trauern nicht, sondern werden unruhig, wild, aggressiv, sie wollen ihren Schmerz nicht an sich herankommen lassen. Sie benötigen Hilfe von den Pflegeeltern, ihre gemischten, unruhigen Gefühle in Trauergefühle zurückverwandeln zu dürfen.

Besuchskontakte: Erneuerung der Lebensperspektive

Marcel und Mario wurden ihrer alleinerziehenden Mutter per Sorgerechtsentzug im Alter von sechs und acht Jahren fortgenommen. Die Mutter trank, hatte keinen festen Wohnsitz, konnte also vom Jugendamt nicht angeschrieben werden. Sie hatte jeden Kontakt abgebrochen. Die Kinder lebten schon ein Jahr in der Pflegefamilie. Sie waren unkonzentriert, der Ältere näßte ein, der Jüngere schrie im Schlaf. Beide Kinder standen unter erheblicher Spannung. Beide zeigten das ganze Verhaltensrepertoire seelisch verletzter Kinder. Die Pflegeeltern spürten, daß die Kinder ihre Mutter nicht vergessen konnten. Ihre Pflegekindervermittlerin erkannte ebenfalls, daß die Kinder heimlich heftige Sehnsucht nach ihrer Mutter hatten. Sie war der Mutter gelegentlich in einem Lokal begegnet und entschloß sich, unkonventionelle Wege zu gehen, um die Mutter für einen Besuchskontakt zu gewinnen. Sie sprach die Mutter an, sie würde ihr gern erzählen, wie es ihren Kindern gehe, und gab ihr einen Termin für den nächsten Tag in der Dienststelle. Die Mutter kam nicht. Die Sozialarbeiterin nahm einen zweiten Anlauf. Sie sprach die Mutter wieder im Lokal an, gab ihr wieder für den anderen Morgen einen Termin. Diesmal kam die Mutter. Die Sozialarbeiterin sagte ihr, daß sie wisse, wie weh es tut, daß die Kinder fort sind. Auch daß sie vom Jugendamt sicher nichts mehr wissen wolle.

Sie reichte der Mutter eine Karte und bat sie, für den älteren Jungen einen Geburtstagsgruß mitzugeben. Ein neuer Termin wurde vereinbart, zu dem die Mutter ebenfalls erschien. Sie hatte verstanden, daß sie nicht völlig überflüssig für ihre Kinder geworden war. Bei diesem Gespräch wurde der Mutter vorgeschlagen, ihre Kinder wiederzusehen und dabei auch die Pflegeeltern kennenzulernen. Die Sozialarbeiterin überlegte mit ihr gemeinsam, was sie auf Fragen der Kinder antworten könnte.

Sozialarbeiterin, leibliche Mutter, Pflegeeltern und Kinder trafen sich an einem Ausflugsort mit Spielplatz. Die Kinder fragten ihre Mutter aus, wollten wissen, wie sie lebt. Aber sie wollten auch wissen, weshalb sie fortmußten. Die Mutter erklärte den Kindern, daß sie so viele eigene Probleme hätte. Sie fände es inzwischen richtig, daß das Jugendamt sie zu den Pflegeeltern gebracht hätte, und sei beruhigt, die Kinder dort sicher zu wissen. Pflegeeltern und Mutter vereinbarten, daß sie alle drei bis sechs Monate solche gemeinsamen Ausflüge wiederholen wollten.

Nach diesem Kontakt waren beide Kinder entspannter. Der Zusammenhalt mit ihren Pflegeeltern wurde dichter. Oft bemühen sich Jugendamtsmitarbeiterinnen gar nicht mehr um Kontakte mit leiblichen Eltern, wenn diese nach einem Sorgerechtsentzug verschwunden sind. Außer den Kindern empfinden oft alle das Verschwinden als erleichternd. So wagen Kinder nicht, ihren eigenen Verlassenheitsgefühlen zu trauen, und erst recht nicht, sie auszudrücken. Manche Kinder greifen die unausgesprochene Position ihres sozialen Umfeldes auf und sagen: «Die sollen bloß fortbleiben!» Doch es geht ihnen nicht gut dabei. Ihre «Flucht nach vorn» hilft ihnen kaum beim bitteren Gefühl, einen Elternteil oder alle Angehörigen ganz verloren zu haben.

Die hier geschilderten Kontakte zwischen Kindern und Mutter half den Kindern, ihre Zukunftsperspektive zu klären, half ihnen, sich ein Stück abzunabeln, Abschied zu nehmen und ja zu sagen zum neuen Leben. Ihre Mutter, durch die Besuche ein Stück in die Verantwortung genommen, konnte besser ihren Frieden mit den schmerzlichen Ereignissen machen.

Wenn sie gut verlaufen, so bekommt das Kind anläßlich der Kontakte mit, daß die Eltern sein Leben und sein Zugehörigkeitsgefühl zur Pflegefamilie billigen und daß sie dennoch Interesse am Kind und seinem Aufwachsen haben. Am besten geht es Kindern nach Besuchen ihrer Eltern dann, wenn sie spüren, daß ihre Pflegeeltern den Eltern Akzeptanz entgegenbringen, indem sie beispielsweise sagen: «Wenn ich es als Kind so schwer gehabt hätte wie Sie, vielleicht hätte ich es dann auch nicht gepackt.»

Geschenke

Der achtjährige Sascha lebt seit zwei Jahren in seiner Pflegefamilie. Er wird regelmäßig einmal im Monat von seiner Mutter und seiner Oma abgeholt. Beide überschütten ihn mit Geschenken. Wenn Sascha von seinen Pflegeeltern etwas nicht bekommt, sagt er: «Dann kauft es mir meine Oma.»

Oft gibt die Pflegemutter nach. Zuletzt kaufte sie Sascha ein neues Fahrrad, nur weil sie der Oma zuvorkommen wollte. Diese hätte sonst verbreitet, daß der arme Sascha von seinen Pflegeeltern nicht genug geschenkt bekommt.

Pflegeeltern dürfen sich nicht erpressen lassen. Wenn das Kind sagt: «Bei der Oma darf ich das, und bei der Mama bekomme ich alles, was ich will», ist es sehr wichtig, daß Pflegeeltern sich nicht entmutigen lassen. Sie können antworten: «Die Oma verwöhnt dich, weil sie dich so selten hat.»

Kinder sind über Geschenke ihrer Herkunftsfamilie froh. Abgebende Familien wollen mit Geschenken oft ihre Schuldgefühle besänftigen. Das Kind versteht diese Botschaft und fühlt sich durch Geschenke von seinen Eltern aufgewertet. Es versucht, seinen Schmerz zu überdecken, daß es nicht bei den leiblichen Eltern leben kann. Wenigstens geben sie Geld für das Kind aus. Es gehört zum Alltag des Pflegefamiliendaseins, daß die Kinder Geschenke von ihren Herkunftsfamilien erhalten. Manche Herkunftseltern lassen sich von den Pflegeeltern überzeugen, dem Kind nicht soviel mitzubringen. Andere können das nicht, machen so weiter. Oft können die Kinder mit dem Geschenkten ohnehin nicht sorgsam umgehen. Unbewußt registrieren sie sogar, daß die Geschenke ein Ersatz sein sollen, nicht miteinander leben zu können. Das Neue wird schnell uninteressant.

Dies gehört zur Persönlichkeit früh seelisch verletzter Kinder. Pflegeeltern können zum Kind sagen: «Wir geben dir nicht so viele Geschenke. Bei uns ist es eben anders.» Es ist wichtig, daß Pflegeeltern nicht ihre Familienregeln vom Pflegekind außer Kraft setzen lassen oder sich gar tyrannisieren lassen. Kinder können sehr gut verstehen, daß in beiden Familien ein unterschiedlicher Lebensstil herrscht. Pflegeeltern brauchen sich auf der materiellen Ebene nicht mit den abgebenden Eltern zu messen. Kinder sind zufriedener, wenn die Pflegeeltern standhalten und sich nicht aus der Reserve locken lassen.

Wenn Mutter oder Vater mit dem Kind
nichts anfangen können

Oft wundern sich Pflegeeltern, daß Mütter oder Väter sich bei den Besuchen kaum mit ihren Kindern beschäftigen. Manche Mütter oder Väter spielen selbst wie Kinder mit ihren Kindern. Andere werfen kaum einen Blick auf ihr Kind und unterhalten sich viel lieber mit den Pflegeeltern. Sie sind selbst so bedürftig, daß sie ihren Kindern nicht viel zu geben haben. Pflegeeltern können an die Herkunftseltern nicht den Anspruch stellen, sich wie versorgende Eltern zu verhalten. In der Regel müssen Kinder ja gerade ihre Familie verlassen, weil ihre Eltern genau das nicht können. Trotzdem haben die Kinder etwas von den Besuchen. Sie merken, daß sie nicht ganz vergessen wurden. Und sie spüren zugleich, weshalb sie in der Pflegefamilie leben, nämlich weil ihre Eltern nicht gut mit ihnen umgehen können.

Wenn Kinder ihre Eltern
nicht sehen wollen

Alissa hat vier Jahre ihres Lebens bei ihrer Mutter und oft auch bei ihrer Oma gewohnt. Ihre Mutter – erst zwanzig – hatte sich kaum um sie gekümmert. Alissa mußte sich mit sich selbst beschäftigen, bekam von der Mutter manchmal Tabletten oder Alkohol, damit sie keine Ansprüche stellte. Oft verbrachte sie Nächte oder ganze Tage bei der Oma, die einige Straßen entfernt wohnte. Doch auch diese hatte, weil berufstätig, nicht sehr viel Zeit für das Kind. Alissa hatte viel Heimweh. Sie weinte sich die ersten Nächte in den Schlaf. Sie hatte ihr Deckbett von zu Hause mitgebracht, an das sie sich abends verzweifelt klammerte. Die Oma besuchte Alissa einmal pro Woche in der Pflegefamilie. Darüber freute sich Alissa, doch abends weinte sie dann wieder. Alissa konnte trauern, mußte nicht ihren ganzen Kummer verdrängen. Ihr Heimweh legte sich mit der Zeit. Schon nach sechs Wochen hatte Alissa sich recht eng der Pflegemutter angeschlossen. Wenn die Oma kam, freute sie sich und ging fröhlich für zwei Stunden mit ihr fort. Sie kam aber auch sehr gern wieder zur Pflegemutter in die inzwischen vertraute, wohltuende Welt zurück. Die Zukunftsperspektive war klar. Alissas Mutter hatte beim gemeinsamen Hilfeplangespräch im Jugendamt zugestimmt, daß Alissa sich in der Pflegefamilie verwurzeln dürfte. Die Besuchskontakte waren für die Mutter vorgesehen, doch diese schickte lieber ihre eigene Mutter. Sie entzog sich mit der Begründung, das Kind solle sich erst mal in Ruhe eingewöhnen. Und sie fühlte sich auch schuldig gegenüber dem Kind, hatte Angst, von ihm gefragt zu werden.

Wenn der Pflegevater mit dem Kind an der Wohnung der Mutter vorbeifuhr, dann fragte er Alissa, ob sie die Mutter mal eben besuchen sollten. Diese antwortete stets entschieden: «Nein, die Mama, die will ich nicht besuchen.»

Wie ist Alissas Reaktion zu erklären? Heißt ihr Verhalten, daß die Mutter für sie nicht so bedeutsam war? Oder hat die Mutter sie so schlecht versorgt, daß Alissa kein Bedürfnis hat, sie wiederzusehen?

Manche Kinder wollen ihre Eltern am liebsten nicht sehen, weil sie im Loyalitätskonflikt sind. Sie spüren, daß ihre Pflegeeltern nicht gut ertragen können, daß es seine Eltern von früher noch liebhat. Oder sie schämen sich vor ihren Eltern, daß sie sich den neuen Menschen nah fühlen. Vielleicht hatte Alissa Angst, die Mutter könnte sie von den Pflegeeltern fortholen, wenn sie diese erst wiedersieht. Auch wenn Pflegeeltern und abgebende Familie einen Konsens hergestellt haben, kommt es immer wieder vor, daß Kinder ihre früheren Eltern nicht sehen wollen. Dies kann mehrere Ursachen haben:

Angst vor der Trauer

Der Verlust der Mutter und die Verletzung, daß diese Alissa nicht besucht oder wiedergeholt hat, sitzt tief. Sehr kleine Kinder scheinen ihre Eltern nach einer Trennung nicht wiederzuerkennen. Dies ist ein Versuch, Schmerz abzuwehren: Wenn ich die Person nicht mehr kenne, kann sie mir nicht noch einmal weh tun. Andere Kinde weinen bitterlich und verzweifelt, anstatt sich zu freuen, daß die vermißte Person wieder da ist. Diese Kinder haben noch Zugang zu ihrer Trauer und können ihre Verzweiflung zeigen. Das Weinen ist als schwerer Vorwurf an die Bezugspersonen zu sehen, daß sie sie allein gelassen haben. Andere Kinder verstecken sich, zeigen Angst. Das alles sind Bemühungen des Kindes, seine Verletzung, seinen Verlust und die furchtbare Angst, noch einmal verlassen zu werden, zu über-winden. Kinder, die ihre Eltern am liebsten nicht sehen wollen, haben Angst, das Schlimme könnte sich wiederholen. So auch die Entschei-dung der kleinen Alissa: Wenn ich sie nicht wiedersehe, kann sie mir nicht noch einmal so unermeßlich weh tun. Ein sechsjähriger Junge, der seine frühere Familie nicht wiedersehen wollte, drückte es direkt aus und sagte: «Ich habe Angst vor der Trauer.»

Umkehr der Ohnmacht in Macht

Alissa hat sich unendlich ohnmächtig gefühlt, als sie von ihrer Mutter fortmußte. Sie konnte das Geschehen nicht beeinflussen. Wenn der Pflegevater sie fragt, ob sie die Mutter wiedersehen will, und sie sagt nein, dann kann sie selbst Einfluß nehmen. Kinder, denen Schmerzliches zugemutet wird, versuchen aus der Opferrolle in die Täterrolle zu schlüpfen. So spielen kleine Kinder, wenn sie von der Ärztin oder vom Arzt kommen, gern, sie selbst seien Ärztin oder Arzt. Tiere, Spielgefährten oder die Eltern bekommen die Spritzen. Dabei gehen Kinder selbst mit ihren «Patienten» oft rabiater um, als dies der echte Arzt getan hat. Dies zeigt, wie heftig sie sich ausgeliefert gefühlt haben. Ähnliches passiert, wenn Kinder Vater und Mutter spielen. Sie wollen die Realität, unterlegen, schwächer zu sein, umkehren. Sie übernehmen die Macht, die Kontrolle. So auch Alissa. Indem sie nein sagte, fühlte sie sich nicht mehr so verlassen, so unterlegen und wertlos. Nun war sie diejenige, die die Mutter aktiv verließ.

Bestrafung, Retourkutsche

Manche Kinder wollen ihre Eltern nicht sehen, um diese zu bestrafen. Weil du mich verlassen hast, will ich dich auch nicht wiedersehen, lautet ihre Botschaft. Diese Haltung gehört ebenfalls zu den Strategien, Schmerz abzuwehren. Allerdings bekommen Kinder mit Bestrafungsphantasien auch sehr schnell Schuldgefühle und ihrerseits wieder Angst vor Bestrafung. Aggressive Gefühle, die den Eltern gelten, die ihnen so weh getan haben, richten sie es dann gegen sich selbst.

So erfolgreich die Abwehrstrategien zu sein scheinen, sie helfen dem Kind nicht wirklich, mit dem Schmerz zurechtzukommen. Sie sind kein Zeichen dafür, daß die Kinder wirklich nichts mehr mit ihren Eltern zu tun haben möchten. Das wird von Pflegeeltern nur allzugern angenommen. Es sind Zeichen noch nicht bewältigter Abschiede, Zeichen noch nicht gelöster Abhängigkeiten.

Die Energie, die Kinder zur Schmerzabwehr aufbringen, ist groß. Wenn Alissa nach diesem schweren Trauma locker und problemlos die Mutter hätte besuchen wollen, dann würde dies eher dafür sprechen, daß sie zu dieser keine Bindung, keine Abhängigkeit hatte.

Alissa benötigt Hilfe. Sie kann als vierjähriges Kind nicht allein entscheiden, was für sie gut ist. Wenn sie gelegentlich unverbindlich vom Pflegevater gefragt wird, ob sie die Mutter besuchen wolle, bleibt Alissa trotz ihres Neins mit ihrem Schmerz, von der Mutter verlassen worden zu sein, allein. Die Erwachsenen müssen Alissa ihre Entscheidung abnehmen. Entweder es gibt keine reale Möglichkeit, die Mutter zu besuchen, dann sollte dies dem Kind gesagt werden. Oder ein solcher Kontakt ist möglich, dann braucht Alissa die Entscheidung von seiten der Pflegeeltern, daß sie ja sagen kann. Zu Alissa könnte gesagt werden: «Wir wollen mit dir zu deiner Mutti in die Wohnung gehen, und danach kommst du wieder mit zu uns. Du wirst sehr traurig sein, wenn wir dann wieder von der Mama fortgehen. Doch sie möchte, daß du bei uns lebst. Sie hat dich sehr lieb und weiß, daß sie auf dich nicht so gut aufpassen kann.»

Wenn Kinder trauern dürfen und ihre Abwehrstrategien nicht allzu machtvoll gegen sich selbst auffahren müssen, so ist dies langfristig für ihre seelische Entwicklung besser, vorausgesetzt sie erleben, daß Erwachsene sie halten, schützen und trösten.

Wenn Eltern sich nicht an Vereinbarungen halten

Oftmals halten sich abgebende Mütter oder Väter nicht an die Besuchsregelung, so wie sie vereinbart ist. Manche drücken darin ihren Protest gegen die Reglementierung ihrer Elternrechte aus: «Es ist doch mein Kind. Ich will es jederzeit sehen!» In diesem Fall ist es notwendig, die Vereinbarung bei Hilfeplankonferenzen im Jugendamt zu erneuern und den Eltern deutlich zu machen, daß es für das Kind besser ist, zu vorgesehenen Terminen besucht zu werden.

Stehen Eltern unangemeldet vor der Tür, so ist es nicht im Interesse des Kindes, wenn Mutter oder Vater in Gegenwart des Kindes «bestraft» und fortgeschickt wird. Die Pflegeeltern könnten sagen: «Es paßt mir jetzt gar nicht, daß Sie kommen. Aber dem Kleinen zuliebe kommen Sie halt ein bißchen rein. Länger als eine halbe Stunde können Sie jedoch nicht bleiben, ich habe bestimmte Sachen zu erledigen.» Die Pflegeeltern sollten nach dieser halben Stunde konsequent sein und sagen: «Es wäre viel schöner, Sie würden sich an die vereinbarten Termine halten. Dann habe ich mich darauf eingestellt und einen Kaffee fertig. Dann haben Sie mehr Zeit mit dem Kind. Bitte respektieren Sie, daß Sie jetzt meinen Tagesablauf zu sehr durcheinanderbringen.»

Je nach Situation müssen Pflegeeltern härter oder weicher mit dem Überraschungsbesuch umgehen. Steht ein Vater betrunken vor der Tür, so sollte er fortgeschickt werden. Das Kind kann dies hören: «Erstens ist es heute leider nicht vereinbart, und zweitens will ich nicht, daß Sie das Kind im betrunkenen Zustand besuchen. Damit belasten Sie das Kind.»

Handelt es sich um eine minderjährige Mutter, die von weit her umständlich mit dem Bus kommen muß und sich eine Stunde verspätet hat, so sollten Pflegeeltern verständnisvoll reagieren: «Zwar bringst du mir jetzt meinen Tag ein Stück durcheinander, aber es ist schön, daß du gekommen bist.»

Wenn Eltern am vorgesehenen Besuchstag nicht kommen

Schwer wird es dann, wenn Kinder sich auf den Besuch der Eltern eingestellt haben, und diese kommen nicht. Es gibt Pflegeeltern, die reiben dem Kind spontan unter die Nase: «Da siehst du wieder, daß auf deine Mutter kein Verlaß ist!» Damit aber belasten sie das Kind doppelt. Indem wir Kindern demonstrieren, wie schlecht ihre Eltern sind, machen wir auch die Kinder zu Verlierern. Es ist sicher angemessen, wenn das Kind, das auf seine Eltern wartet, Wut hat. Auch setzen solche Enttäuschungen Ablösungsprozesse beim Kind in Gang. Doch wenn seine Einstellung ausschließlich aus Wut und Haß gegenüber seinen Eltern besteht, so ist dies keine wirkliche Ablösung, sondern ein Verbleib in Abhängigkeiten. Ablösung heißt, Distanz einzulegen, unverletzbar zu werden und den anderen lassen zu können, wie er ist, ohne immer wieder in tiefe Affekte zu geraten. Diese Schritte kann ein Kind besser gehen, wenn es seine Eltern nicht hassen muß. Besuchsregelungen sollen den Schaden, den das Kind genommen hat, begrenzen helfen, nicht verschärfen. Dazu können Pflegeeltern beitragen.

Es ist sehr wichtig, die Gründe für das Fortbleiben der Eltern richtig zu gewichten und einzuschätzen, damit sich Pflegeeltern und erst recht das Kind nicht gekränkt fühlen. Pflegeeltern dürfen in diesen Momenten ihre eigene Betroffenheit und ihren eigenen Ärger, sitzengelassen worden zu sein, nicht nachgeben, sonst können sie dem Kind keinen Trost zusprechen.

Meist gibt es Gründe bei den Abgebenden, wenn diese sich mehrmals nicht an die Kontakte halten. Diese sollten in Beratungen mit der betreuenden Sozialarbeiterin herausgefunden werden. Vielleicht ist eine Rückkehr des Kindes vereinbart, aber die Mutter arbeitet unbewußt dagegen an. Dann muß dies offen zum Thema werden. Bei der Dauerperspektive gibt es ein ganzes Bündel von Gründen, die dazu führen, daß Abgebende immer mal wieder nicht kommen:

Es ist für abgebende Mütter schwer erträglich, daß das eigene Kind zu einer fremden Frau «Mama» sagt. So denken sie nicht an das Kind, das auf sie wartet. Sie fühlen nur, daß sie an diesem Tag nicht aushalten könnten, dieser geordneten Welt zu begegnen. Sie flüchten, weil sie an diesem Tag nicht die Kraft haben, mit der eigenen Scham, dem eigenen Versagthaben in aller Klarheit konfrontiert zu werden. Aus ihrer Niederlage heraus verzichten viele abgebende Mütter und Väter irgendwann ganz auf ihr Besuchsrecht. Auch das wird ihnen als mangelndes Interesse an ihren Kindern vorgeworfen.

Die Abgebenden sehen sich nicht nur mit der Kritik der Pflegefamilie und den Fragen des eigenen Kindes konfrontiert. Auch der Rest ihres sozialen Umfeldes verachtet sie, weil sie es nicht geschafft haben, ihre eigenen Kinder zu versorgen. Viele müssen es überall verbergen, vor Freunden, am Arbeitsplatz, in neuen Partnerschaften, weil sie die Abwertung durch die Umwelt nicht mehr ertragen können. «Ich bin eine Täterin, die sich an den Tatort zurückschleicht», hat eine abgebende Mutter über ihre Besuche beim Kind und den Pflegeeltern gesagt. Das alles ist Pflegeeltern nicht gegenwärtig, wenn das Kind wartet und sie das Nichterscheinen am Besuchstag beurteilen und verurteilen.

Kinder brauchen Trost und Entlastung. Der unterbliebene Besuch kann als Anlaß genommen werden, mit dem Kind darüber zu sprechen, weshalb es bei Pflegeeltern lebt: daß nämlich seine Eltern nicht gelernt haben, richtig für ein Kind dazusein, weil sie große Probleme mit sich selbst haben. Oder sie können das Kind erinnern, daß die Mutter sich schon früher nicht an Zeiten halten konnte, daß sie ja das Kind auch nicht regelmäßig in die Schule geschickt hat, nicht aus dem Bett kam. Sie können dem Kind erklären, daß die Eltern sich gar nicht vorstellen können, daß das Kind jetzt wartet, weil sie denken, daß es ihm in der Pflegefamilie gutgeht.

Kommt es wiederholt vor, daß Eltern Termine nicht einhalten, so sollte jüngeren Kindern gar nicht gesagt werden, daß Besuchstag ist. Kommen die Eltern, so ist es dann eben eine Überraschung. Bei älteren Kindern, die den Besuchstag schon kennen, sollten die Pflegeeltern tröstend vorbauen: «Du weißt ja, daß bei deinen Eltern oft etwas dazwischenkommt. Wir wollen versuchen, nicht zu warten, und wenn sie da sind, sind sie da.»

Auf Dauer allerdings müssen Auswege aus dieser Situation gefunden werden, denn sie ist für Kinder zu verletzend. In jedem Fall sollten abgebende Eltern, Sozialarbeiterin oder Sozialarbeiter und Pflegeeltern miteinander beraten, was geändert werden kann.

Kompromisse

Besuche dienen nicht dazu, abgebende Eltern zu disziplinieren. Sie sollen dem Kind und der seelischen Verarbeitung der Trennung dienen, sollen Bindeglied zu den früheren Jahren sein. Dies ist auch mit unkonventionellen Vereinbarungen lösbar.

Es gibt Abgebende, für die ist es grundsätzlich nicht leistbar, sich an Termine zu halten, weil sie ihr Leben nicht so weit planen und ordnen können. Es gibt in jedem System Pflegefamilie – Herkunftsfamilie zahlreiche Möglichkeiten, kreativ zu sein und nach Übereinkünften zu suchen, die nicht so starr und nicht so konfliktträchtig sind.

Manche Pflegeeltern rufen einfach gelegentlich bei den abgebenden Eltern an und sagen: «Wir wollten gleich mal vorbeikommen. Paßt es Ihnen?» Dies entbindet alle vom Terminstreß, und die Kinder können bei diesen gelegentlichen Kontakten ihre seelische Situation, Trennung – Abschied – neue Bindungen, besser bewältigen, als wenn sie immer wieder erleben müssen: Die sind nicht gekommen.

Andere Pflegefamilien können gut damit leben, wenn Abgebende auch mal spontan kommen. Andere bestehen auf vorheriger telefonischer Anmeldung. Abgebende Eltern müssen dann allerdings auch darauf gefaßt sein, daß es gerade nicht geht. Es kann Pflegeeltern nicht zugemutet werden, jederzeit von den Eltern besucht zu werden. Sie sollen ihre Privatsphäre bewahren können.

Wenn ein Elternteil nach Jahren das Kind wiedersehen will

Wenn ein Kind schon früh von seinen Eltern getrennt wurde und nie eine Beziehung zu ihnen herstellen konnte, dann kann durch Besuche weder eine alte Bindung gewahrt werden noch wiederaufgebaut werden. Dennoch kann eine Begegnung mit der Mutter oder dem Vater für das Selbstwertgefühl und die seelische Entwicklung eines Kindes von außerordentlicher Wichtigkeit sein.

Wenn ein Kind über viele Jahre seine leiblichen Eltern nicht mehr gesehen hat, so bedarf ein solches Zusammentreffen sorgfältiger Vorbereitung. Manchmal geraten die Pflegeeltern in Panik, weil sie befürchten, die Dauerperspektive könnte jetzt in Frage gestellt sein. Für einen Kontakt zwischen Herkunftsfamilie und Pflegekind gilt wie für alle Besuche, daß Perspektivenkonflikte vor einem solchen Zusammentreffen ausgeräumt werden müssen. Vor einer Begegnung zwischen Mutter oder Vater und Kind sind Gespräche zwischen abgebenden Eltern, Sozialarbeiterin oder Vormund und Pflegeeltern erforderlich. Zunächst müssen die Erwachsenen Rivalitäten und Ängste untereinander abbauen. Erst dann können Kind und Eltern zusammentreffen. Das Kind sollte nicht allein gelassen werden mit seinen Eltern. Es benötigt – je nach Alter – die Gegenwart der Pflegeeltern und des Pflegekinderdienstes.

In eine geklärte Situation eingebettet, wirken sich Besuche nicht schädlich, sondern sogar heilsam auf die Psyche des Kindes aus. Die alte Frage, wie die Eltern aussehen, findet eine Antwort. Wenn es seine Eltern kennt, fühlt sich ein Kind wirklicher, weiß es besser, wer es selbst ist. Auch das schlimme Gefühl, nicht gebraucht worden zu sein, wird abgemildert. Ich kenne Kinder, die nach einem einzigen Kontakt Jahre nach der Trennung aufblühten, sich wertvoller fühlten. Plötzlich hatten sie nicht mehr die Identität «verlassenes Kind». Außerdem bekommt das Kind die Möglichkeit, sich ein eigenes Bild von seinen Eltern zu machen, und kann die Gründe seiner Fortgabe besser erfassen. Kinder, die ihren Eltern nach Jahren wiederbegegnen, gehen einen neuen Schritt in der Verarbeitung ihrer Doppelsituation. Sie binden sich dann oft noch intensiver an ihre Pflegefamilien.

14. Pflegeeltern – Herkunftseltern – Krieg oder Frieden?

Abgebende und annehmende Eltern haben sich in der Regel nicht freiwillig gewählt. Ohne das Kind wären sie nie miteinander in Kontakt geraten. Sie leben in zwei verschiedenen sozialen Welten, sind bereits unterschiedlich aufgewachsen. Ihr Ungleichsein gehört zu ihrer Wirklichkeit. Es ist für beide Familien schwer, miteinander zurechtzukommen. Es ist für beide Parteien schwer, sich gegenseitig einen angemessenen Platz in ihrem Leben und im Leben des Kindes zu geben.

Pflegeeltern – identisch mit Elternsein?

Weil es so schwer ist, daß Pflegekinder zwei Familien haben, gibt es auch heute noch die verbreitete Position, Pflegeeltern seien die bessere, die heile, die einzige Familie des Kindes. Die Herkunftsfamilie sei durch Fehlverhalten schuldig geworden und hätte ihren Anspruch, Eltern zu sein, verwirkt.

Das Therapeutenpaar Nienstedt und Westermann (1990), das ein in weiten Teilen hilfreiches und differenziertes Konzept der Integration von Kindern in Pflegefamilien entwickelt hat, verlangt Kindern einen radikalen Abschied von ihren Herkunftsfamilien ab. Doch was in Einzelfällen unbestritten notwendig ist, der Beziehungsabbruch des Kindes zu mißhandelnden Menschen, generalisieren Nienstedt und Westermann auf alle Pflegeverhältnisse: Sie plädieren immer wieder für den gänzlichen Ausschluß der Kontakte der Kinder zu ihren Herkunftseltern. «Man verweigert einem Kind aber jegliche Chance einer Korrektur seiner Entwicklung, wenn die Beziehungen zu den Herkunftseltern aufrechterhalten werden. Man verweigert ihm das Recht, ein gesunder Mensch werden zu können» (Nienstedt/Westermann 1990, 300).

Diese Position mißachtet, daß Kinder am besten dann Bindung auf neue Menschen übertragen können, wenn sie ihr früheres Leben nicht vollständig auslöschen müssen und Kontakte zu früheren Bezugspersonen bewahren können. Daß Kinder nach Mißhandlung und sexuellem Mißbrauch zuallererst vor den Täterinnen und Tätern geschützt werden müssen, wird pauschal auf alle abgebenden Eltern übertragen. Nienstedt und Westermann stellen an Pflegeeltern sehr hohe Anforderungen, denn die sollen ein therapeutisches Klima schaffen. Pflegeeltern müssen nur das Richtige tun, dann wird sich das Pflegekind im Anschluß an eine Nachholzeit, vergleichbar den Phasen der frühkindlichen Entwicklung, vollständig auf die neue Familie einlassen. Dies ist ein Irrtum. Pflegekinder bleiben geprägt von frühen Verletzungen und Beziehungsabbrüchen, und auch Pflegeeltern sind Menschen mit Grenzen, mit Verletzungen und Verwundungen. Daß es Kindern in Pflegefamilien schadet, mit einem Feindbild ihrer leiblichen Eltern aufzuwachsen und mit dem Schmerz, daß diese sich nicht einmal mehr besuchsweise für sie interessieren, dafür ist in dieser Sichtweise kein Platz.

Wenn ein Kind von Eltern, die es schlecht versorgt haben, gut spricht, so behaupten Nienstedt und Westermann, das Kind wolle damit die schlechten Erfahrungen leugnen. Daß es auch in Familien, in denen Kinder nicht geschützt, sondern verletzt wurden, gute Zeiten gegeben haben könnte, sehen Nienstedt und Westermann nicht. Dabei wissen wir aus Familien, die ihre Kinder nicht ausreichend versorgen konnten, daß es immer Höhen und Tiefen, gute und furchtbare Zeiten gab. Kinder binden sich ebenso an verletzende Eltern, denn sie haben keine andere Wahl. Und der Bruch mit ihnen und der Abschied schmerzt Kinder enorm.

Auch ein großer Teil des Bundesverbandes der Pflege- und Adoptiveltern nimmt seit Jahren Partei gegen die Herkunftsfamilien. Die heftige Abwehrhaltung entspringt zum Teil der oft berechtigten Sorge vieler Pflegefamilien, ihre «faktischen» Kinder könnten von ihren leiblichen Eltern wieder fortgenommen werden. Wenn wir bedenken, wie selten die Jugendämter sich um eine klare Perspektivenplanung bemüht haben, so ist diese Position verständlich. Ein Hauptanliegen des Bundesverbandes ist die rechtliche Absicherung von Pflegeeltern-Kind-Verhältnissen.

Beim Bundesverband der Pflege- und Adoptiveltern scheint sich in letzter Zeit eine Abkehr von der besonders harten Anti-Herkunftseltern-Position zu entwickeln. Im «Kindeswohl» (2/93/3) fordert die Vorsitzende Maria Wennersheide Adoptiveltern auf: «Die Adoptiveltern müssen akzeptieren, daß ihr Kind zwei Eltern hat. Gehen sie damit richtig um, wird die Entwicklung des Kindes enorm positiv verlaufen.»

Auch Pflegeeltern kommen inzwischen in der Zeitschrift des Bundesverbandes «Kindeswohl» (2/93/4) zu Wort, die Besuchskontakte zur Herkunftsfamilie ihrer Kinder befürworten: «Die leiblichen Eltern unserer Kinder werden bei uns mit Vornamen angesprochen und haben eine ähnliche Funktion wie Onkel und Tanten... Die Kinder wissen trotzdem, wohin sie gehören wollen. Adoptiv- und Pflegeeltern sollen keine Angst haben, die Liebe ihrer Kinder zu verlieren. Wenn es eine herzliche, liebevolle Beziehung ist, trägt sie sicher ein Leben lang.»

Die Autoren Rosenberg und Steiner (1991) haben einen besonders unversöhnlichen Standpunkt gegenüber Herkunftsfamilien. In ihrem

Buch «Paragraphenkinder» haben sie sich scheinbar radikal für das Wohl von benachteiligten Kindern eingesetzt. Sie prangern zu Recht an, wie vielfältig die soziale seelische Not von Kindern in diesem Land ist. Es gibt die fast unfehlbaren Pflegeeltern und die bösen Herkunftseltern. Rosenberg und Steiner schüren Haß- und Bestrafungsbedürfnisse, verurteilen Herkunftseltern pauschal, rufen nach stärkeren Eingriffen durch das Jugendamt. Daß gesellschafts- und sozialpolitisches Versagen verantwortlich ist für das Elend jener Menschen, die Elternrolle nicht angemessen ausüben, und damit auch verantwortlich für das Leid der Kinder, wird mit dieser Ideologie vertuscht. Wenn Pflegefamilien und Herkunftsfamilien sich aufeinanderhetzen lassen, wird von den politisch Verantwortlichen, als den eigentlichen Verursachern der Probleme und Notlagen der Kinder abgelenkt. Wenn alle Probleme privatisiert und individualisiert werden, brauchen Politiker nicht einzugestehen, daß manche Kinder in diesem Land seelisch und körperlich zerstört werden, weil es ihren Eltern an den einfachsten Lebensgrundlagen fehlt, weil alleinerziehende Mütter nicht genug Hilfe und Entlastung bekommen. Unser Staat ist weit davon entfernt, ein für alle menschenwürdiges Leben zu ermöglichen.

Wenn Pflegekinder gezwungen werden, die Identität ihrer Herkunft auszulöschen oder mit einem Feindbild ihrer leiblichen Eltern aufzuwachsen, so ist dies auch eine Variante von Gewalt gegenüber Kindern. Im Jugend- und Erwachsenenalter tun diese Menschen immer wieder kund, daß sie sich trotz aller Zuwendung und Liebe ihrer Pflegeeltern oft minderwertig und als Kinder zweiter Klasse gefühlt haben.

Abgebende Eltern – Außenseiterinnen und Außenseiter der Gesellschaft

Kommen Kinder in eine Pflegefamilie, so müssen abgebende Eltern ihre Kinder loslassen, bevor sie groß sind. Dies ist ein beschämender, ein bitterer Schritt. Viele Mütter oder Väter geraten nach der Herausnahme ihrer Kinder noch tiefer ins Abseits. Sie verlieren ihre Wohnung, geben sich selbst auf. Sie ziehen sich von ihren Freunden zurück, weil sie nicht wissen, wie sich zu rechtfertigen. Die Fortnahme der Kinder ist ein krasser gesellschaftlicher Abstieg. Oft bleibt ihnen kein Platz, Trauer zu empfinden. Sie müssen ihre eigenen Anteile herunterspielen oder leugnen.

Die Rolle, Eltern ohne Kind zu sein, ist eine der schwersten in dieser Gesellschaft. Wenn Frauen nie gelernt haben, ein Kind zu beschützen, oder es freiwillig anderen Menschen anvertrauen, so werden sie mit folgenden Etiketten bedacht: «Sie taugen nichts, sie sind verantwortungslos, sie machen es sich leicht. Wie können Menschen Kinder in die Welt setzen und nicht für sie sorgen. Die gehören sterilisiert, die dürften keine Kinder bekommen. Sie belasten den Sozialstaat, sind nicht wert, unterstützt zu werden, sie sind selbstsüchtig, Unmenschen, Pack, Asoziale, die gehören eingesperrt.» Mit diesen Zuschreibungen weiterzuleben, das ist nicht einfach.

Wenn manche Eltern um die Rückführung ihres Kindes kämpfen, obwohl real keine Aussicht auf Erfolg besteht, tun sie dies auch, weil sie von dieser Stigmatisierung wieder freikommen wollen. Um vor sich selbst, ihrem Umfeld und den Kindern besser dazustehen, sagen sie: «Wir geben den Kampf nicht auf», selbst wenn sie insgeheim spüren, daß es ihren Kindern bei den neuen Menschen bessergeht. Solange Eltern für das Abgeben ihrer Kinder derart ausgegrenzt und moralisch verurteilt werden, können sie ihre Kinder nicht «guten Gewissens» in eine Pflegefamilie geben. Sie erleben die «Hilfe zur Erziehung» für das Kind als Bestrafung, die Pflegefamilie als Rivalen.

Pflegeeltern: Der Schmerz, nicht alleinige Eltern zu sein

Es gehört zur Wirklichkeit der Dauerpflegeeltern, ebenso wie der Adoptiveltern, daß sie nicht die einzigen Eltern des Kindes sind. Das schmerzt. Pflegeeltern zu sein bedeutet ja zu sagen zur ausschließlich sozialen Elternschaft. Soziale Elternschaft ist die bedeutungsvollere. Auch leibliche Eltern werden erst zu kompletten Eltern, indem sie ihre soziale Elternschaft übernehmen. Dennoch tut es vielen Pflegeeltern einfach weh, daß etwas Existentielles fehlt, das andere Eltern und Kinder miteinander verbindet: die leibliche Verwandtschaft. Immer wieder gibt es Pflegeeltern, die nicht ertragen können, daß ihre Kinder von anderen Menschen geboren worden sind, mit diesen schon ein Teil des Lebens gelebt haben. Sie wollen diese Wirklichkeit mit viel Energieaufwand wegschieben. Sie sehen die leibliche Mutter sehr schnell als Konkurrentin, auch wenn diese gar nicht vorhat, das Kind von den Pflegeeltern wieder fortzunehmen.

Pflegeeltern sollten sich – ähnlich wie Adoptiveltern – sehr intensiv mit der Realität befassen, was der «Mangel» an leiblicher Elternschaft in ihnen auslöst. Haben sie Minderwertigkeitsgefühle? Ist es Niederlage? Oder können sie zu dieser alternativen Familienform ja sagen lernen?

Ich habe im Lauf der letzten Jahre viele kinderlose Paare angetroffen, die enorme Entwicklungsprozesse mitgemacht haben, die mit Mut und Einfühlung ihren sozialen Kindern die doppelte Elternschaft erlauben, sich aktiv um Besuchskontakte mit den Herkunftsfamilien bemühen und mit enormer Sensibilität und Entschlossenheit unendliche Probleme ihrer schwierigen, verletzten Kinder anpacken. Obwohl ihnen Geburt und Schwangerschaft fehlen, sind sie ohne Wenn und Aber ihren Pflegekindern Eltern geworden und haben sogar eine angemessene Form von Nähe und Distanz, Neugierde und Anteilnahme am Leben der Mütter ihrer Kinder entwickelt.

«Im Moment kommt ein Gefühl von Neid auf. Sie ist die leibliche Mutter. Sie hat das Kind geboren. Das fehlt mir einfach. Mir fehlen neun Monate, mir fehlt das erste Jahr. Aber das muß man einfach – ja – über den Kopf verarbeiten, und ich habe damit eigentlich heute

keine Probleme mehr. Wir haben jetzt im Sommer einen Ausflug gemacht, haben einen halben Tag mit ihr in einem Zoo verbracht. Sie
hat sich sehr viel um ihn gekümmert, und ich habe auch gemerkt, daß
er auf sie eingeht. Klar. Es ist nun mal die leibliche Mutter... Es sind
Bewegungsähnlichkeiten da, Ähnlichkeiten vom Aussehen... In
dem Moment, wo man den Schritt geht, Adoptiveltern, Pflegeeltern
zu werden, muß man damit leben.»

(Christiane Pohlmann, am 19. 12. 93 im HR 1, Argumente)

Die Macht der leiblichen Eltern über die Pflegeeltern

Viele Pflegeeltern fühlen sich sehr leicht von abgebenden Eltern kritisiert, lassen sich verunsichern, leicht aus der Reserve locken. Sie glauben, sie müßten sich gegenüber den leiblichen Eltern rechtfertigen. Selbst wenn äußerlich die Perspektive völlig klar ist, so haben Pflegeeltern oft die psychischen und sozialen «Besitzverhältnisse» nicht geklärt. Wessen Kind ist das Pflegekind? Ihr Kind oder das Kind der leiblichen Eltern? Es ist enorm wichtig, daß Pflegeeltern schon früh für sich klären, daß das Kind auch durch soziale Elternschaft «ihr Kind» ist. Sie haben für dieses Kind Elternrolle mit vielen Verantwortlichkeiten und Pflichten. Daran ändert auch ihr halb öffentlicher Status, das ihnen fehlende Elternrecht und ihr Auftrag vom Jugendamt, nichts. Das Kind, das viele Jahre in einer Pflegefamilie lebt, muß sich als Teil seiner Pflegefamilie fühlen dürfen. Es ist leibliches Kind seiner Eltern, aber soziales Kind seiner Pflegeeltern.

Wenn das Kind jung in die Pflegefamilie kam, stehen abgebende und annehmende Eltern einander nicht gleichrangig gegenüber. Erst recht nicht haben die leiblichen Eltern mehr Einfluß auf das Kind, es sei denn, das Kind hat Jahre bei diesen gelebt. Die tagtäglichen prägenden Beziehungen liegen bei den Pflegeeltern, und in diesem Bewußtsein sollen und dürfen sie sich für ihr Pflegekind engagieren.

Konflikte der Herkunftseltern
mit den Pflegeeltern

Nicht nur die Pflegeeltern geben abgebenden Eltern oft zuviel Macht, haben Angst, fühlen sich von diesen entwertet. Viel stärker geht es umgekehrt den abgebenden Eltern. Schließlich haben sie versagt, sie waren schuld, ihnen wurden die Kinder fortgenommen, oder sie mußten sie aus ihrer Notlage heraus fortgeben. Viele verbale Angriffe von abgebenden Eltern gegenüber Pflegeeltern kommen aus ihren tiefen Schuld- und Minderwertigkeitsgefühlen heraus. Um vor sich selbst als gute Eltern dazustehen, können sie die Pflegeeltern nicht akzeptieren. Abgebende fühlen sich ein ganzes Stück ohnmächtig gegenüber jenen Menschen, die vom Jugendamt für wert befunden wurden, ihre Kinder zu versorgen.

Für Abgebende ist die Konfrontation mit der Pflegefamilie ein Ausflug aus ihrer unvollkommenen, oft chaotischen, ökonomisch meist unzureichenden Welt in eine schöne, geordnete, ziemlich «heile» Welt. Oft haben Abgebende Trennungen und zerrüttete Partnerschaften hinter sich. Die Pflegemutter hingegen kann sich ganz der Kindererziehung widmen. Sie hat einen Ehemann, der den Lebensunterhalt sichert, und Pflegegeld für das Kind. Sie entspricht dem Frauenbild in unserer Gesellschaft.

Meist hatten Abgebende schlechte Startbedingungen ins Leben. Auch ihre Eltern konnten sie nicht genug nähren und wertschätzen, haben sie nicht genug beschützt. Die Welt der Pflegefamilie macht ihnen schmerzlich deutlich, was ihnen selbst als Kind gefehlt hat und sie heute ihren Kindern nicht geben können. Dies einzugestehen ist schwer, für manche abgebende Eltern unmöglich.

Es ist ein weiter Weg von der Trennung der Kinder bis zum Einverständnis mit der Pflegefamilie. Ohne professionelle Hilfe können das Abgebende kaum schaffen. Erst recht jedoch geht es ihnen schlecht, wenn zu ihrem eigenen Unbehagen noch hinzukommt, von der Pflegefamilie abgelehnt oder moralisch verurteilt zu werden.

Entsetzen und Wut der Pflegeeltern
auf die Herkunftseltern

Manche Pflegeeltern haben verständlicherweise sehr bittere Gefühle gegenüber den Herkunftseltern. Schließlich haben diese das Kind seelisch verletzt, vernachlässigt, in seinen Entwicklungsmöglichkeiten behindert. Pflegeeltern werden mit den Folgen für das Kind konfrontiert, wenn Eltern die elementaren Bedürfnisse ihrer Kinder nicht stillen konnten. Das tut weh. Manche Pflegeeltern können ihre Wut über das, was den Kindern von den abgebenden Eltern angetan wurde, kaum bezähmen. Selbst wenn Pflegeeltern glauben, ihre Abneigung gegenüber den Herkunftseltern vor dem Kind zu verbergen: Die Kinder registrieren diese sehr genau. Und nicht den Eltern zuliebe, die ihr Leben nicht regeln konnten, sondern den Kindern zuliebe ist es so wichtig, daß die Pflegeeltern sich emotional mit den abgebenden Eltern aussöhnen. Es bleibt nur, zu trauern um das den Kindern Widerfahrene. Es ist wichtig für Pflegeeltern nachzuvollziehen, was die abgebenden Eltern zerstört hat. Auch mißhandelnde Eltern waren einst Kinder, oft Kinder, denen Gewalt angetan wurde. Es ist für Pflegeeltern ein schwerer schmerzlicher Wachstumsprozeß, ihren Standort zu den Menschen nicht nur negativ zu bestimmen, deren Kind sie in Pflege haben. Doch dies ist der einzige Weg, die Identitätskonflikte eines Pflegekindes zu lindern.

Herkunftseltern – «gute Eltern»

Der Wunsch vieler Pflegeeltern, Herkunftseltern mögen sich wie «gute Eltern» verhalten

Das Pflegekind Philipp kam im Alter von sechs Wochen in seine Pflegefamilie. Die Eltern waren stark alkoholabhängig. Das Sorgerecht wurde den Eltern entzogen. Doch sie sollten viermal im Jahr ihr Kind sehen dürfen. Nach einer Zeit des Protests fanden sich die Eltern damit ab, daß ihr Kind in einer anderen Familie aufwuchs. Die Perspektive und Zugehörigkeit des Kindes stand außer Frage. Dennoch hatten die Pflegeeltern enorme Abwehr gegen die Eltern. Sie warfen den Eltern vor, daß sie ihre Alkoholabhängigkeit nicht bewältigten, keine Hilfsangebote annahmen. Sie nahmen sich zu Herzen, wenn der leibliche Vater sie kritisierte und ihnen vorhielt, daß sie ja Geld für Philipp bekämen. Sie litten darunter, von Philipps Eltern keine Anerkennung zu bekommen.

Obwohl die Pflegeeltern vom Verstand her erkannten, daß ihre Gefühle unangemessen und irrational waren, konnten sie innerlich die Eltern nicht als das sehen, was sie waren: Menschen, die ihr Leben nicht leben konnten, die sich selbst allmählich zerstörten. Die Pflegeeltern fanden keine Ruhe, empfanden die abgebenden Eltern als allmächtig.

Vor und nach Besuchen der leiblichen Eltern träumte Philipp im Alter von vier Jahren von Monstern und Dracula. Dies sahen die Pflegeeltern als Beweis an, daß die Besuche Philipp schwer belasteten. Doch Philipp kannte die leiblichen Eltern kaum, und bei den Kontakten im Jugendamt spielten sie freundlich mit ihm.

In ausführlichen Beratungsgesprächen mit den Pflegeeltern wurde deutlich: Nicht die Besuche selbst setzten Philipp zu, sondern die ungeklärten, heftigen negativen Gefühle der Pflegeeltern gegenüber seinen leiblichen Eltern. Er spürte ihre Ängste, ihre Abwehr, ihre Affekte, spürte, daß es an Besuchstagen offensichtlich eine mächtige Bedrohung für seine Pflegeeltern und damit auch für ihn gab.

Die Pflegemutter hatte selbst als Kind alkoholabhängige Eltern, der Pflegevater eine Mutter, die ihn grenzenlos vereinnahmte. Beide sahen in Philipps leiblichen Eltern Teile ihrer eigenen Eltern. Beide gaben den Herkunftseltern Macht über sie, die diese real nicht hatten.

Ob wir uns mit den Herkunftseltern unserer Kinder innerlich aussöhnen können, sie tolerieren können mit ihren Schattenseiten, hängt manchmal davon ab, wie wir uns mit unseren eigenen Eltern auseinandergesetzt haben: Haben wir mit ihnen gebrochen, oder sind wir noch abhängig wie damals als Kind? Haben wir gewagt, ihre Fehler zu erkennen, uns mit ihren Grenzen abzufinden, uns ein Stück zu entfernen und zugleich einen neuen selbständigen Standort zu finden, indem auch Verständigung ihren Platz hat?

Wir alle wurden von unseren Eltern als Kind nicht nur behütet und verstanden, wir alle wurden auch ein Stück enttäuscht. Jeder von uns hat in seiner Kindheit Mängel, Ängste, Alleinfühlen erlebt. Manche von uns stehen ihren eigenen Eltern wegen der zugefügten Schmerzen noch heute unversöhnlich gegenüber. Es gibt eine wirkungsvolle therapeutische Methode, nämlich die Familienrekonstruktion, um die früh von den Eltern erfahrenen Verletzungen zu bearbeiten. Zunächst werden dabei die Verletzungen, die Trauer und die Wut, die wir auf unsere Eltern haben, nachgelebt. Danach bauen wir – anhand von Familienskulpturen – die Lebenssituation unserer Eltern in deren Kindheit auf. Indem wir erkennen, daß auch unsere Eltern einst verletzte Kinder waren, die uns trotz bestem Willen nicht mehr geben konnten, nicht vermeiden konnten, daß uns weh getan wurde, lernen wir, unsere Eltern nicht nur aus der Sicht des Kindes zu sehen, das wir waren, sondern auch den Menschen zu sehen, der durch Einflüsse seiner Kindheit geprägt ist. Als Kind sind wir von diesen Eltern berechtigt enttäuscht. Doch sehen wir unsere Eltern nicht als Eltern, sondern als Menschen, die einst Kinder waren, dann gelingt es uns oft, uns selbst neu zu definieren: Wir erkennen, daß wir uns nicht mehr entwertet fühlen müssen, weil unsere Eltern uns weh getan haben. Wir können uns ein Stück lösen aus der Rolle des ehemals auf seine Eltern angewiesenen Kindes. Wir gewinnen ein Stück Selbstvertrauen, indem wir uns nicht mehr nur über die Verletzungen unserer Eltern definieren. Indem wir erkennen, daß unsere Eltern selbst einst ausgeliefert waren, befreien wir uns ein Stück aus alten Abhängigkeiten.

Diese Prozesse sind übertragbar. Indem Pflegeeltern die Kindheit der Herkunftseltern rekonstruieren, lernen sie, ihre Wut umzuwandeln in Trauer. Dann können sie dem Pflegekind vermitteln, daß ihre Eltern nicht schon als Kind schlechte Menschen waren, sondern daß diese durch eine schwere Kindheit so geworden sind.

Pflegeeltern – Herkunftseltern – zwei soziale Welten

In Familie Becker leben zwei Pflegekinder. Die ältere ist die siebenjährige Ineke. Das zweite Kind ist Verena. Sie ist fünf und lebt seit zwei Jahren in der Familie. Ihre Mutter ist psychisch krank, saß bei den Besuchen ohne Worte da und genoß es, wenn die Kinder mit ihr spielten. Die Kinder freuten sich auf Verenas Mutter. Inekes Mutter ist erst einundzwanzig und in der Drogenszene. Die Mutter kommt einmal wöchentlich am Donnerstagvormittag zu Besuch. Oft ist sie kaputt und ausgehungert. Dann schläft sie nach dem Frühstück auf der Couch im Wohnzimmer ein. Wenn sie aufwacht, schämt sie sich. Doch Kinder und Pflegemutter finden es in Ordnung. Inekes Mutter sagt selbst: «Ich bin ja so glücklich, daß ich euch habe. Die Ineke bleibt für immer bei euch.» Für die beiden Pflegekinder ist es selbstverständlich geworden, daß ihre Mütter sie besuchen. Sie erfahren hautnah, weshalb sie nicht bei ihren Müttern leben können. Frau Becker hat gelernt, die Mütter ihrer Pflegekinder als Bestandteil von deren Leben zu respektieren, nimmt diese, wie sie sind. Doch sie erträgt auch, daß sie diese nicht retten kann. Sie teilt ihre Traurigkeit darüber angemessen mit den Kindern.

Manche abgebenden Mütter und Väter können an sich arbeiten, machen Entwicklungsprozesse mit. Andere bleiben in ihrem Chaos, oder es verschlimmert sich. Dabei zuzusehen ist für Pflegeeltern schwer. Manche Pflegeeltern sind zornig, daß diese Eltern sich «nicht bessern», andere fühlen sich ein Stück mitverantwortlich für das Elend. Manchmal geraten Pflegeeltern in eine Art Helferinnen- und Beraterfunktion der abgebenden Eltern. Doch meist kann das eine Pflegefamilie nicht auf Dauer leisten. Sie sind nicht die richtigen Personen, die Eltern zu stützen und zu therapieren. Für die Stabilisierung der abgebenden Eltern sind Pflegeeltern nicht zuständig. Sie müssen Abschied von der Sehnsucht nehmen, diese Menschen ändern zu können.

Die Grenze zwischen ihren beiden sozialen Welten haben sie nicht gemacht. Sie kann von ihnen nicht ohne weiteres aufgehoben werden.

Die Versöhnung zwischen Herkunftseltern und Pflegeeltern darf auf die gemeinsame Elternebene beschränkt bleiben. Als Menschen können sie nicht unbedingt Freunde werden, sich nicht lieben. Sie haben verschiedene Meinungen, verschiedene Lebensgewohnheiten. Es ist jedoch viel, wenn sie sich gegenseitig in ihrer Rolle als wichtige Bezugspersonen für das Kind ernst nehmen und nicht entwerten.

Schlußbemerkungen

Die Pflegefamilie nimmt nicht nur ein seelisch verletztes Kind auf, sie benötigt auch Kraft, sich mit den Eltern des Kindes und deren oft unerträglich schweren Lebensereignissen auszusöhnen. Pflegeeltern sollten realisieren, daß jene Menschen ihre Kinder fortgeben müssen, die selbst früh verletzte und bedürftige Menschen sind und in dieser Gesellschaft keine Chance hatten, elterliche Fähigkeiten zu entwikkeln.

Immer wenn Kinder in ihrem Leben Bindung hatten, können sie auf neue Menschen Bindung dann besser übertragen, wenn sie die Menschen von früher nicht ganz verlieren. Dies gilt nicht nur für leibliche Eltern, sondern auch für Geschwister, Großeltern, andere vertraute Menschen, ehemalige Pflegefamilien, enge Bezugspersonen in Kinderheimen.

Wir alle sind berührt, wenn wir an vertraute Orte unserer Kindheit zurückkehren. Dies geht auch Pflegekindern so. Es hilft ihnen, sich selbst als ganzer Mensch zu fühlen, wenn sie Stationen des früheren Lebens wieder aufsuchen dürfen.

Wenn ein Kind, das bisher vertraute Menschen hatte – selbst wenn diese es vernachlässigt und schlecht versorgt haben –, diese von heute auf morgen für immer verliert, so bleibt sein Beziehungs- und Bindungsverhalten lebenslang von diesem Verlust geprägt. Selbst wenn das Kind über Jahre in seiner Pflegefamilie glücklich integriert ist: In der Pubertät, manchmal erst im Erwachsenenalter, brechen oftmals heftige Probleme auf. Diese Probleme sind die seelische Folge massiver Beziehungsabbrüche in der Kindheit. Deshalb sollten Übergänge von einer Familie in die andere so weich wie irgend möglich gestaltet werden.

Besuchskontakte zu ehemals nahestehenden Menschen sind zur Förderung der Bindung in der Langzeitpflegefamilie hilfreich. Geschützte Kontakte in der Umgebung des Kindes belasten das Kind weniger als das Vergessensollen und Auslöschen der früheren Jahre. Natürlich benötigt das Kind Trost und Beistand durch seine Pflegeeltern. Nur wenn diese dem Kind zugestehen zu weinen, wenn sie nicht erwarten, das Kind möge seine Beziehungen einfach austauschen, können sie eine tragfähige Beziehung miteinander aufbauen. Je stärker ein Kind trauern darf und dabei von liebevollen Menschen getröstet wird, desto eher wird es seelisch wachsen.

Besuchskontakte verlaufen immer dann besonders belastend und für das Kind unzumutbar, wenn seine Zugehörigkeit und seine Zukunftsperspektive ungeklärt sind. Streiten beide Parteien darüber, wessen Kind das Kind langfristig werden soll – ob es wieder zu seinen Eltern oder einem Elternteil zurückkehren wird oder für immer in der Pflegefamilie bleiben soll –, dann sind Besuche für die Kinder mit großen Spannungen verbunden, werden zur Zerreißprobe. Hier müssen dem Kind zuliebe Wege aus dem Konflikt erarbeitet werden.

In jedem System Pflegefamilie-Herkunftsfamilie gibt es Möglichkeiten, das Spannungsfeld abzumildern oder gar nicht erst entstehen zu lassen. Jugendämter brauchen personelle Kapazität und Zeit zur intensiven Klärung der wichtigsten Perspektivfragen mit Annehmenden und Abgebenden. Die Unterbringung in einer Pflegefamilie darf nicht nur billige Maßnahme der Jugendhilfe sein. Gute Pflegekinderarbeit kostet Geld. Benötigt werden Mittel für Beratung und Betreuung, Fortbildung und kontinuierliche Supervision von Pflegeeltern und Fachkräften. Pflegeeltern brauchen Möglichkeiten zum Krafttanken. Sie bräuchten Entlastung durch Erziehungshelferinnen und Erziehungshelfer, Übernahme von Babysitterkosten u. v. a.

Pflegekinder erfahren Geborgenheit, wenn sie sich ihren Pflegefamilien und ihrer Herkunftsfamilie in dem Maß zugehörig fühlen dürfen, wie es ihrer Lebenswirklichkeit entspricht. Dauerpflegekinder sind am meisten geborgen dann, wenn sie Hilfestellung von ihrer neuen Familie erhalten, ihre Lebenssituation mit der alten Familie konstruktiv zu bewältigen. Damit dies gelingt, sollte schon bei der Weichenstellung darauf geachtet werden, daß die spezifische Situation der Herkunftsfamilie, Lebensperspektive des Kindes und die Bedürfnisse der aufnehmenden Familie zueinander passen. Dies hilft, Pflegekindern späteres Leid zu ersparen.

Anhang

Formale Regelungen

Pflegegeld

Pflegegeld bei Vollzeitpflege

Das Pflegegeld betrug ab Januar 1993 in Hessen für Kinder bis zum vollendeten 7. Lebensjahr DM 728,–, für Kinder von 8 bis 14 Jahren DM 832,– und für Jugendliche mit Beginn des 15. Lebensjahres DM 1013,–. Die Höhe des Pflegegeldes wird jeweils vom Bundesland festgelegt.

Zusätzlich zum Pflegegeld, das für den Aufwand für das Kind gedacht ist (Essen, Kleidung, Mietanteil etc.), gibt es einen Erziehungsbeitrag von DM 300,– pro Pflegekind.

Unterhaltspflicht der leiblichen Eltern

Unterhalt der Pflegekinder wird vom Jugendamt bezahlt. Die leiblichen Eltern werden für den Unterhalt herangezogen, soweit sie mit ihrem Einkommen bestimmte Mindestgrenzen überschreiten.

Erhöhtes Pflegegeld

Das Pflegegeld wird bei besonderem Bedarf erhöht. Dies betrifft vor allem den Mehrbedarf bei Pflegestellen für behinderte Kinder und Jugendliche. Bei HIV-positiven und Aids-erkrankten Kindern wird der Grundbetrag sowie der Erziehungsbeitrag verdoppelt. Auch hier besteht die Möglichkeit weiterer Erhöhungen.

Einmalige Beihilfen und Zuschüsse

In besonderen Fällen werden einmalige Beihilfen und Zuschüsse gewährt. Dies betrifft die Erstausstattung, wenn ein Kind neu in eine Familie kommt. Auch zu anderen wichtigen Anlässen, z. B. Einschulung, Konfirmation, Kommunion, Urlaub gibt es Zuschüsse. Diese müssen jeweils bei der zuständigen wirtschaftlichen Jugendhilfe beantragt werden.

Kindergeld

Kindergeld und Kinderzuschläge, evtl. Renten des Kindes werden mit den laufenden Leistungen verrechnet, d. h. sie werden von dem Betrag, den das Jugendamt zahlt, wieder abgezogen.

Pflegegeld – Steuerfreie Einnahmen

Nach § 3 Nr. 11 Einkommenssteuergesetz sind Pflegegeld wie auch der Erziehungsbeitrag steuerfreie Einnahmen. Dies gilt nur, wenn die Pflegestelle nicht erwerbsmäßig betrieben wird.

Verwandtenpflege

Die Aufnahme bei Verwandten und Verschwägerten bis zum dritten Grad bedarf keiner Erlaubnis durch das Jugendamt. Unterhaltspflicht bleibt bei den Erziehungsberechtigten.

Für ein Kind in Verwandtenpflege gibt es dann Pflegegeld, wenn die Maßnahme vom Jugendamt als Hilfe zur Erziehung eingeleitet wird. Dann steht Verwandten das volle Pflegegeld und der Erziehungsbeitrag zu. Dann sind die Verwandten, wie andere Pflegeeltern auch, zur Zusammenarbeit mit dem Jugendamt verpflichtet.

Regelungen bei Tagespflege

Wenn Sie ein Kind in Tagespflege geben wollen – oder umgekehrt ein Kind in Tagespflege aufnehmen wollen, wenden Sie sich an das zuständige Jugendamt. Dort werden Sie beraten, ob die Unterbringung in der Tagespflege für Ihr Kind die geeignete Maßnahme ist. Wirtschaftlich und gemäß dem Jugendhilfegesetz werden Anträge auf Tagespflege in einer Familie behandelt wie Anträge auf sonstige Tagesunterbringung. Auch eine von den Eltern selbst gefundene Tagespflegestelle wird vom Jugendamt anerkannt, sofern diese bezüglich gesundheitlicher Situation, Leumund (Vorstrafen), Wohnsituation, der Zusammenarbeit mit den Eltern als geeignet angesehen wird.

Der Tagespflegemutter werden entstehende Aufwendungen einschließlich der Kosten zur Erziehung ersetzt.

Das Pflegegeld bei Tagespflege wird anteilig nach den Sätzen der Vollzeitpflege errechnet.

Beispiel: Grundbetrag DM 728,–: 30 Tage,

davon 85 % × 5 Tage = DM 121,30 pro Woche.

Zu diesen Beträgen kommt noch der Erziehungskostenbeitrag von DM 150,–. Die Gelder werden jährlich geringfügig erhöht und müssen von den Eltern aufgebracht werden. Die Kosten für die Unterbringung in Tagespflege werden durch die öffentliche Jugendhilfe ganz oder teilweise übernommen, wenn den Eltern das Aufbringen der Mittel nicht zuzumuten ist. Hierfür gelten bestimmte Einkommensgrenzen. Die Überprüfung des Einkommens nimmt die Abteilung Wirtschaftliche Jugendhilfe im zuständigen Jugendamt vor. Hier wird der Kostenbeitrag der Eltern ermittelt.

Pflegeerlaubnis

Wenn kein Antrag auf Beihilfe zu den Kosten gestellt wird, wenn eine Familie die andere privat beauftragt und bezahlt, so bedarf es keiner Pflegeerlaubnis durch das Jugendamt, es sei denn, die Tagespflege erfolgt erwerbsmäßig.

Kurzzeitpflege

Kurzzeitpflege bedeutet Vollzeitpflege für einen bestimmten Zeitraum und wird gemäß den geltenden Monatssätzen des Jugendamtes bezahlt (siehe Sätze bei Dauerpflege).

Professionelle Pflegestellen: Erziehungsstellen

Auch die Erziehungsstellen bekommen Unterhaltsgeld für die aufgenommenen Kinder. Der Elternteil, der die professionellen Voraussetzungen mitbringt und das Kind überwiegend betreut, bekommt zusätzlich einen wesentlich höheren Erziehungsbeitrag als die «normale» Pflegestelle. 1993 betrug das Erziehungsstellenhonorar in Hessen DM 1041,–, in Hamburg DM 1386,–. Manche Träger stellen einen Elternteil fest an und übernehmen Renten- und Sozialversicherung.

Wenn Sie gern Erziehungsstelle werden möchten, so richten Sie Ihre Anfrage an den Landschaftsverband oder Landeswohlfahrtsverband oder an Landesjugendämter, Caritasverband, Diakonisches Werk (siehe Adressenverzeichnis).

Kinder- und Jugendhilfegesetz (KJHG)

§ 1 Recht auf Erziehung, Elternverantwortung, Jugendhilfe

(1) Jeder junge Mensch hat ein Recht auf Förderung seiner Entwicklung und auf Erziehung zu einer eigenverantwortlichen und gemeinschaftsfähigen Persönlichkeit.

(2) Pflege und Erziehung der Kinder sind das natürliche Recht der Eltern und die zuvorderst ihnen obliegende Pflicht. Über ihre Betätigung wacht die staatliche Gemeinschaft.

(3) Jugendhilfe soll zur Verwirklichung des Rechts nach Absatz 1 insbesondere

1. junge Menschen in ihrer individuellen und sozialen Entwicklung fördern und dazu beitragen, Benachteiligungen zu vermeiden oder abzubauen,
2. Eltern und andere Erziehungsberechtigte bei der Erziehung beraten und unterstützen,
3. Kinder und Jugendliche vor Gefahren für ihr Wohl schützen,
4. dazu beitragen, positive Lebensbedingungen für junge Menschen und ihre Familien sowie eine kinder- und familienfreundliche Umwelt zu erhalten oder zu schaffen.

§ 5 Wunsch- und Wahlrecht

Die Leistungsberechtigten haben das Recht, zwischen Einrichtungen und Diensten verschiedener Träger zu wählen und Wünsche hinsichtlich der Gestaltung der Hilfe zu äußern. Der Wahl und den Wünschen soll entsprochen werden, sofern dies nicht mit unverhältnismäßigen Mehrkosten verbunden ist. Die Leistungsberechtigten sind auf dieses Recht hinzuweisen.

§ 8 Beteiligung von Kindern und Jugendlichen

(1) Kinder und Jugendliche sind entsprechend ihrem Entwicklungsstand an allen sie betreffenden Entscheidungen der öffentlichen Jugendhilfe zu beteiligen. Sie sind in geeigneter Weise auf ihre Rechte im Verwaltungsverfahren sowie im Verfahren vor dem Vormundschaftsgericht und dem Verwaltungsgericht hinzuweisen.

(2) Kinder und Jugendliche haben das Recht, sich in allen Angelegenheiten der Erziehung und Entwicklung an das Jugendamt zu wenden.

(3) Kinder und Jugendliche können ohne Kenntnis des Personensorgeberechtigten beraten werden, wenn die Beratung aufgrund einer Not- und Konfliktlage erforderlich ist und solange durch Mitteilung an den Personensorgeberechtigten der Beratungszweck vereitelt würde.

§ 23 Tagespflege

(1) Zur Förderung der Entwicklung des Kindes, insbesondere in den ersten Lebensjahren, kann auch eine Person vermittelt werden, die das Kind für einen Teil des Tages oder ganztags entweder im eigenen oder im Haushalt des Personensorgeberechtigten betreut (Tagespflegeperson).

(2) Die Tagespflegeperson und der Personensorgeberechtigte sollen zum Wohl des Kindes zusammenarbeiten. Sie haben Anspruch auf Beratung in allen Fragen der Tagespflege.

(3) Wird eine geeignete Tagespflegeperson vermittelt und ist die Förderung des Kindes in Tagespflege für sein Wohl geeignet und erforderlich, so sollen dieser Person die entstehenden Aufwendungen einschließlich der Kosten der Erziehung ersetzt werden. Die entstehenden Aufwendungen einschließlich der Kosten der Erziehung sollen auch ersetzt werden, wenn das Jugendamt die Geeignetheit und Erforderlichkeit der Tagespflege für das Wohl des Kindes und die Eignung einer von den Personensorgeberechtigten nachgewiesenen Pflegeperson feststellt.

(4) Zusammenschlüsse von Tagespflegepersonen sollen beraten und unterstützt werden.

§ 33 Vollzeitpflege

Hilfe zur Erziehung in Vollzeitpflege soll entsprechend dem Alter und Entwicklungsstand des Kindes oder des Jugendlichen und seinen persönlichen Bindungen sowie den Möglichkeiten der Verbesserung der Erziehungsbedingungen in der Herkunftsfamilie Kindern und Jugendlichen in einer anderen Familie eine zeitlich befristete oder eine auf Dauer angelegte Lebensform bieten. Für besonders entwicklungsbeeinträchtigte Kinder und Jugendliche sind geeignete Formen der Familienpflege zu schaffen und auszubauen.

§ 36 Mitwirkung, Hilfeplan

(1) Der Personensorgeberechtigte und das Kind oder der Jugendliche sind vor ihrer Entscheidung über die Inanspruchnahme einer Hilfe und vor einer notwendigen Änderung von Art und Umfang der Hilfe zu beraten und auf die möglichen Folgen für die Entwicklung des Kindes oder des Jugendlichen hinzuweisen. Vor und während einer langfristig zu leistenden Hilfe außerhalb der eigenen Familie ist zu prüfen, ob die Annahme als Kind in Betracht kommt. Ist Hilfe außerhalb der eigenen Familie erforderlich, so sind die in Satz 1 genannten Personen bei der Auswahl der Einrichtung oder der Pflegestelle zu beteiligen. Der Wahl und den Wünschen ist zu entsprechen, sofern sie nicht mit unverhältnismäßigen Mehrkosten verbunden sind.

(2) Die Entscheidung über die im Einzelfall angezeigte Hilfeart soll, wenn Hilfe voraussichtlich für längere Zeit zu leisten ist, im Zusammenwirken

mehrerer Fachkräfte getroffen werden. Als Grundlage für die Ausgestaltung der Hilfe sollen sie zusammen mit dem Personensorgeberechtigten und dem Kind oder dem Jugendlichen einen Hilfeplan aufstellen, der Feststellungen über den Bedarf, die zu gewährende Art der Hilfe sowie die notwendigen Leistungen enthält; sie sollen regelmäßig prüfen, ob die gewählte Hilfeart weiterhin geeignet und notwendig ist. Werden bei der Durchführung der Hilfe andere Personen, Dienste oder Einrichtungen tätig, so sind sie oder deren Mitarbeiter an der Aufstellung des Hilfeplans zu beteiligen.

(3) Erscheinen Hilfen nach § 35a erforderlich, so soll bei der Aufstellung und Änderung des Hilfeplans sowie bei der Durchführung der Hilfe ein Arzt, der über besondere Erfahrungen in der Hilfe für Behinderte verfügt, beteiligt werden. Erscheinen Maßnahmen der beruflichen Eingliederung erforderlich, so sollen auch die Stellen der Bundesanstalt für Arbeit beteiligt werden.

§ 37 Zusammenarbeit bei Hilfen außerhalb der eigenen Familie

(1) Bei Hilfen nach §§ 32 bis 34 und § 35a Abs. 1 Satz 2 Nr. 3 und 4 soll darauf hingewirkt werden, daß die Pflegeperson oder die in der Einrichtung für die Erziehung verantwortlichen Personen und die Eltern zum Wohl des Kindes oder des Jugendlichen zusammenarbeiten. Durch Beratung und Unterstützung sollen die Erziehungsbedingungen in der Herkunftsfamilie innerhalb eines im Hinblick auf die Entwicklung des Kindes oder Jugendlichen vertretbaren Zeitraums so weit verbessert werden, daß sie das Kind oder den Jugendlichen wieder selbst erziehen kann. Während dieser Zeit soll durch begleitende Beratung und Unterstützung der Familie darauf hingewirkt werden, daß die Beziehung des Kindes oder Jugendlichen zur Herkunftsfamilie gefördert wird. Ist eine nachhaltige Verbesserung der Erziehungsbedingungen in der Herkunftsfamilie innerhalb dieses Zeitraums nicht erreichbar, so soll mit den beteiligten Personen eine andere, dem Wohl des Kindes oder des Jugendlichen förderliche und auf Dauer angelegte Lebensperspektive erarbeitet werden.

(2) Die Pflegeperson hat vor der Aufnahme des Kindes oder des Jugendlichen und während der Dauer der Pflege Anspruch auf Beratung und Unterstützung; dies gilt auch in den Fällen, in denen dem Kind oder dem Jugendlichen weder Hilfe zur Erziehung noch Eingliederungshilfe gewährt wird oder die Pflegeperson der Erlaubnis nach § 44 nicht bedarf. § 23 Abs. 4 gilt entsprechend.

(3) Das Jugendamt soll Erfordernissen des Einzelfalls entsprechend an Ort und Stelle überprüfen, ob die Pflegeperson eine dem Wohl des Kindes oder des Jugendlichen förderliche Erziehung gewährleistet. Die Pflegeperson hat das Jugendamt über wichtige Ereignisse zu unterrichten, die das Wohl des Kindes oder des Jugendlichen betreffen.

§ 38 Ausübung der Personensorge

(1) Sofern nicht der Personensorgeberechtigte etwas anderes erklärt oder das Vormundschaftsgericht etwas anderes angeordnet hat, ist die Person, die im Rahmen der Hilfe nach §§ 33 bis 35 und 35 a Abs. 1 Satz 2 Nr. 3 und 4 die Erziehung und Betreuung übernommen hat, berechtigt, den Personensorgeberechtigten in der Ausübung der elterlichen Sorge zu vertreten, insbesondere

1. Rechtsgeschäfte des täglichen Lebens für das Kind oder den Jugendlichen abzuschließen und Ansprüche aus solchen Rechtsgeschäften geltend zu machen,

2. den Arbeitsverdienst eines Jugendlichen zu verwalten,

3. Unterhalts-, Versicherungs-, Versorgungs- und sonstige Sozialleistungen für das Kind oder den Jugendlichen geltend zu machen und zu verwalten,

4. im Rahmen einer Grundentscheidung des Personensorgeberechtigten Rechtshandlungen im Zusammenhang mit dem Besuch einer Tageseinrichtung oder der Schule oder mit der Aufnahme eines Berufsausbildungs- oder eines Arbeitsverhältnisses vorzunehmen,

5. bei Gefahr im Verzug alle Rechtshandlungen vorzunehmen, die zum Wohl des Kindes oder des Jugendlichen notwendig sind; der Personensorgeberechtigte ist unverzüglich zu unterrichten.

(2) Sofern der Personensorgeberechtigte durch Willenserklärung die Rechtsmacht der Pflegeperson oder der in der Einrichtung für die Erziehung verantwortlichen Personen so weit einschränkt, daß diese eine dem Wohl des Kindes oder des Jugendlichen förderliche Erziehung nicht mehr ermöglichen können, sowie bei sonstigen Meinungsverschiedenheiten sollen die Beteiligten das Jugendamt einschalten.

(3) In Rechtsgeschäften, zu denen ein Vormund der Genehmigung des Vormundschaftsgerichtes bedarf, haben die in Absatz 1 genannten Personen die Zustimmung des gesetzlichen Vertreters des Kindes oder des Jugendlichen einzuholen. Bedarf der gesetzliche Vertreter der Genehmigung des Vormundschaftsgerichts, so ist sie ihm gegenüber zu erteilen. § 1829 des Bürgerlichen Gesetzbuchs ist entsprechend anzuwenden.

§ 39 Leistungen zum Unterhalt des Kindes oder des Jugendlichen

(1) Wird Hilfe nach den §§ 32 bis 35 oder nach § 35 a Abs. 1 Satz 2 Nr. 2 bis 4 gewährt, so ist auch der notwendige Unterhalt des Kindes oder Jugendlichen außerhalb des Elternhauses sicherzustellen. Er umfaßt die Kosten der Erziehung.

(2) Der gesamte regelmäßig wiederkehrende Bedarf soll durch laufende Leistungen gedeckt werden. Sie umfassen außer im Fall des § 32 und des § 35 a Abs. 1 Satz 2 Nr. 2 auch einen angemessenen Barbetrag zur persön-

lichen Verfügung des Kindes oder des Jugendlichen. Die Höhe des Betrages wird in den Fällen der §§ 34, 35, 35 a Abs. 1 Satz 2 Nr. 4 von der nach Landesrecht zuständigen Behörde festgesetzt; die Beträge sollen nach Altersgruppen gestaffelt sein. Die laufenden Leistungen im Rahmen der Hilfe in Vollzeitpflege (§ 33) oder bei einer geeigneten Pflegeperson (§ 53 a Abs. 2 Satz 2 Nr. 3) sind nach den Absätzen 4 bis 6 zu bemessen.

(3) Einmalige Beihilfen oder Zuschüsse können insbesondere zur Erstausstattung einer Pflegestelle, bei wichtigen persönlichen Anlässen sowie für Urlaubs- und Ferienreisen des Kindes oder des Jugendlichen gewährt werden.

(4) Die laufenden Leistungen sollen auf der Grundlage der tatsächlichen Kosten gewährt werden, sofern sie einen angemessenen Umfang nicht übersteigen. Sie sollen in einem monatlichen Pauschalbetrag gewährt werden, soweit nicht nach der Besonderheit des Einzelfalls abweichende Leistungen geboten sind. Wird ein Kind oder ein Jugendlicher im Bereich eines anderen Jugendamts untergebracht, so soll sich die Höhe des zu gewährenden Pauschalbetrages nach den Verhältnissen richten, die am Ort der Pflegestelle gelten.

(5) Die Pauschalbeträge für laufende Leistungen zum Unterhalt sollen von den nach Landesrecht zuständigen Behörden festgesetzt werden. Dabei ist dem altersbedingt unterschiedlichen Unterhaltsbedarf von Kindern und Jugendlichen durch eine Staffelung der Beträge nach Altersgruppen Rechnung zu tragen. Das Nähere regelt Landesrecht.

(6) Kindergeld, Kinderzuschläge und vergleichbare Rentenbestandteile, bei deren Festsetzung das Kind oder der Jugendliche berücksichtigt wird, sind in der Höhe des Betrages, der nach § 10 des Bundeskindergeldgesetzes für ein erstes Kind zu zahlen ist, auf die laufenden Leistungen anzurechnen.

§ 44 Pflegeerlaubnis

(1) Wer ein Kind oder einen Jugendlichen außerhalb des Elternhauses in seiner Familie regelmäßig betreuen oder ihm Unterkunft gewähren will (Pflegeperson), bedarf der Erlaubnis. Einer Erlaubnis bedarf nicht, wer ein Kind oder einen Jugendlichen

1. im Rahmen von Hilfe zur Erziehung auf Grund einer Vermittlung durch das Jugendamt,
2. als Vormund oder Pfleger im Rahmen seines Wirkungskreises,
3. als Verwandter oder Verschwägerter bis zum dritten Grad,
4. bis zur Dauer von acht Wochen,
5. im Rahmen eines Schüler- oder Jugendaustausches betreut oder ihm Unterkunft gewährt. Einer Erlaubnis bedarf ferner nicht, wer
1. ein Kind oder einen Jugendlichen in Adoptionspflege (§ 1744 des Bürgerlichen Gesetzbuchs) aufnimmt oder

2. ein Kind während des Tages betreut, sofern im selben Haushalt nicht mehr als zwei weitere Kinder in Tagespflege oder über Tag und Nacht betreut werden.

(2) Die Erlaubnis ist zu versagen, wenn das Wohl des Kindes oder des Jugendlichen in der Pflegestelle nicht gewährleistet ist.

(3) Das Jugendamt soll den Erfordernissen des Einzelfalls entsprechend an Ort und Stelle überprüfen, ob die Voraussetzungen für die Erteilung der Erlaubnis weiterbestehen. Ist das Wohl des Kindes oder des Jugendlichen in der Pflegestelle gefährdet und ist die Pflegeperson nicht bereit oder in der Lage, die Gefährdung abzuwenden, so ist die Erlaubnis zurückzunehmen oder zu widerrufen.

(4) Wer ein Kind oder einen Jugendlichen in erlaubnispflichtige Familienpflege aufgenommen hat, hat das Jugendamt über wichtige Ereignisse zu unterrichten, die das Wohl des Kindes oder des Jugendlichen betreffen.

Auszug aus dem Bürgerlichen Gesetzbuch (BGB)

§ 1 Beginn der Rechtsfähigkeit
Die Rechtsfähigkeit des Menschen beginnt mit der Vollendung der Geburt.

§ 2 Eintritt der Volljährigkeit
Die Volljährigkeit tritt mit der Vollendung des achtzehnten Lebensjahres ein.

§ 1626 Elterliche Sorge, Berücksichtigung der wachsenden Selbständigkeit des Kindes
(1) Der Vater und die Mutter haben das Recht und die Pflicht, für das minderjährige Kind zu sorgen (elterliche Sorge). Die elterliche Sorge umfaßt die Sorge für die Person des Kindes (Personensorge) und das Vermögen des Kindes (Vermögenssorge).

(2) Bei der Pflege und Erziehung berücksichtigen die Eltern die wachsende Fähigkeit und das wachsende Bedürfnis des Kindes zu selbständigem verantwortungsbewußtem Handeln. Sie besprechen mit dem Kind, soweit es nach dessen Entwicklungsstand angezeigt ist, Fragen der elterlichen Sorge und streben Einvernehmen an.

§ 1630 Einschränkung der elterlichen Sorge bei Pflegerbestellung; Familienpflege
(1) Die elterliche Sorge erstreckt sich nicht auf Angelegenheiten des Kindes, für die ein Pfleger bestellt ist.

(2) Steht die Personensorge oder die Vermögenssorge einem Pfleger zu,

so entscheidet das Vormundschaftsgericht, falls sich die Eltern und der Pfleger in der Angelegenheit nicht einigen können, die sowohl die Person als auch das Vermögen des Kindes betrifft.

(3) Geben die Eltern das Kind für längere Zeit in Familienpflege, so kann auf ihren Antrag das Vormundschaftsgericht Angelegenheiten der elterlichen Sorge auf die Pflegeperson übertragen. Soweit das Vormundschaftsgericht eine Übertragung vornimmt, hat die Pflegeperson die Rechte und Pflichten eines Pflegers.

§ 1631 Inhalt des Personensorgerechts; Einschränkung von Erziehungsmaßnahmen

(1) Die Personensorge umfaßt insbesondere das Recht und die Pflicht, das Kind zu pflegen, zu erziehen, zu beaufsichtigen und seinen Aufenthalt zu bestimmen.

(2) Entwürdigende Erziehungsmaßnahmen sind unzulässig.

(3) Das Vormundschaftsgericht hat die Eltern auf Antrag bei der Ausübung der Personensorge in geeigneten Fällen zu unterstützen.

§ 1632 Anspruch auf Herausgabe des Kindes; Bestimmung des Umgangs; Wegnahme von der Pflegeperson

(1) Die Personensorge umfaßt das Recht, die Herausgabe des Kindes von jedem zu verlangen, der es den Eltern oder einem Elternteil widerrechtlich vorenthält.

(2) Die Personensorge umfaßt ferner das Recht, den Umgang des Kindes auch mit Wirkung für oder gegen Dritte zu bestimmen.

(3) Über Streitigkeiten, die eine Angelegenheit nach Absatz 1 oder 2 betreffen, entscheidet das Vormundschaftsgericht auf Antrag eines Elternteils; verlangt ein Elternteil die Herausgabe des Kindes von dem anderen Elternteil, so entscheidet hierüber das Familiengericht.

(4) Lebt das Kind seit längerer Zeit in Familienpflege und wollen die Eltern das Kind von der Pflegeperson wegnehmen, so kann das Vormundschaftsgericht von Amts wegen oder auf Antrag der Pflegeperson anordnen, daß das Kind bei der Pflegeperson verbleibt, wenn und solange für eine solche Anordnung die Voraussetzungen des § 1666 Abs. 1 Satz 1 insbesondere im Hinblick auf Anlaß oder Dauer der Familienpflege gegeben sind.

§ 1634 Recht zum persönlichen Umgang mit dem Kind; Auskunft

(1) Ein Elternteil, dem die Personensorge nicht zusteht, behält die Befugnis zum persönlichen Umgang mit dem Kinde. Der Elternteil, dem die Personensorge nicht zusteht, und der Personensorgeberechtigte haben alles zu unterlassen, was das Verhältnis des Kindes zum anderen beeinträchtigt oder die Erziehung erschwert.

(2) Das Familiengericht kann über den Umfang der Befugnis entscheiden und ihre Ausübung, auch gegenüber Dritten, näher regeln; soweit es keine Bestimmung trifft, übt während der Dauer des Umgangs der nicht personensorgeberechtigte Elternteil das Recht nach § 1632 Abs. 2 aus. Das Familiengericht kann die Befugnis einschränken oder ausschließen, wenn dies zum Wohle des Kindes erforderlich ist.

(3) Ein Elternteil, dem die Personensorge nicht zusteht, kann bei berechtigtem Interesse vom Personensorgeberechtigten Auskunft über die persönlichen Verhältnisse des Kindes verlangen, soweit ihre Erteilung mit dem Wohl des Kindes vereinbar ist. Über Streitigkeiten, die das Recht auf Auskunft betreffen, entscheidet das Vormundschaftsgericht.

(4) Steht beiden Eltern die Personensorge zu und leben sie nicht nur vorübergehend getrennt, so gelten die vorstehenden Vorschriften entsprechend.

§ 1666 Gefährdung des Kindeswohls

(1) Wird das körperliche oder seelische Wohl des Kindes durch mißbräuchliche Ausübung der elterlichen Sorge, durch Vernachlässigung des Kindes, durch unverschuldetes Versagen der Eltern oder durch das Verhalten eines Dritten gefährdet, so hat das Vormundschaftsgericht, wenn die Eltern nicht gewillt oder nicht in der Lage sind, die Gefahr abzuwenden, die zur Abwendung der Gefahr erforderlichen Maßnahmen zu treffen. Das Gericht kann auch Maßnahmen mit Wirkung gegen einen Dritten treffen.

(2) Das Gericht kann Erklärungen der Eltern oder eines Elternteils ersetzen.

(3) Das Gericht kann einem Elternteil auch die Vermögenssorge entziehen, wenn er das Recht des Kindes auf Gewährung des Unterhalts verletzt hat und für die Zukunft eine Gefährdung des Unterhalts zu besorgen ist.

§ 1666a Trennung des Kindes von der elterlichen Familie; Entziehung der Personensorge insgesamt

(1) Maßnahmen, mit denen eine Trennung des Kindes von der elterlichen Familie verbunden ist, sind nur zulässig, wenn Gefahr nicht auf andere Weise, auch nicht durch öffentliche Hilfen, begegnet werden kann.

(2) Die gesamte Personensorge darf entzogen werden, wenn andere Maßnahmen erfolglos geblieben sind oder wenn anzunehmen ist, daß sie zur Abwendung der Gefahr nicht ausreichen.

Gesetz über die Angelegenheiten der freiwilligen Gerichtsbarkeit (FGG)

§ 50a Persönliche Anhörung der Eltern im Sorgerechtsverfahren

(1) Das Gericht hört in einem Verfahren, das die Personen- oder Vermögenssorge für ein Kind betrifft, die Eltern an. In Angelegenheiten der Personensorge soll das Gericht die Eltern in der Regel persönlich anhören. In den Fällen der §§ 1666 und 1666a des Bürgerlichen Gesetzbuches sind die Eltern stets persönlich anzuhören, um mit ihnen zu klären, wie die Gefährdung des Kindeswohls abgewendet werden kann.

(2) Einen Elternteil, der nicht sorgeberechtigt ist, hört das Gericht an, es sei denn, daß von der Anhörung eine Aufklärung nicht erwartet werden kann.

(3) Das Gericht darf von der Anhörung nur aus schwerwiegenden Gründen absehen. Unterbleibt die Anhörung allein wegen Gefahr im Verzuge, so ist sie unverzüglich nachzuholen.

(4) Die Absätze 2 und 3 gelten für die Eltern des Mündels entsprechend.

§ 50c Anhörung der Pflegeperson in Personensorgerechtsverfahren

Lebt ein Kind seit längerer Zeit in Familienpflege, so hört das Gericht in allen die Person des Kindes betreffenden Angelegenheiten auch die Pflegeperson an, es sei denn, daß davon eine Aufklärung nicht erwartet werden kann.

Kontaktadressen

Verbände und Selbsthilfegruppen

Bundesverband der
Pflege- und Adoptiv-
eltern e. V.
Roggenmarkt 9
48143 Münster
Tel. 0251/45940
(hier erhältlich Adressen
aller Landes- und Orts-
gruppen)

Arbeitskreis zur Förde-
rung von Pflegekindern
e. V.
Geisbergstr. 30
10777 Berlin
(auch für abgebende
Eltern)

Pflegekinder und ihre
Familien
Förderverein e. V.
PFIFF
Holsteinischer Kamp 80
22081 Hamburg

Verein Pflegeelternschule
Baden-Württemberg
e. V.
Heilbronner Straße 89
70191 Stuttgart

Interessengemeinschaft
der Adoptiv- und Pflege-
eltern
IGAPE
c/o Familie
Helga und Wolfgang
Scheller

Am Kirchberg 8
69488 Birkenau

Verein Initiative Pflege-
familien
Rodlergasse 15/12
A-1190 Wien

Arbeitsgemeinschaft der
Tagesmütter
Bundesverband für
Eltern, Pflegeeltern und
Tagesmütter e. V.
Postfach 3264
40636 Meerbusch

Bundesverband behin-
derter Pflegekinder e. V.
Von-Galen-Str. 2
26871 Papenburg

Deutsche Arbeitsgemein-
schaft Selbsthilfegruppen
e. V.
Friedrichstraße 28
35392 Gießen

Interessentinnen und Interessenten an der Mitarbeit in familienorientierten Institutionen: Außenwohngruppen, Familienwohngruppen, Kinderdorfeltern

Internationale Gesell-
schaft für Heimerziehung
(IGfH)
Lyoner Straße 34
60528 Frankfurt

Deutscher Paritätischer
Wohlfahrtsverband
(DPWV)
Heinrich-Hoffmann-
Straße 3
60528 Frankfurt

Deutscher Caritas-
verband
Karlstraße 30
79104 Freiburg

Bundesarbeitsgemein-
schaft der Freien Wohl-
fahrtspflege e. V.
Franz-Lohe-Straße 17
53129 Bonn

Diakonisches Werk der
EKD
Stafflenbergstraße 76
70184 Stuttgart

Albert-Schweitzer-Kin-
derdorf
Am Pedro-Jung-Park 1
63450 Hanau

Kinderzentrum München
Heiglhofstr. 63
81377 München

SOS-Kinderdorf e. V.
Personalabteilung
Renatastraße 77
80639 München

Erziehungsstellen und Sonderpflegestellen

Auskünfte erteilen das
örtliche Stadt- oder

Kreisjugendamt oder die Landesjugendämter und Landeswohlfahrtsverbände

Landesjugendämter

Landeswohlfahrtsverband Baden
Landesjugendamt
Ernst-Frey-Str. 9
76139 Karlsruhe

Landeswohlfahrtsverband Württemberg-Hohenzollern
Landesjugendamt
Postfach 2613
70049 Stuttgart

Bayerisches Landesjugendamt
Richelstr. 11
80634 München

Senator für Schulwesen, Jugend und Sport
Landesjugendamt
Franz-Jacob-Str. 12
10369 Berlin

Landesjugendamt Hessen
Bismarckring 9
65183 Wiesbaden

Landschaftsverband Rheinland
Landesjugendamt
Kennedy-Ufer 2
50663 Köln

Landschaftsverband Westfalen-Lippe
Landesjugendamt
Warendorfer Str. 25
48145 Münster

Landesamt für Jugend und Soziales

Rheinallee 91–101
55118 Mainz

Landesjugendamt des Saarlandes
Dudweiler Str. 53
66133 Saarbrücken

Gemeinsame Zentrale Adoptionsstelle der Länder Freie Hansestadt Bremen, Freie und Hansestadt Hamburg, Niedersachsen und Schleswig-Holstein
Kaiser-Wilhelm-Straße 100
20355 Hamburg

Landesjugendamt Schleswig-Holstein
Gartenstraße 6
24103 Kiel

Senator für Gesundheit, Jugend und Soziales
Bahnhofsplatz 29
28195 Bremen

Landesjugendamt Land Brandenburg
Kremmener Str. 43
16515 Oranienburg

Landesjugendamt Mecklenburg-Vorpommern
Neustrelitzer Str. 120
17033 Neubrandenburg

Landesamt für Soziales und Familie
Landesjugendamt Thüringen
Neu-Ulmer-Str. 28
98617 Meiningen

Sächsisches Landesamt für Familie und Soziales
Postfach 1048
09010 Chemnitz

Landesamt für Versorgung und Soziales des Landes Sachsen-Anhalt
Landesjugendamt
Neustädter Passage 9
06122 Halle

LWV-Hessen
Dezernat Erziehungshilfe
Ständeplatz 6–10
34117 Kassel

Amt für Jugend
Hamburger Str. 37
22083 Hamburg

Rat und Hilfe

Auskunft über Beratungsstellen für Kinder, Jugendliche und Eltern, Beratungsstellen für sexuell mißhandelte Kinder, Beratungsstellen für Ehe-, Familien- und Lebensfragen, ihre Träger, ihre Anschriften in Deutschland erhalten Sie vom
DAJEB
Beratungsführer
Münchner Straße 20
85774 Unterföhring
und/oder

Bundeskonferenz für Erziehungsberatung e. V.
Gesellschaft für Beratung und Therapie von Kindern, Jugendlichen und Eltern
Amalienstraße 6
90763 Fürth

Literaturempfehlungen

BLANDOW, JÜRGEN/FRAUENKNECHT, BRIGITTE: Dauerpflege, Adoption und Tagesbetreuung. München 1980.

BONHOEFFER, MARTIN/WIDEMANN, PETER: Kinder in Ersatzfamilien. Stuttgart 1980.

BUNDESVERBAND DER PFLEGE- UND ADOPTIVELTERN E. V. (HG.): Handbuch für Pflege- und Adoptiveltern. Idstein 1993.

DEUTSCHES JUGENDINSTITUT (HG.): Handbuch Beratung im Pflegekinderbereich. München 1987.

ENDERS, URSULA (HG.): Zart war ich, bitter war's. Sexueller Mißbrauch an Mädchen und Jungen. Köln 1990.

ENDERS, URSULA/STUMPF, JOHANNA: Mütter melden sich zu Wort. Köln 1991.

GARBE, ELKE: Martha. Psychotherapie eines Mädchens nach sexuellem Mißbrauch. Münster 1991.

GOTTSTEIN, HARMKE: Zum Problem der Identitätsfindung von Kindern in Pflegefamilien. Bundesverband der Pflege- und Adoptiveltern e. V. Münster 1992.

GÜTHOFF, FRIEDHELM U. A. (RED.): Hamburger Pflegekinderkongreß «Mut zur Vielfalt». Münster 1990.

HEITKAMP, HERMANN: Heime und Pflegefamilien – konkurrierende Erziehungshilfen? Frankfurt a. M. 1989.

JUN, GERDA: Kinder, die anders sind. Bonn 1989.

KAISER, PETER U. A.: Strukturprobleme von Pflegefamilien – Möglichkeiten und Grenzen von Selbsthilfe, Familiendynamik. Stuttgart 1990.

MOLLOY, CORA: Hurenalltag, Sperrgebiet, Stigma, Selbsthilfe. Materialien zur Sozialarbeit und Sozialpolitik. Band 34. Fachhochschule Frankfurt am Main 1992.

REDL, FRITZ/WINEMAN, DAVID: Kinder die hassen. München 1979.

ROBERTSON, JAMES UND JOYCE: Reaktionen kleiner Kinder auf kurzfristige Trennung von der Mutter im Lichte neuer Beobachtungen. Psyche 7, 1975.

STOLTE-FRIEDRICHS, ANGELIKA: Pflegekinder – Kinder zwischen zwei Familien? Unsere Jugend 1/93.

TEXTOR, MARTIN R. (HG.): Praxis der Kinder- und Jugendhilfe. Handbuch für die sozialpädagogische Anwendung des KJHG. Weinheim 1992.

WEGSCHEIDER, SHARON: Es gibt doch eine Chance. Hoffnung und Heilung für die Alkoholikerfamilie. Wildberg 1988.

WIEMANN, IRMELA: Pflege- und Adoptivkinder. Familienbeispiele, Informationen, Konfliktlösungen. Reinbek 1991.

Für Kinder

BERG, CATHERINE / CEDERQUIST, SIMONE: Das Buch über Bubblan, der neue Eltern bekam. Stockholm 1972.

BRAUN, GISELA / WOLTERS, DOROTHEE: Das große und das kleine Nein. Mülheim 1991.

MEBES, MARION / SANDROCK, LYDIA: Kein Küßchen auf Kommando. Berlin 1991.

KORSCHUNOW, IRINA: Der Findefuchs. Wie der kleine Fuchs seine Mutter bekam. München 1982.

KÜHL, KATHARINA: Eine Schwester für Christine. München 1985.

WIKLAND, ILON / SCHWARTZ, MALENE: Wie Tine ihre Eltern bekam. Ravensburg 1982.

Quellen

Bundesverband der Pflege- und Adoptiveltern e. V. (Hrsg.): Kindeswohl, Fachzeitschrift für Pflegekinder- und Adoptionswesen 2/93

BÜRGERLICHES GESETZBUCH: München, Nördlingen 1993.

DEUTSCHER STÄDTETAG: Pflegekinder. Hinweise und Empfehlungen. Reihe D, DST-Beiträge, Heft 20. Köln 1986.

KINDER- UND JUGENDHILFEGESETZ: Sozialgesetzbuch – Achtes Buch. Kleinere Schriften des Deutschen Vereins für öffentliche und private Fürsorge. Stuttgart 1993.

NIENSTEDT, MONIKA / WESTERMANN, ARNIM: Pflegekinder. Psychologische Beiträge zur Sozialisation von Kindern in Ersatzfamilien. Münster 1990.

ROSENBERG, HOLGER / STEINER, MARIANNE: Paragraphenkinder. Reinbek 1991.